首都城市文化软实力关键问题研究

The Study of The Key Problems of Cultural Soft Power of Beijing

晏　晨◎著

人 民 出 版 社

策划编辑：赵　新
责任编辑：赵　旭
封面设计：杨　双
责任校对：毕宇靓

图书在版编目（CIP）数据

首都城市文化软实力关键问题研究 / 晏晨著 .—北京：人民出版社，2020.4
ISBN 978 - 7 - 01 - 022167 - 0

Ⅰ.①首… Ⅱ.①晏… Ⅲ.①城市文化—文化事业—研究—北京　Ⅳ.① G127.1

中国版本图书馆 CIP 数据核字（2020）第 089996 号

首都城市文化软实力关键问题研究

SHOUDU CHENGSHI WENHUA RUANSHILI GUANJIAN WENTI YANJIU

晏晨　著

人 民 出 版 社 出版发行

（100706　北京市东城区隆福寺街 99 号）

中煤(北京)印务有限公司印刷　　新华书店经销

2020 年 4 月第 1 版　2020 年 4 月北京第 1 次印刷

开本：710 毫米 ×1000 毫米 1/16　印张：14.5

字数：213 千字

ISBN 978 - 7 - 01 - 022167 - 0　定价：58.00 元

邮购地址 100706　北京市东城区隆福寺街 99 号

人民东方图书销售中心　电话（010）65250042　65289539

序　言

软实力这一概念是由哈佛大学教授约瑟夫·奈首先提出的。它是指通过文化和价值观的吸引力以及外交政策的合法性和道德权威性，将软实力资源转化为具有吸引力的行为并影响他者以获得期望性结果的能力。本书探讨的软实力概念，围绕文化软实力展开。习近平总书记《在十八届中央政治局第十二次集体学习时的讲话》中指出，"文化软实力集中体现了一个国家基于文化而具有的凝聚力和生命力，以及由此产生的吸引力和影响力。古往今来，任何一个大国的发展进程，既是经济总量、军事力量等硬实力提高的进程，也是价值观念、思想文化等软实力提高的进程"。文化软实力是国家软实力的核心，文化所具有的凝聚力、吸引力和影响力是一国综合实力的重要组成部分。文化软实力虽然是一个现代概念，但在我国悠久的历史中，中华文化在世界范围内发挥影响的实例并不少见，汉、唐时期中国文化就已远播世界各地，中国的四大发明曾在西方社会产生重大影响，甚至在明清时期，中华文化仍在持续发挥其影响力。17、18世纪盛行于欧洲大陆的"中国风"给其带去的不仅是精巧富丽、人人歆美的物质文明，也有中国制度、道德理想给知识界人士如伏尔泰、莱布尼兹的重要思想启发，可以说，"中国风"正是古代中国文化软实力在欧洲大陆的展示。当前，中国已成为世界第二大经济体，崛起的中国吸引了世界上越来越多关注的目光，与经济、军事等硬实力相匹配的国家文化软实力也成为当下的重要议题。文化是一个国家发展的精神动力，增强国家文化软实力，建设社会主义强国是我国文化发展和建设的宏伟目标，也是实现中华民族伟大复兴"中国梦"

的重要内容。

步入中国特色社会主义新时代，新的历史背景下中国文化软实力的构成既离不开对中华优秀传统思想文化的继承和发扬，也应积极吸收现代文明发展成果，同时需要认真反思和总结我国文化建设发展的经验。北京作为国家首都、全国文化中心和重要的国际城市，是展示我国文化软实力和大国形象的重要窗口，北京拥有丰富悠久的历史文化和较高程度的现代城市文明，在提升文化软实力方面有着巨大的潜能和优势条件。

本书以首都城市文化为核心展开对城市文化软实力的考察，结合北京当前文化建设和发展的实践，通过历时性和共时性两个维度分析首都城市文化软实力提升的关键问题和实施路径。从历时性维度探究首都文化发展的历史脉络、当前状况及未来趋势；从共时性维度将首都文化放在全国中心城市、世界文化名城建设的语境中，凸显首都的文化特色和文化魅力。以此为着眼点，本书认为首都城市文化软实力提升的关键问题体现在城市历史文化资源的传承发展、城市公共文化服务优化、创意城市建设和城市文化传播拓展四大方面，分别从城市传统、文化惠民、创新发展、对外传播四个维度探讨首都城市文化发展问题。在具体的论述中，有针对性地探讨了巴黎、东京、伦敦、纽约四个重要国际文化城市的文化提升发展经验，然后分析首都城市文化建设的发展历程、基础、现状和在文化软实力提升中目前存在的问题、需要改善的方面以及途径、措施。首都城市文化软实力的提升是积极落实首都城市战略定位，建设全国文化中心、推进北京世界文化名城和世界文脉标志建设的内在要求。提升首都城市文化软实力既要保护历史文化，也要弘扬现代文明，进一步加强城市文化建设、拓展城市文化传播，努力提高首都城市文化的精神凝聚力和文化吸引力、影响力。

目　录

导论　软实力、文化软实力概念辨析

　　自 2007 年党的十七大报告正式将文化软实力作为国家战略提出以来，文化软实力就成为我国社会建设和文化发展的重要议题，频频出现在各类政策文件和社会讨论中，并成为研究对象受到普遍关注。文化软实力概念的提出，反映了我国在现代化建设取得巨大成就的背景下对文化建设和发展的高度关注，这与当下的文化强国战略和实现中华民族伟大复兴的中国梦政治话语相适应，也成为我国积极融入国际文化舞台并在世界文化格局中发挥建构性作用的重要举措。推动北京全国文化中心建设是当前首都城市文化发展建设的首要和核心工作，围绕积极建设北京全国文化中心，服务首都"四个中心"定位，首都在城市文化发展建设的各个方面展开了深入而卓有成效的工作，取得了一系列重要进展——当前首都城市综合实力和竞争力不断提升，国内外影响力日益扩大。在全球管理咨询公司科尔尼公司发布的《2018 年全球城市指数》排行榜中，北京位居全球城市指数排行榜第 9 位，排名与 2016、2017 年持平，表明北京在全球城市中居于领先地位。根据日本森大厦株式会社森纪念财团所属城市战略研究所发布的 2018 年《全球城市实力指数》（GPCI）报告，北京在全球城市综合实力排行中位居 22 位，在文化与交流指数排名中居第 7 位，也表明北京所拥有的较强的文化实力和竞争力。在北京深入推进全国文化中心建设、积极迈向世界文化名城的背景下，首都文化的软实力发挥着关键作用。首都文化软实力不仅是展现北京城市文化建设发展水平，更是展示我国文化竞争力和国际文化形象的重要内容。提升首都城市文化软实力，将有助于首都进一步明确城市战略定位，促进首都文化发展，更好地彰显中华文化的价值和国际影响力。

基于此，软实力概念在何种语境下得以提出，它的具体内涵是什么，文化软实力和软实力有何种关联？城市文化软实力的主要内容又是什么？本书将就这些基本概念和问题展开历史性和学理性的探析。相较于软实力生长于国际政治学的基本语境，文化软实力突出从文化的软性质素出发探讨与硬实力相对的国家文化实力，首都文化软实力研究即在软实力视野下规划北京城市发展的文化路径，以不断提升首都的文化吸引力、文化传播力和文化影响力。

一 软实力与城市文化软实力

软实力（Soft Power）也可译为软权力、软力量。这一概念关系到权力或力量（power），权力作为一种关系性的制衡因素及应用能力往往出现在政治分析中。软实力的提法以权力（实力）概念为基础，通常是在西方政治和一国对外关系的语境下得到探讨分析，重在凸显权力的软性质素，如美国学者阿尔温·托夫勒认为知识已成为当今世界最重要的权力[①]，美国前助理国防部长、哈佛大学肯尼迪政府学院前院长约瑟夫·奈也以美国强大的文化、外交实力反驳普遍的美国衰落论。针对历史学家保罗·肯尼迪在其颇有影响力的《大国的兴衰》一书中提出霸权国家因政治、经济、军事等实力的过度扩张导致地位衰落的言论，奈提出了包含一国的文化、政治、价值观和外交政策在内的软实力概念。软实力作为国家实力的重要来源，在传统的军事资源和经济手段等硬实力作用发挥及影响受限的情况下，因其独特的魅力和吸引力在政治政策制定和国际关系中发挥着越来越突出的作用。约瑟夫·奈无疑是阐释软实力概念的核心人物，他不仅首创软实力一词，并频繁在一些论文和著作中对美国软实力进

[①] 参见[美]阿尔温·托夫勒：《权力的转移》，刘江、陈方明等译，中共中央党校出版社1991年版。

行了解读。^①奈认为传统的经济和军事力量作为国家实力的体现，其效用的发挥已远远不及通过日常交往中的吸引力来得正当并更令人信服。在奈看来，软实力的内涵归纳起来主要包括以下几个方面：一是软实力不同于借助经济和军事实力来收买和强迫，而是依靠吸引力达到目标与期望的能力，表现为一种塑造人们喜好的能力；二是这种吸引力源自国家的文化、政治理念和外交政策；三是软实力的发挥取决于接受环境、受众群体和政策的合理施行；四是当今世界软实力的重要性日益增长，而且在实施中比硬实力能起到更好的效果；五是提倡软实力是构建共识、维护世界稳定和谐的重要手段。以上五个方面分别从实现方式、内容来源、影响要素、实际效果和必要性等对软实力做了说明^②，这些基本内涵成为国内理解并进一步阐释软实力的主要依据。

可以看到，软实力在与硬实力相比较的语境下提出，从现实层面为一国的外交政策制定、国际关系施展与制衡、对外形象塑造提供了实施依据。软实力强调从文化、政策制定、外交等软性因素出发展现一国的吸引力和影响力，而非以强迫、收买等硬性手段命令对方以达到自己的目的，也为提升国家综合实力提供了一种新的理论层面的发展思路和分析路径。

在软实力的发挥方面，其总与文化及政策相连。当代西方发达国家在文化总体设计方面已经表现出一些突出特点，国家软实力作为被展示的文化政策，与国家形象、经济、外交等形成密切联系，成为文化政策的"次范畴"^③。如美国在没有独立的文化部存在的情况下推行广义的文化政策，文化的渗入几乎无处不在，其国内的文化商业政策、文化安全政策、文化外交政策等文化类政策全面深入国家政策的很多方面。与此相伴随，政治话语上也从"历史终结""文明冲突"过渡到"软权力"（软实力）、"文化外交"等，表明美国对广义文

---

① 约瑟夫·奈在1990年出版的《美国注定领导世界——美国权力性质的变迁》一书及同年在《对外政策》杂志上发表的题为《软实力》一文中，最早明确提出并阐述了"软实力"概念，先后出版了《软力量：世界政坛成功之道》《硬权力与软权力》等著作并翻译成中文。

② [美]约瑟夫·奈：《软实力》，马娟娟译，中信出版社2013年版。

③ [美]吉姆·麦圭根：《重新思考文化政策》，何道宽译，中国人民大学出版社2010年版，第188页。

化政策的倚重。[①]美国正是通过不同的国家政策和国家话语表述形式，体现了内含的文化背景和对文化设计的隐性化处理，文化作为整体的发展背景得到凸显。

我国对软实力的研究也侧重从文化角度展开。软实力概念引入中国后，在官方宣传和学者的关注中，掀起了一股实践应用和理论研究的高潮，我国软实力与文化紧密结合，不仅表现在社会上不同主体都开始提倡发展并加强软实力，如国家软实力、区域文化软实力、城市文化软实力、企业文化软实力等衍生概念不断涌现，而且将文化软实力作为主题词的文章、著作也大量出现。文化软实力依托于"软"文化。随着硬实力的增长，我国逐渐意识到软实力的重要性，在世界范围内积极宣传中国文化符号，打造好的国际形象、提升公众吸引力，以文化上的亲和姿态和独特文化魅力获取人心。我国提倡软实力不仅是推动社会发展的重要手段和方式，更希望成为一种长期持久的国家精神力量和文化实力。

文化软实力的核心是文化，文化常常被认为是世界上最为复杂的几个词汇之一。古往今来，不少学者都试图对文化进行界定和阐释，其中，比较突出的有雷蒙·威廉斯、丹尼尔·贝尔、弗雷德里克·杰姆逊、斯特恩等人[②]。这里，我们既不能将文化概念泛化，将其认定为人类特定的生活方式或人类所进行的一切活动，也不能将其狭窄化，认为其仅仅指贵族的、高雅的或大众闲暇的娱乐活动，而是包含物质、精神、社会关系、风俗习惯、艺术和符号等在内的复杂结构系统。文化既体现为精神的内在影响和规定性，也体现为外在的物质成果和各种表现形式，但不论采用何种形式，文化都成为全球背景下所在国家（地区）彰显自身独特性和魅力的重要力量。

文化之所以是一种软实力，就在于它在作用发挥和所达效果上是一种深刻的潜移默化的方式，通过精神和思想的软影响产生实际的行动效果，朝着有利于预期目的的方向发展。在文化软实力的视野下，不同实力主体之间并不是零和博弈的关系，双方实力此消彼长、你强我弱，而是强调尊重差异与不同，在

---

① 参见范春燕：《解读当代西方发达国家的文化政策——西方学者对文化政策的研究及其启示》，《国外社会科学》2013年第3期。
② 参见王一川：《理解中国"国家文化软实力"》，《艺术评论》2009年第10期。

认识和了解基础上实现双方或多方共赢局面。文化软实力依托文化的软性特质，其影响发挥表现在以下几点：一是就效果而言在精神上使人信服，文化软实力主要是一种依靠文化塑造他人的喜好而达己所愿的能力；二是环境上体现为积极和谐的接受氛围，它表现为一种文化感染力而非强迫或威慑力；三是在手段上采取有目的、有计划的行为塑造和传播自身的对内/对外形象，它着重展示的是一种独特的文化特质或魅力；四是这种独特文化魅力的影响发挥在愿景上指向一种丰富和谐、多元共生的人类文化图景，尊重不同的文化特性，强调兼容并包，符合世界多元化发展的潮流。因此，文化软实力的特性体现为对内对外的文化吸引力、文化感染力、文化传播力和文化影响力，这些都与软实力的文化内涵密切相关。

文化软实力是将文化的吸引力、感召力、竞争力、影响力等加以充分发挥以达到预期目的和效果的能力。要实现文化的软实力，就必须采取一定的方针和策略手段，将文化内在和外在的特征与优势激发出来并进行整合提升。据此而言，文化既是一种精神力量，同时它也表现为一种充分利用、综合调动各种资源，有效达到目的的策略手段。城市文化软实力既体现为城市的精神力量，也体现为城市巧妙运用文化以取得综合效益、在国内外城市竞争中抢占优势的策略能力。城市文化软实力的实现依赖于充分发掘城市文化内涵，利用城市文化彰显城市实力并发挥城市影响，同时达成良好的文化与社会经济效果。

城市文化软实力属于区域文化软实力，是由基于地理划分和行政区划的地区文化软实力构成的。城市文化软实力以城市文化为基础，以城市经济社会发展为导向，通过积极调动城市的各项软性资源要素，塑造城市精神的感召力、城市文化环境氛围的吸引力、文化创新的驱动力以及城市文化的传播力等软性实力，在城市综合竞争中占据优势。城市文化软实力强调的是城市文化作为整体与各有机组成部分展现在内外公众面前的文化实力，它是一种依靠吸引力达到目标与期望的能力，借助塑造人们喜好以获得期待性效果。城市文化软实力的提出和兴起从城市发展的顶层设计上，进一步巩固了城市文化的地位，也更有利于城市文化软实力的彰显，从长远的角度促进城市可持续发展与文化进步。

根据对文化的界定，城市文化软实力既包括了内在的精神和意涵层面，也包括了组织制度层面以及物质实体层面，但三者并非各自独立，也很难明确地划归出各自专属的对象和领域，而是三者作为合力共同彰显了城市文化资源和文化实力的总体面貌。因此，对城市文化软实力的概念和内涵探讨不能简单地进行三分法，而需要从城市文化的发生层面加以分析。本书认为，城市文化软实力主要包括精神动力层、文化生产层、文化表现层和文化效果层四个层次。城市精神居于城市文化软实力的最内层，反映城市整体和个人的精神状况，是城市发展的动力来源；第二层为文化生产的能力，体现了城市由文化决定的经济生产活动；第三层为文化氛围和城市文化的表现力，体现为城市的总体文化环境和文化特性，彰显城市的人文气质和美学品格；最外层为城市文化的传播能力和文化形象，是公众心中对城市文化软实力的直接感知。由此，城市文化软实力要素具体包括城市精神的凝聚力、城市文化创新的驱动力、城市文化氛围的感染力、城市文化特性的吸引力、城市文化传播的影响力、城市文化形象的识别力这六个方面，如图1所示。

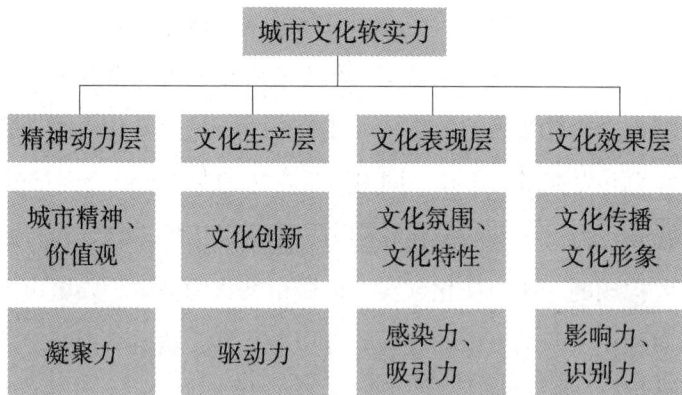

图1 城市文化软实力要素结构图

城市文化软实力集中体现为城市文化展示出的软性力量，凝聚力、感染力、驱动力、吸引力、影响力、识别力六项文化力量从不同方面概括了城市的软性特质，它涉及城市精神、文化氛围、创新能力、文化特性、传播能力、文化形象等诸多方面。第一，城市精神和价值观的凝聚力集中展现了城市的精神气度、社会风习和人们的道德理想，以及在城市内外部公众中产生的感召和归化能力。城市精神体现了城市文化中最为本质核心的部分，是城市文化的凝练和升华，也是一个城市区别于其他城市的最根本原因。城市的文化气质和精神风尚以无形的方式对城市的内涵进行了诗化表达，是所有城市文化的要项中最能展示文化软实力的核心部分，也是影响城市居民最为深刻的心理和精神要素，影响和决定了其他文化要素。第二，城市文化创新的驱动力，是城市实现创新发展的直接动力。文化是创新创意的温床，也是城市历久弥新的精神资源，城市文化创新以文化资源为基础，通过拟订计划和实施方案塑造生气勃勃的城市文化景象，最大限度地激发城市的文化活力。第三，城市文化环境的感染力突出城市培育文化、促进文化创新和发展的总体文化环境。一般来说，自由、宽松、和谐、开放的文化环境，能为城市中多元文化的共存和发展创造良好的外围条件，而封闭、狭隘、自大则容易将城市文化的发展推向反面。城市文化环境的形成既有历史文化的塑造，也有当下频繁文化交流的互动影响，同时还需在牢牢把握城市未来走向的基础上营造适于城市长远发展的环境氛围。第四，城市文化特性的吸引力，是在当前文化全球化的大背景下一城的文化特色所展现出的独特魅力和吸引力。文化特色鲜明的城市更容易在全球城市竞争中占据优势，纵观古往今来的著名城市无不具有鲜明的文化特色和文化禀赋，城市文化特性成为城市文化软实力的独特标识。第五，城市文化传播的影响力集中展示了城市文化在内外部公众心目中的文化实力。有效畅通的文化传播方式和优质的文化内容，能为城市文化的全球扩散搭建良好的桥梁和信息传播渠道，扩大城市文化的影响力。第六，城市文化形象的识别力，是城市文化最为显著的表现方式。文化形象体现为城市中一切可见的文化要素，如城市的建筑形象、历史古迹、户外广告、交通标识、各类文化活动、市民行为素质等都是城市文化形象的具体体现，以感性直观方式显现的城市文化集中反映了城市的文化水准和文化品质，也是城市主观印象的重要组成部分。城市文化软实力总体而言是一种综合性的文化实力，它反映了城市文化的整体水准、发展实力以及呈现在人们眼中的文化面貌，对它的理解需建立在现实的城市语境和具体文化发展情况上。

二　首都文化软实力与城市发展路径设计

在全球一体化带来的城市面貌趋同、同质化竞争日益严重的背景下，文化软实力概念为城市发展提供了崭新的思路。当前城市间的竞争已经从经济层面逐渐转向文化层面，更加注重多重指标的综合效益，因此，城市的发达程度除受到经济发展水平、政治影响力等因素制约之外，还取决于文化软实力这一重要的城市资本。首都文化软实力是指充分调动首都文化的特色和优势，通过一系列手段传达首都城市精神和价值观念，全面展示首都文化吸引力、文化驱动力、文化传播力和文化影响力。首都文化软实力基于北京文化的竞争力彰显，依据文化的强大社会整合力和行业渗透性，为综合思考、全盘谋划北京城市发展道路和发展前景明确了方向。首都文化软实力应作为北京城市规划和战略设计的一种思考模式和策略手段，结合社会发展背景认真考虑文化能够为城市带来什么，可以说，首都文化软实力概念的提出，代表了当下借助文化思路去探索解决城市社会经济发展制约因素和城市问题的基本倾向。

在城市基础设施、经济产值、地产开发、市政工程覆盖等 GDP 为导向的硬性指标对城市可持续发展的贡献受到限制的前提下，文化的软驱动作为解决社会经济问题的重要手段受到世界各国普遍而广泛的重视，如英国伦敦的文化创意产业发展规划、新加坡的文艺复兴城市计划、德国鲁尔区的文化发展目标制定、西班牙毕尔巴鄂以修建博物馆为重点的城市改造方案等，都是依托文化软实力提升城市发展的重要案例。可以看到，文化城市方案不仅成为当代城市寻求新的发展动力和刺激点、维护或重现城市繁荣的推动力，也成为衰败废弃的工业城市改变污染落后面貌，实现去工业化的重要手段。以文化的软性资源优势和综合维度，打破单纯追求经济利益和物质资源消耗的传统城市发展模式，对于推动城市可持续发展，获得文化与经济、社会效益与经济利益、自然与人文等均衡协调发展都有着重大意义。文化作为城市问题的思考框架已经体现在历史文化名城复兴规划、城市文化发展战略制定、文化振兴计划、区域/全球性的文化/创意城市评选等一系列相关规划或活动的设计、开展之中，文化的智识指导、软性资源优势和柔性魅力，给城市各行各业活动的深入开展提供了广阔的舞台和可发挥的空间。

按照首都城市文化的发展路径设计，结合首都文化软实力的内涵，首都文化软实力提升需从城市的精神动力层、文化生产层、文化表现层和文化效果层四个方面加以综合考量，但在具体的城市文化实践中，这四个层面很难完全划分区别开来。这是因为，文化不仅具有精神和物质的双重属性，而且文化生产及其表现、效果也体现为同一过程，比如，首都所拥有的博物馆既是城市精神的体现也是文化的物质载体，同时营造了城市的文化氛围；首都文化创意产业则既代表了城市文化生产的能力，也是城市文化实力的外在体现，并形成了城市文化传播的影响力。基于文化的综合性、整体性、复杂性，为了探讨的方便，本书认为，首都发展的文化软实力道路，是指通过发掘和利用城市传统与现代文化资源，激发文化活力、提升文化品质、明确文化优势、扩大文化影响的文化手段和措施。文化软实力模式为首都城市发展指出了一条充分依靠历史文化资源、合理制定城市文化策略、创造并发挥城市文化创意、充分扩大城市文化传播力和影响力的发展路径。首都文化软实力，首先是首都历史文化的资源力体现，它为我们把握城市的过去、现在和未来指明了路径，也是城市今后发展的重要基础，我们需探索如何将传统文化资源转换成城市文化资本，提升文化竞争力。其次，首都文化软实力体现为城市的文化策略制定，当前文化生产和文化消费的扩张使得城市文化策略制定上升到城市发展战略的高度，提升城市空间的文化品质，需借助城市空间中的建筑形象和文化活动，塑造积极的城市生活体验和公共生活空间氛围，形成良好的城市氛围。再次，首都文化软实力体现为依赖于城市创意创新的不同文化特色，世界上不少城市借助当地文化特色或发掘创意点子、评选创意城市等手段实现城市复兴的发展实践都凸显了文化软实力。最后，首都文化软实力还需要通过城市文化传播扩大影响力，将城市文化有效地进行整合和传播，塑造开放、活跃、创新、多元的城市文化形象。

第一章　首都城市文化软实力：
基本视野和关键问题

首都城市文化软实力直接反映了城市文化发展建设水平，对首都城市文化软实力的探讨，与首都北京的城市发展定位和城市文化特色密切相关。北京不仅是一座有着 3000 多年建城史和 800 多年建都史的著名古都，也是一座充满文化魅力的现代国家首都，首都城市文化发展就处在传统与现代交融、中国与世界联通的语境之中，这构成了首都城市文化软实力研究的前提。

一　首都文化软实力探讨的基本视野

城市文化软实力源于城市的文化性质和文化面貌。文化既有时代的与历史类型的差别，也有地域的与宗教民族的差别，在这一前提下，传统文化与现代文化，农耕文化与工业文化、后工业文化，亚洲文化与欧洲文化，佛教文化与基督教文化、伊斯兰文化都有着显著的不同。文化的多样化是人类实践的伟大成果，也成为进一步促进不同文化交流、丰富繁荣世界图景的重要内容和途径。由于近现代以来人口的大规模迁移、扩散和全球化趋势的不断深入，不同文化的相对独立性在一定程度上被减弱，尤其是交通的发达和电子通信技术的不断进步，使得以地域为单位的文化表现出比以往更多的异质性和兼容性，这一点在人口高度聚集的城市体现得十分突出。文化的综合性、整体性、复杂性与城市总体社会经济发展状况的综合性、整体性、复杂性相类似，为思考和探索城市问题的解决、规划城市发展方向提供了方法思路。

首都北京既是中华人民共和国的首都、全国文化中心城市，也是拥有悠久历史的文化名城和世界著名古都，国际/国内的广阔视野、传统文化与现代文明的融合，使得对首都城市文化软实力的探讨需放置于时间和空间的双重坐标中加以考察。一方面，首都城市文化处于北京城市发展的连续时间链条上，过去决定了现在，而现在又预示着未来。北京城市文化软实力以传统文化资源为基础，依托现代文化发展成果，形成传统文化与现代文明交相辉映的城市面貌，也为进一步的城市规划和未来发展方向制定了明确目标。另一方面，首都城市文化是具有世界视野的中国特色城市文化，北京城市文化软实力必然是彰显国家首都独特文化特色和发展优势的城市文化，同时北京还需在世界城市网络体系中发挥其独有的角色功能，成为世界城市多元文化的积极贡献者。

2017年9月中共中央、国务院批复《北京城市总体规划（2016年—2035年）》（以下简称《规划》），规划从首都城市的总体布局和战略发展出发，对全国文化中心建设进行了全面而详细的规划，明确了北京是全国的政治中心、文化中心、国际交往中心和科技创新中心的城市战略定位。作为北京城市战略定位的四个核心功能之一，全国文化中心是北京城市文化建设必须具备的基本视野。《规划》也对北京城市的发展目标提出了明确要求，以建立国际一流和谐宜居之都为目标，按照国际一流标准，把北京建设成为具有广泛和重要国际影响力的城市，并划定了2020年、2035年、2050年分步走目标，进一步增强全国文化中心地位，将北京逐步建设成为彰显文化自信与多元包容魅力的世界文化名城、弘扬中华文明和引领时代潮流的世界文脉标志。《规划》第四章以"加强历史文化名城保护，强化首都风范、古都风韵、时代风貌的城市特色"为题，对城市文化发展做出了具体规划，明确提出"大力推进全国文化中心建设，提升文化软实力和国际影响力"，确立了首都城市文化发展的基本思路。北京既是千年古都、现代化城市，更是东西方文明相遇和交融的国际化大都市，历史文化和现代文化共同构成城市文化，这是北京文化建设发展的前提。传统与现代的交融、国内与国际视野的参照，是北京在历史坐标和国际格局中确立自身位置、建构自身文化实力的出发点，北京城市文化软实力的探讨也由此展开。首都文化软实力的提升，一方面需不断巩固全国文化中心建设，另一方面也要持续扩大北京世界文化名城和文脉标志的影响力，具体而言既需充分利用深厚的历史文化遗产，也要发挥现代文化资源和资本的优势。一是要深挖历史文化资源。北京传统文化资源，是京城古都风貌延续和恢复的基础，需有效融合历史环境和现代生活，充分利用好历史文化名城和著名古都的传统文化资源，充分展现北京不同历史时期的城市面貌并统一进入当代北京的城市文化视阈中，形成北京城市历久弥新的城市文化精神和丰富历史文化层次。以历史呈现城市文化的深厚底蕴和传统文化魅力，丰富城市文化生活并将悠久的文化、宗教、社会活动的丰富性和多样性最准确真实地传递给后代[①]，通过对传统的有效转化彰显其现代价值和社会意义，扩大中华文化的吸引力和影响力。二是依托现代文明和科技文化创新发展的成果，在全球化、多元化的时代背景下努力建设世界文化名城，在国内 / 国际两个层面彰显现代都市风貌、塑造特色鲜明的文化城市形象，以文化为推动力促进城市全面、和谐、健康发展，创造和谐宜居的城市环境和和睦友好的国际交流氛围。北京现代城市文化发展构成城市文化软实力的当下维度，这可以从现代城市文化品质、城市创意优势、城市文化传播及影响等方面来看。城市公共文化是现代城市文化品质的突出表现，包括博物馆、图书馆等在内的基础文化设施、文化场馆以及演出、娱乐等文化活动，共同构成人们文化生活的重要内容，集中体现了城市文化质量和文化水平。城市创意基因体现了城市发展的重要优势和文化特色，社会的高速发展和技术的迅猛推进，使得创新创意成为城市在激烈竞争中突出重围、占领发展先机的关

---

① 1976年，联合国教科文组织通过了《关于历史地区的保护及其当代作用的建议》，简称《内罗毕建议》。《内罗毕建议》归纳了世界各国关于历史环境问题的五点共识：历史环境是人类日常生活环境的一部分；历史环境是过去存在的表现；历史环境给我们的生活带来多样性；历史环境能将文化、宗教、社会活动的丰富性和多样性最准确真实地传给后人；保护、保存历史环境与现代生活的统一，是城市规划、国土开发方面的基本要素。参考http://www.people.com.cn/GB/wenhua/40483/40484/3001684.html。

键要素，而创意来自文化的孕育和灵感，因此创意城市建设在城市文化软实力构建中发挥着举足轻重的作用，甚至可以说，创意的成败关系着城市的未来命运。文化传播体现了城市制造和生产城市形象、经营和推广城市产品的能力，它与传播内容、传播方式以及针对受众等因素密切相关。立体、高效、覆盖面广的城市文化传播体系对于提升城市吸引力、扩大城市文化影响力，增进城市间的相互理解和沟通至关重要，文化传播能力是城市文化软实力的直接体现。因此，历史底蕴和现实需求、全国文化中心和世界文化名城建设成为思考城市文化软实力建构和提升的基本语境。

首都城市文化软实力建设需积极依托首都北京的历史资源优势和现实发展基础，以文化为手段推动城市全方位发展和整体实力提升，从城市精神培育和养护、城市良好文化氛围营造、城市创新促进文化生产、城市文化传播构建城市文化形象等方面，增强城市的凝聚力、发展驱动力、吸引力和影响力，在对内/对外视野中构建城市发展优势、提升首都整体实力和竞争力。

首先，北京悠久的历史文化和快速推进的现代城市文明成为城市精神和价值观培育的直接来源，也为城市文化软实力建设提供了重要根基。世界范围内激烈的城市竞争不仅体现在经济和科学技术等直接层面，更体现在城市精神、价值观等隐性实力层面，没有文化的城市是贫乏的城市，城市自身的文化价值、文化理念、文化认同始终是城市立足的根本。北京作为全国的文化中心、政治中心和国际交往中心以及国际上有重要影响力的亚洲城市、中国城市，城市精神和价值观的彰显和传递，是城市文化软实力的重要方面。不论北京作为古都的传统文化资源传承还是现代国家首都的文化政策制定、城市文化特色确立和文化影响彰显，都或隐或现地传递着城市的内在精神和价值取向。既继承传统，又开拓创新、与时俱进，是北京在立足历史、面向世界、面向未来的基础上确立的发展思路，是提升城市文化软实力和总体城市竞争力的必然选择。

其次，北京作为全国文化中心城市、历史文化名城和具有国际影响力的文化城市，传统与现代并存、国内和国外视野交融，是城市文化氛围形成的先导条件。以文化传统和当代文化发展为基础，首都城市文化氛围需以城市文化土壤培育和城市文化品格养成为重点。北京城市文化氛围的营造集中体现在城市公共文化服务上，在政府主导和社会多方的共同参与下，以多层次多元化的文化设施、文化活动和文化服务体系，推动文化产品和服务在城市各类公众中的扩展和普及，形成文化推广、文化普及和文化共享的生动氛围，从根本上加强城市公众的文化观念，提升文化品位，有力推动城市文化建设和社会繁荣。

再次，北京具有丰富的文化资源、人才优势和良好的科学技术创新条件，为以文化创新促进城市文化生产力提高、增强城市竞争力奠定了基础。作为全国科技创新中心和全国文化中心，北京的科技创新、文化创新"双轮驱动"为城市文化创新创造了良好的条件，促进了城市文化生产和文化发展。当前北京文化创意产业的优势发展和"设计之都"创建目标的确立，进一步有效推动了北京文化产业的发展。创意创新既是北京城市和城市文化的突出特色，也是城市软实力和竞争力的重要体现，体现为城市发展的文化驱动力，激发城市经济和文化生产向更优结构、更高水平迈进。北京城市文化软实力建设，需以持续的城市创新为城市发展注入源源不断的生机和活力，继续扩大和优化城市文化生产，增强城市文化竞争力。

最后，北京发达的城市传播网络、频繁的国内外交流和文化资源的积淀，对北京城市文化传播和文化形象塑造起到了积极作用。当前，北京市努力完善传播格局，构建立体、多维、高效的集成性城市文化传播网络和传播体系，打造具有传统特色和现代风采的文化传播、展示、交流中心，注重拓展基于信息技术的首都文化传播能力，为提升首都城市的国内外影响、展示良好的形象、推动首都文化"走出去"和扩大城市文化辐射创造了条件。北京城市文化传播从效果和影响层面强化了首都文化软实力。

由此，首都城市文化软实力考察必须放置在城市发展的时空坐标之上，依据城市资源禀赋和发展条件，理清城市文化发展线索，整体把握城市文化发展内外部环境和趋势，以全国文化中心和世界文化名城、世界文脉标志建设为目标，推动城市文化软实力向更高层面提升。

二 首都城市文化软实力研究的关键问题

首都城市文化软实力的研究依据首都功能定位和发展目标，尊重北京城市文化建设发展的已有基础和条件，把握城市未来发展趋势，依据当前北京文化建设的重点内容确定首都城市文化软实力的关键问题。在城市文化建设实践中，基于历史文化遗产保护利用和现代城市文化建设目标，首都北京的城市文化软实力具体体现在历史文化名城保护、现代公共文化服务供给、创意城市建设和文化传播拓展四大方面，构成了首都城市文化软实力提升的关键问题（见表1）。

表1　首都城市文化软实力构成

	目标	基本视野	构建内容	实施路径
首都城市文化软实力构成	以著名古都文化传承和国际文化城市建设为思路，提升北京城市的凝聚力、感召力、吸引力、驱动力和影响力，积极增强城市竞争力和发展优势	①传统文化与现代文明交相辉映的时代视野；②国家首都、文化中心城市建设与国际文化城市构建的国内外视野	①提升城市精神的凝聚力；②以城市文化氛围和文化特色提升城市感染力和吸引力；③以城市创新增强城市生产力；④以文化传播提升城市国内外影响力和城市形象识别力	①著名古都与历史文化名城保护；②城市现代公共文化服务提升；③以"设计之都"提升创意城市建设；④文化传播全面拓展

著名古都和历史文化名城保护。历史文化资源保护传承，是北京世界著名古都和国家历史文化名城保护的核心问题，也是确立城市文化身份、延续城市文脉的重要根基。传统资源的保护始终要关注当代北京城市发展状况和未来发展方向，有效将传统资源转换成当代城市发展可资利用的文化资本，从城市可持续发展的角度维护历史风貌、巩固城市文化基础，以历史文化名城保护和文

化资本开发确认城市历史特色，增强城市魅力和吸引力。

现代公共文化服务供给优化提升。现代公共文化服务是首都现代城市文化的核心组成部分，现代公共文化服务通过对城市公共空间的营造实施城市文化策略，以帮助提升城市空间的文化品质、丰富城市空间的文化内涵；同时通过优化公共文化服务供给的渠道和方式，保障公众的文化利益和文化权利，营造良好的城市人文氛围。

"设计之都"创意城市建设。创意作为城市发展的推动力，是城市文化生产和文化活力的体现，北京"设计之都"建设目标的提出，是定位现代北京城市发展的重要规划。以创意创新推动文化创意产业和设计产业的发展，是首都北京保持文化和经济发展活力、提高现代城市竞争力的重要手段，以设计产业和设计园区为基础，北京需要进一步加强将设计融入城市方案的实施，进一步提升"设计之都"的规划和建设。

现代城市文化传播拓展。国家文化中心、国际交往中心和国际文化城市的城市定位，要求北京不断提升对外话语能力、加强对外文化交流，从现代城市文化传媒建设、对外文化交流和对外文化贸易三个层面拓展文化传播能力，针对不同受众确立文化传播的重点和内容，不断优化对外传播的渠道和形式，这是首都城市文化传播拓展的主要着力点。

第二章　提升文化软实力的国际文化城市案例

作为更高意义上的文化城市，国际文化城市是发挥着重大国际影响力并承担着重要文化职能或独具文化特色的城市。如果说世界／全球城市体现了城市在全球体系中的经济政治综合实力，那么国际文化大都市、世界文化中心城市则突出世界范围内文化多元图景和城市魅力特色，前者强调综合和等级，后者强调多元和个性。国际文化城市是世界城市和文化城市的融合，它既是世界城市网络中的重要节点城市，也体现了文化城市战略的国际化水平和世界性文化影响力。威尼斯、罗马、巴塞罗那、维也纳等是著名文化城市但不是世界城市，纽约、巴黎、伦敦、东京等却既是公认的世界城市也是著名文化城市，它们既是全球城市网络中的重要节点城市，也因高度的文化活力、多元文化面貌、突出的文化特色和可持续发展能力而在世界文化格局中扮演着举足轻重的角色。

世界著名国际文化城市巴黎、东京、伦敦、纽约在城市文化建设发展方面积累了丰富的经验，下面就从传统文化资源保护开发、公共文化服务优化、创意城市建设和城市文化传播拓展四个方面，分析国际文化城市在提升城市文化软实力方面的有益经验，以期为提升首都文化软实力提供借鉴。

一　巴黎：规划保护城市传统资源，开发文化符号提升文化软实力

巴黎是法国的文化中心，仅城区就密集分布有卢浮宫、巴黎圣母院、巴黎

歌剧院、圣心教堂、先贤祠、凯旋门、埃菲尔铁塔、巴黎公社墙等著名文化遗迹，以其历史内涵和文化特色的丰富性成为当之无愧的国际文化城市和世界文化艺术之都。据《世界城市文化报告（2014）》数据显示，目前巴黎拥有24家国家博物馆，其他博物馆113家，联合国教科文组织认定的世界遗产4处，其他遗产、遗址数量为3792处，汇集了大量法国历史文化遗产的巴黎，是法国文化的缩影。在历史文化保护方面，法国拥有着丰富的保护理论和实践经验，并建立了完整的法规体系和完备的制度，大型文化活动的开展进一步深化了公众对历史文化的了解并塑造了巴黎的文化符号。

法国历史文化保护从三个层面展开，包括单个纪念性建筑保护、由纪念物周边环境保护到历史保护区保护以及建筑、城市和风景遗产片区保护等，全面将历史文化和自然保护纳入其中。保护视野和范围不断扩大，保护层面更加丰富，保护生态不断健全，基本形成了历史文化遗产保护的整体框架。在保护实践中，涉及的几项重要的保护法规主要有1913年公布的《历史纪念物法》、1930年的《自然风景和古迹法》、1943年的《纪念物周边环境法》、1962年的《马尔罗法》、1993年的《建筑、城市和风景遗产保护法》（在1983年《建筑和城市遗产保护法》基础上进行补充完善）。为配合历史文化遗产保护法律法规的实施，法国通过国家建筑师（ABF）、国家建筑—城市规划师（AUE）和"保护与价值重现规划"（PSMV）、"土地占用规划"（POS）等一系列资格认证制度和规划保障保护实践。除此以外，还通过由装备部、地方政府和国家住宅改善机构共同设立"改善人居环境的居住计划"（OPAH），完善历史街区的住宅和人居环境，保证历史街区贫穷人口的良好生活条件。在保护资金筹措方面，成立由政府、社会法人、个人共同集资的国家遗产保护基金，积极扩大资金来源。

具体而言，法国历史文化遗产保护法规体系的特色体现在如下方面：第一，由注重单体建筑遗产价值到追求遗产与周围环境风貌的协调，在片区保护的思想观念指导下，单体历史建筑与周边文化肌理、历史脉络形成有机整体，人文内涵得到体现；第二，国家建筑师、建筑—城市规划师制度，将遗产评估、保护和管理纳入专业视野内，同时与城市规划相结合，有效地保证了遗产保护工作的开展；第三，整体性保护观念加强，以整体意识看待历史遗产与现代发展的承续关系，以及人文环境与自然环境的协调，力争在保护和可持续发展中取得有效平衡；第四，历史文化保护中"城市遗产"的重要性彰显，从《马尔罗法》开始，以历史遗产保护为契机促进城市发展和城市机体新陈代谢成为重要议题，城市遗产保护与城市规划融为一体；第五，历史文化保护是一个多方参与的过程，政府虽作为主导机构但并不大包大揽，以遗产保护法规体系为抓手与地方组织、基层委员会、各方面专家以及广大公众共同参与遗产保护的规划与实践；第六，尊重公众的参与和表达意见的权利，整个保护过程公开透明，公民可参与到遗产保护的公众调查中并享有表决权。

巴黎市于1965年制定《巴黎地区战略规划》，确立了多中心的城市发展规划，通过在城市外围设立副中心疏解了原有聚焦向心的城市发展模式，极大地缓解了旧城区的压力，另一方面形成以塞纳河为发展轴的带形城市结构。在一系列的制度法规保障之下，巴黎历史文化遗址集中地、塞纳河两岸的历史风貌得到较好的保护和利用，在此基础上，巴黎以城市历史文化保护的成功促进了城市文化资本的积累和开发。首先，以塞纳河两岸为重点，在巴黎现有的马雷保护区（Le Marais）和第七区保护区两个保护区内，历史文化风貌得到保护和延续。马雷保护区涵盖了塞纳河右岸从巴黎市政厅到巴士底广场的大片区域，包括第四区、第十二区；第七区集中了塞纳河左岸的历史遗产，包括埃菲尔铁塔、国民议会大厦、战神广场、荣军院等。其次，在历史保护区之外，塞纳河两岸还集中分布有巴黎圣母院、卢浮宫、协和广场、爱丽舍宫等历史遗产，卢浮宫玻璃金字塔的增建、奥赛老火车站改建成奥赛博物馆等都在公众参与中取得了良好的成效，不同年代、不同风格的历史建筑相互之间与周边自然环境完美融合①。沿线将道路、广场、历史遗产、公园、绿地、水滨组成优美怡人的城市风景。再次，以香榭丽舍大道和途经埃菲尔铁塔、香德马尔斯公园、军事

---

① 巴黎在1983年建立"建筑与城市遗产保护区"（ZPPAU）制度时已对文物建筑周围（周边500米半径范围）和历史街区、景观地进行严格保护。

学院为轴线的两条主要景观线形成了巴黎城市景观的核心和精华部分，同时也是城市历史文化风貌的核心展示区。借助城市总体战略规划、划定保护区、规划城市传统景观轴等保护手段，巴黎积极营造了历史名城的文化氛围，按照遗产分布设计了城市传统文化走廊（景观轴，见图2），有效整合了城市中心区域的文化资源，并借助形象设计形成了城市的文化名片。最后，除此之外，巴黎还凭借文化遗产日拉近民众与城市传统文化的距离，通过博物馆、艺术馆和总统府、市政厅等著名历史建筑对公众开放，增加人们体验和感受国家历史和文化内涵的机会。巴黎市政府注重加强交通、停车条件等基础设施建设，方便人们通往保护地区，同时依据市内古迹分类制定了不同游览线路和参观主题，并制作宣传图册发给市民和游客，要求城市交通部门开通遗产专线配合活动开展，进一步丰富了遗产的当代价值。

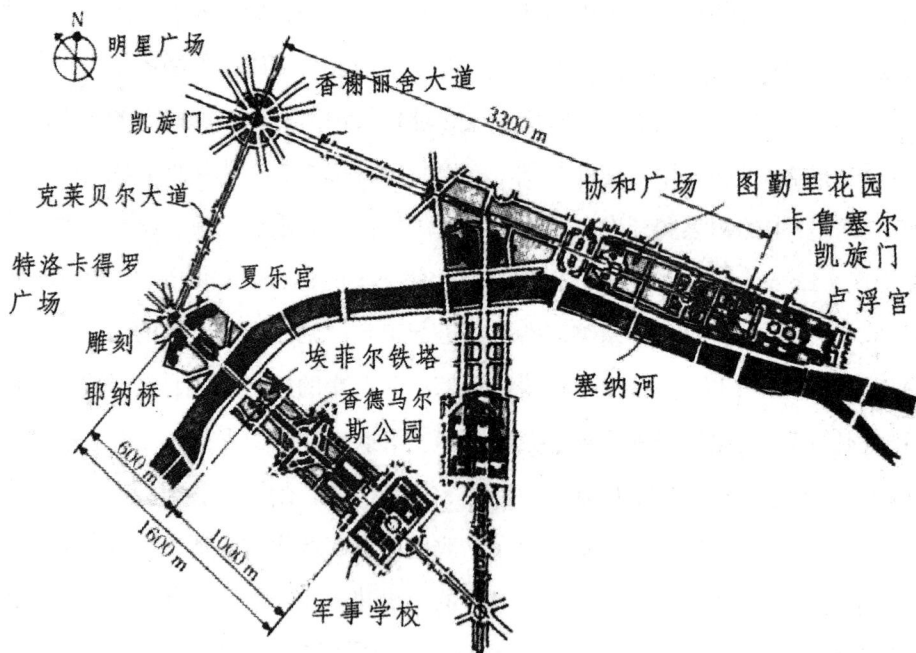

图 2 巴黎景观线

资料来源：芦原义信：《街道的美学》，百花文艺出版社 2006 年版。

由于成功地保护并延续了历史文化遗产，巴黎以其独具特色的垄断性文化优势，吸引了来自世界各地源源不断的游客，埃菲尔铁塔、卢浮宫等城市地标和文化符号深入人心，以历史遗产为基础的城市文化资本运营极富成效，这使得巴黎成为世界城市文化软实力竞争中的佼佼者。

二　东京：塑造城市公共文化空间，优化文化服务提升文化软实力

东京和北京同为亚洲城市和国家首都，同样有着深厚的历史和现代文化资源，在以都市空间利用和公共文化服务优化提升城市软实力方面，走在前列的东京实践能给北京带来许多有益启示。

（一）提升城市公共空间的文化氛围

以文化艺术振兴作为国家和城市的基本发展方略，日本首都东京以公共文化艺术为着力点推进城市的文化发展、公共氛围养成和市民素质的提高，通过国家和城市层面的文化政策影响公共文化设施、大众空间、文化艺术场馆和都市文化综合体等的营建和安排，提升城市公共文化空间的品质，也增强了面向大众的城市公共文化服务能力。

国家层面：自20世纪90年代日本明确21世纪"文化立国"方针，以《新文化立国：关于振兴文化的几个重要策略》为基本纲要的文化方针和政策就成为国家发展的重要战略。"文化艺术所具有的迷人魅力和对社会的影响力被称作'文化实力'，这种'文化实力'也是国力，这已成为全世界的共识。而且，在经济活动中，文化艺术成为产生新的需求和高附加值的源泉，可以说，文化艺术与经济是紧密联系的。"[1] 由于认识到文化艺术对于日本国家发展的重要作用，并将其视为日本的国家文化软实力，日本通过一系列的文化政策和措施确保文化艺术的发展，促进文化与经济的双重发展（见表2）。为了达到

---

[1] 赵敬：《冷战后日本文化发展战略简析》，《日本学刊》2010年第6期。

这一目标，由政府支持的公共文化服务起到了重要作用，其中 2014 年用于国家文化设施的相关投入就占文化总投入的 31.7%（见 2014 年日本文部科学白皮书）。

表 2　日本出台与公共文化设施相关的政策法令

时　间	政　策	内　容
1995 年	《新文化立国：关于振兴文化的几个重要策略》	活跃艺术创造活动、振兴地方文化、生活文化
2001 年	《文化艺术振兴基本法》	第 25 条提出完善剧场、音乐厅等文化设施
2007 年	《关于文化艺术振兴的基本方针》	与基本法相配套的《关于文化艺术振兴的基本方针》再次明确完善文化设施的方针
2012 年	《剧场、音乐厅等文化施设使用法》	日本超党派音乐议员联盟提交《剧场、音乐厅等文化设施使用法》获内阁通过，进一步规范剧场、音乐厅等文艺演出场所利用。鼓励国家和地方公共组织、团体参与公共文化设施建设和运营

城市层面：东京拥有丰富的文化艺术资源，从 20 世纪 60 年代起东京就开始颁布施行艺术场馆相关条例规范运营（见表 3），围绕城市文化振兴和未来发展对文化艺术及公共空间进行了规划和安排，东京公共文化服务在传统文化与现代文化共存融合、文化多样化培育、以创造性激发文化活力、文化促进地域发展、发挥都市文化魅力等方面起到了巨大作用。[①] 上野地区密集分布的文化艺术场馆、六本木地区的文化艺术综合体以及便捷、人性化的公共文化设施等，无不彰显了东京发达的公共文化服务能力和服务水平。相对于国家层面的文化规划，东京都层面的文化条例更为具体和细化。

---

① 《东京文化展望》，见东京都文化生活局网页：http://www.seikatubunka.metro.tokyo.jp/。

表3　东京公共文化设施相关条例

时　间	条　例
1961年	《东京文化会馆及东京艺术剧场条例》（昭和36年条例第33号）
1964年	《东京都美术馆条例》（昭和39年条例第117号）
1983年	《东京都文化振兴条例》（昭和58年条例第46号）
1990年	《东京都写真美术馆条例》（平成2年条例第20号）
1990年	《东京都写真美术馆条例施行规则》（平成2年规则第96号）
1992年	《东京都江户东京博物馆条例》（平成4年条例149号）
1993年	《东京都江户东京博物馆条例施行规则》（平成5年规则第21号）
1994年	《东京都现代美术馆条例》（平成6年条例81号）
2002年	《东京都现代美术馆条例施行规则》（平成14年规则第110号）
2006年	《东京都文化振兴草案》（平成18年5月）
2015年	《东京文化展望草案》（平成27年1月）
2015年	《东京文化展望》（平成27年3月31日）

资料来源：东京都文化生活局文化振兴部网站。

1. 传统与现代共存的公共文化空间

由于江户时期的历史积淀和近现代以来东西方广泛的文化接触和交融，东京的文化艺术资源非常丰富，现在分布于东京的国家文化设施就有国立剧场本馆·演艺资料馆、国立能乐堂、新国立剧场、东京国立近代美术馆、国立西洋美术馆、国立新美术馆、东京国立博物馆等，市级文化设施则有东京都庭园美术馆、东京都江户东京博物馆、江户东京建筑园、东京都写真美术馆、东京都现代美术馆、东京都美术馆、东京文化会馆、东京艺术剧场、Tokyo Wonder Sites、旧小笠原邸等。这些设施大多以国家和城市的历史资源、近现代文化积淀为基础，极大地方便公众接触了解民族文化和城市历史文化，其中现代美术馆、艺术剧场则体现出面向当代的城市文化创造力和文化活力；以现代艺术欣赏和体验为主题的还有上野"手工艺品"店铺、工坊设施 2k540 AKI-OKA ARTISAN，画廊、展览等艺术空间 Arts 千代田 3331，强调艺术与生活融合的 Spiral，"儿童之树"儿童综合设施，涩谷 Hikarie"8/"创意空间，地铁站内描绘原子弹爆炸的壁画"明日的神话"等，串联起了现代艺术欣赏的文化路线。城市文化设施之外，上野恩赐公园、不忍池等也丰富了东京的公园绿化景观。

公共图书馆是东京市最为人所称道的公共文化服务场所，也是城市公共空间设施的一大特色。早在 20 世纪 80 年代末，东京已实现公共图书馆的全覆盖，按照行政区划分为都立公共图书馆、市区町村立公共图书馆、街角图书室和提供图书外借服务的其他公共设施。城市内各级图书馆的密集分布极大地方便了公众的文化生活，保证了人们在有效的生活半径内享受优质的文化服务。据统计，东京现有 387 个公共图书馆，服务点 39 个，还有 11 个汽车图书馆可对 171 个场所提供流动图书服务①。东京公共图书馆一律免费对外开放，办证和借阅手续都非常便捷，图书馆还提供低廉的复印服务便于读者获取零散资料，对于团体借阅、少儿读者和残障人士还提供有针对性的特色服务。

概言之，东京通过城市规划有效利用公共文化设施、艺术场馆、绿化空间等要素，形成了遍布全市的城市文化景观和空间，增强和完善了城市公共文化服务体系。

2. 作为城市空间景观的文化综合体

东京有限的地理面积和密集的人口既是城市发展必须考虑的现实情况，也

---

① 见《平成26年东京都公立图书馆调查》，http://www.library.metro.tokyo.jp/Portals/0/15/pdf/2014082608.pdf。

是城市空间布局安排的前提。在都市改造的文化策略中，东京根据市中心有限的面积将空间进行多功能开发与整合，形成了独特而富于魅力的文化景观。创造活跃、多元化公共空间的重要途径，是不同土地用途和人群活动在空间和时间上的集中体现，实现文化服务设施与工作、休闲、居住、娱乐的有效融合，这既避免了严格功能分区导致的城市公共空间孤立，同时足够的人群和活动密度也大大增加了人们的接触和交流，刺激了自发性活动和社会性活动的发生，使公共空间生机勃勃。因此，文化综合体成为具有较好社会作用、经济效益和文化活力的公共文化场所。

大型复合式文化综合体（complex）集合了文化设施、办公、酒店、住宅、商业设施、休闲等用地规划，将工作、娱乐、住宅、教育等多种功能与都市开发相结合。东京闹市区的六本木新城，是都市改造和空间规划的重要案例。六本木新城建成于 2003 年，由森集团开发，总建筑面积 70 余万平方米，总投资约 400 亿元人民币，是目前日本规模最大的都市再开发计划，其中作为主体的森大厦（著名的森美术馆在大厦的第 53 层）与邻近的朝日电视台、东京凯悦大酒店、东宝影城、露天广场、毛利庭园、屋顶庭园、高级公寓区等建筑和设施一起形成了功能齐全的综合体景观（见图 3）。

（1）艺术中心。文化综合体是城市空间文化实践的突出案例，文化作为融合方案和表现形式整合了诸多空间要素，在繁忙的市中心形成了一片环境优美、文化气息浓厚、商业发达、和谐宜居的特色区域。东京六本木新城以森大厦为主体，承担都市文化功能的主要是美术馆、园林设计、文化休闲设施等，而建筑外观、公共设施的艺术设计以及绿化空间等也丰富了该区的文化景观。其中，作为文化综合体的文化主要承担者，森美术馆与三得利美术馆、国立新美术馆构成了六本木的艺术三角，它们抛弃了惯常坐落于隐蔽街巷的安静场所，走进繁华闹市区的建筑群中，这极大地方便了附近工作和生活的普通市民，让他们能在繁忙的间歇去接触和了解艺术。这些场馆除了美术馆一般功能外，还能作为城市客厅方便公众交流、提供休息聚会的场所。由于森美术馆一直开放到晚上 10 点，上班族在晚上下班时也能顺路看看世界名作和反映大众文化趣味的美术展览，极大地拉近了艺术与普通公众的距离，营造了浓厚的艺术文化氛围。除了美术馆外，森大厦中还有学术报告厅、艺术中心等文化设施场所，从高层的瞭望台上更可以 360 度俯瞰东京城市全景。

（2）公共文化设施。最显眼的文化设施在森大厦前面的广场上，除了标志性的蜘蛛雕塑［见图 4（上）］，还有屋顶花园。屋顶花园的设计不仅为住户提供了舒适的环境，还借助绿色空间创造了轻松的公共交流的场所。而巨大的蜘蛛雕塑除了增加广场的艺术气息外，和花园一样也成为较受欢迎的约会聊天地点。露天广场上不同类型的文艺演出不断上演，小型舞台还可变成喷水设施［见图 4（中）］。

（3）绿化环境。毛利庭院体现为典型江户时期日式庭院风格，呼应了六本木在江户时期作为诸侯官邸的区域的历史渊源［见图 3（中）（下）］。水构成了庭院的主要表现手法，和绿树灌木丛一道在嘈杂的闹市场景中构建了充满自然韵味和闲静氛围的所在，为公众营造了一个开阔的文化休闲空间。

美术馆和园林以及公共设施中艺术设计的引入使得都市改造的整体计划充满了强烈的文化和艺术气息，从硬件设施、文化氛围、艺术品位上，提升了城市空间的品质和独特气质。由著名建筑师佐佐木叶二设计的六本木新城不仅在建筑外观、造型和组织呼应间令人印象深刻，也由于各种设施和场所的便利性和易达性大大增加了公众的逗留时间［见图 4（下）］。占区域一半以上的都是户外开放空间，绿地、庭院间杂其中，甚至连楼顶也是广场和庭院，更加营造了温馨、开放、亲和的氛围，形成了东京著名的购物休闲中心和旅游中心。可以说，六本木中心的建筑、设施和设计理念无不体现了森集团森稔社长"城市既是剧场又是舞台"的主张，充实和丰富了城市空间及其文化意蕴。

图 3　毛利庭院（上、中）和用作农活体验场所的屋顶花园（下）

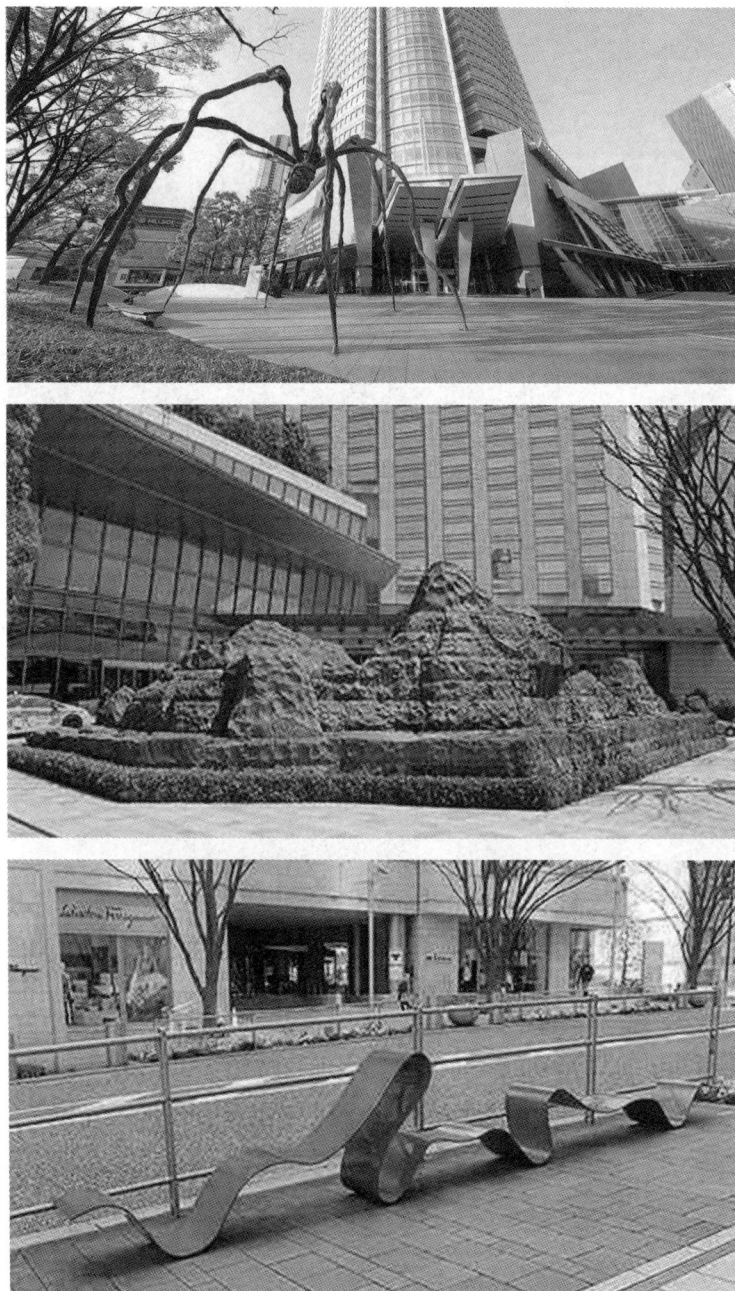

图4　六本木公共空间：蜘蛛雕塑（上）；
高山流水景观（中）；便利设施（下）

资料来源：https://www.roppongihills.com/。

东京公共文化服务在日本文化立国、文化艺术振兴的基本方针下提供城市公共文化服务：一方面，立足城市的历史，将传统文化与现代文化空间相结合进行全面呈现；另一方面，根据城市空间受限的情况对原有环境进行再造和开发，通过城市文化综合体的形式呈现文化艺术氛围、都市工作居住环境和自然景色的有机结合。通过这两方面空间设计措施，东京公共文化服务与城市传统、现代文化需求以及城市发展得到了有机结合，是以文化空间规划提升城市公共文化服务的典型案例。

（二）优化公共文化供给方式和途径

繁荣的公共艺术是日本公共文化服务的一大特色。由于文化厅不直接干预公共艺术事务，日本并没有出台国家层面的公共艺术法律法规，但日本城市公共艺术却是国家艺术繁荣的代表和象征，这主要得益于地方自治的各级地方政府的努力、艺术家的广泛参与和民间的积极推动。日本的公共艺术成果很大程度上受到现行政治体制的影响。日本实行"都道府县"及下设的"市町村"两级行政制度，一都（东京）一道（北海道）两府（大阪、京都）和43个县构成一级地方行政，而市町村则构成都道府县下的二级地方，是日本社会的基础地方公共团体。市町村作为"基础自治体"负责辖区内与居民工作、生活密切相关的各项事务与公共服务，市町村下还有町内会，町内会（自治会）是居民自治组织，按居住地将区划内的所有家庭吸纳为社区组织成员，日本90%以上的家庭都有所属的町内会。町内会作为行政辅助团体是反映居民诉求、社会参与和活动组织的重要团体，平衡着行政、社会、居民三者的利益。因此，正是由于地方行政和自治组织的存在，城市公共艺术的规划建设能有效结合当地情况和民众需求。在具体探讨认证过程中，公共景观和文化工程的规划需要公示听取民众意见进行修正，必要时还会举办居民听证会，对于项目涉及的居民要有他们的书面认可意见。[①] 可以看到，公众参与是日本公共艺术的一大特色。

---

① 韩文华：《日本公共艺术的历史和现状》，见王中主编：《奥运文化与公共艺术》，湖北美术出版社2009年版。

东京城市公共艺术的突出代表是 Faret- 立川公共艺术工程。立川是东京的卫星城之一，驻日美军前基地，公共艺术工程属于东京立川市都市更新计划的一部分。工程将居民文化需求和地区面貌改善作为前提，依照反映艺术多元化特点、建筑功能艺术化和城市环境艺术化三个构想原则，以"文化与文雅"为主题邀请了众多国内外的艺术家共同参与公共艺术创作，从公共雕塑、座椅到地面铺装、通风口甚至水龙头、消防箱都成为公共艺术品，最终确定了 109 件艺术作品（见图 5），该区也被列入东京人最喜欢居住的社区之一。

除了地方公共团体，日本企业也是公共文化服务的主要赞助者，他们对公共文化的支持是企业树立自身良好公众形象、打造企业文化的主要方式。目前，日本企业支持公共文化事业主要通过"艺术文化振兴基金"和"企业 Mecenat 协议会"，并借助主办文化艺术类活动、成立文化艺术相关财团、设立基金、投建公共文化艺术设施等途径参与公共文化服务供给。[1] 日本企业有着"社德合一"的悠久传统，提倡企业的社会责任感和社会公德的实现。20世纪以来，经济同友会全国大会积极倡导企业社会责任并通过《日本经团联关于企业行动宪章》，用公约准则的形式将企业社会责任固定下来。在公共文化设施方面，如松下、丰田等企业都设有国际展览中心、技术中心等多个展馆，推广企业文化；资生堂社长福原信三将企业文化视作"继人、财、物之后的第四种经营性资产"，注重企业的社会、文化效益积累带来的文化资产。福原最早于 1919 年在东京银座设立资生堂画廊，将其打造成为面向日本和世界各地青年画家、摄影师成名前展出作品的公共文化场所，不仅为公司留下了大批艺术作品，同时也聘请艺术家为公司进行艺术和形象设计及宣传，打造了良好而富有魅力的公司文化形象。这两项举措一方面营造了公司良好的公益形象和社会责任感，另一方面也借助艺术培育和艺术家的知名度极大地扩大了公司的隐性文化资本。

在公共文化服务的供给方面，东京依据地方自治体制特点强调公众对公共

---

① 程永明：《日本企业对公共文化事业的支持措施》，《东北亚学刊》2014年第4期。

图5　立川公共艺术：石钟庭园（上）；
自然不会微笑，但人会（中）；最后的采购（下）

资料来源：https://www.faretart.jp/art/。

艺术的参与和投入，地方公民团体和企业（会社）、基金会（财团）是其扩大公共文化服务社会化参与的主要力量。这在很大程度上帮助提升了东京城市的整体公共艺术水平，活跃了城市的文化艺术氛围，是公共文化服务优化供给的突出体现，也为北京扩大公共文化服务的社会渠道提供了有益经验。

三　伦敦：布局创意经济发展格局，设计融入城市提升文化软实力

作为世界创意中心，伦敦发达的创意产业和浓厚的城市创意氛围是其文化软实力的重要体现。创意创新已经成为伦敦城市的标签，作为世界商业和全球文化中心，伦敦活跃的经济很大一部分来源于享有广泛声誉的创意和设计产业。伦敦是英国创意产业发展的核心区域，不论是创意产业还是作为总体的创意经济[①]，伦敦创意发展都稳居全国第一。英国创意经济 2014 年的数据显示，伦敦共 575000 人从事创意产业，占全市总就业人口的 11.8%（远高于英国全国创意产业 5.8% 的就业比例），英国近 1/3（31.8%）的创意产业相关职位都设在伦敦；伦敦共 796000 人从事创意经济，占英国创意经济岗位的 28.9%，占伦敦总就业人口的 16.4%。[②] 而且从大的趋势来看，自 1997 年至 2013 年，英国创意经济相关岗位的增长保持着大约每年 2.3 个百分点的增长率，创意产业的相关数值则是 3.9 个百分点，创意产业占英国经济总量的 5%[③]。伦敦创意产业每年创造约 214 亿英镑的收入，在全英国设计产业和时尚产业中起了重要作用。伦敦是仅次于洛杉矶和纽约的第三大电影拍摄城市，这一产业在 2011—2014 年带来 7.7

---

① 创意经济是一个较大的概念，包括创意产业和创意产业之外的创意岗位所带来的经济贡献，创意产业是创意经济的一个子集。
② *Creative Industry Focus on Employment 2015*，参见网页：https://www.gov.uk/government/uploads/system/uploads/attachment_data/file/439714/Annex_C_-_Creative_Industries_Focus_on_Employment_2015.pdf。
③ *Creative Industries Economic Estimates January 2015*，参见网页：https://www.gov.uk/government/uploads/system/uploads/attachment_data/file/394668/Creative_Industries_Economic_Estimates_-_January_2015.pdf。

亿英镑的投资，此外，城市还吸引了 180 万音乐爱好旅行者，每年剧场上座人数达 1400 万，出售给伦敦旅游者的音乐剧和古典乐门票收入就达 6700 万英镑。①

为了促进城市创意发展，伦敦较早对文化产业予以政策扶持，1984 年大伦敦委员会（Greater London Council，该部门成立于 1981 年并于 1986 年撤销）出台《文化产业战略》（Cultural Industries Strategy），指导城市文化产业发展。国家层面，英国的文化创意领域发展最先由曾任英国政府"创意与文化教育"咨询委员会主席的肯·罗宾森提出，他在报告《我们的未来：创意、文化和教育》中将创意提升到政治日程（报告也被称为 Robinson Report），要求社会充分重视创意和文化工业的重要性。1997 年英国工党上台后将文化产业重新命名为创意产业，并成立了创意工作小组（Creative Industries Task Force），详细规定了创意产业的十三大分类，包括广告、建筑、艺术品和古玩（交易）、手工艺品、设计、时尚设计、电影、音乐、表演艺术、出版、软件和计算机服务、电视和广播、视频和电脑游戏等。创意工作小组于 1998 年颁发《创意产业报告》（Creative Industries Mapping Document），全面评估和规划产业发展；2005 年 11 月文化、媒体和体育部（DCMS）又启动创意经济项目，成立创意产业分部，支持创意产业的创新、发展和提升，致力于将英国打造成世界创意中心，并于 2007 年发表研究报告《保持领先：英国创意产业的经济绩效》（Staying Ahead: the economic performance of the UK's creative industries）；2010 年，政府成立"创意产业委员会"，联合跨领域专家、学者、投资商对创意产业进行总体设计，继续完善产业发展格局。

目前，为了提升伦敦对创意人才、投资和世界各地访客的吸引力，针对伦敦基础设施建设的"伦敦 2050"计划致力于打造更大、更好的城市愿景，充分发挥城市创意的优化组合，将创意引领、创新驱动通过文化植入、创意融入和设计提升贯彻到城市生产中，推动内容创新、业态创新和制度创新，促进文化创意产业化、专业化发展。为了继续保持世界一流城市的地位，应对快速增

---

① *Cultural Metropolis 2014 - The Mayor's Culture Strategy for London*，参见网页：http://www.london.gov.uk/sites/default/files/1065_CulturalStrategy2014_4web_1.pdf,P53。

长的城市人口所带来的压力和挑战，2013 年提出的"智慧伦敦"计划也十分
重视新技术和城市创意力量，创意全面融入城市生活的方方面面，成为城市的
重要标签。创意给伦敦这座城市带来了勃勃生机和显著的经济效益以及国际影
响（见表 4）。

表 4　人力和智力资本指数

城市	排名	智力资本评分
伦敦	1	23
巴黎	2	22
东京	3	19
纽约	4	18

　　注：评分内容包括著名大学数量、高等学历人口占总人口比例、城市居住的诺贝尔奖得奖人数等，
伦敦在排名中优势明显。见 Alan Freeman：《伦敦：一次文化审计》，2008 年版，第 3 页。

　　伦敦创意产业的发展源于创意创新的良好基础，而这反过来又成为城市和
国家的重要标志和品牌。在创意经济的驱动下，伦敦以设计融入城市文化，通
过完善的顶层设计、发达的设计产业和活跃的设计节庆，打造了城市设计的品
牌，在以设计提升城市创意品质方面有很好的借鉴意义。

　　伦敦设计离不开英国设计发展的总体规划和指导。英国设计委员会〔最先
被命名为工业设计委员会（Council of Industrial Design），成立之初致力于以
工业设计复兴战后英国的经济〕成立于 1944 年，是世界上历史最长的设计委
员会。委员会以"设计改善生活"为宗旨着力推动英国设计产业的发展进步，
在 70 余年的历史中，以应对社会经济的潮流和发展需要，见证了英国当代设
计的发展。设计委员会介于英国政府、设计机构、企业和设计师之间，将教育、
科研、市场开发有机结合起来，是连接政府设计政策和设计师、企业、机构的
重要桥梁中介。在具体运作中，设计委员会以理论和实践结合，不仅在教育、
咨询、展览、设计研究和设计批评中发挥了领导作用，还积极研发设计方法和
设计工具并制定英国当代设计标准。2011 年，设计委员会与从事政府设计咨询
的建筑和建造环境设计委员会（CABE）联合，以设计提升人民生活，发挥设

计创新在刺激经济增长、改善公共服务和提升区域及城市发展方面的作用。由于设计产业在英国创意经济中表现突出，英国设计委员会成为推进创意发展的重要设计促进组织。在城市发展层面，设计改善生活同样成为创意和产业发展的宗旨，完善的设计教育、系列设计展览、节庆活动、主题设计成为伦敦世界创意设计中心的重要表现。

长期以来，伦敦创意产业的长足发展和城市对创意经济的提倡使得伦敦拥有设计产业的强大基础，不仅如此，重要设计节庆也是行业发展和壮大的契机，伦敦通过在国内外具有广泛影响力的设计周活动、知名设计品牌和城市创意亮点，全方位体现城市的设计形象，使伦敦设计这一品牌符号深入人心。

伦敦设计节就是城市创意设计的典型体现，营造了一场没有围墙的全城设计庆典。伦敦设计节自 2003 年举办以来，已连续举办 15 届，在分享设计经验、以设计影响生活、推动城市设计产业发展方面取得了较大成效。设计展作为伦敦设计节的重要组成部分，成为汇集设计师、产品、买家、媒体的重要平台，以激发新的创意和想法，打造国际创意集聚地。伦敦设计节的发起者 John Sorrel 爵士 [同时担任创意产业联盟（Creative Industries Federation）的负责人] 和 Ben Evans 曾表示，设计节 "是在伦敦现有设计活动之上，创建一个一年一度的项目，来提升城市的创造力，把该国最伟大的思想者、实践家、传播者和教育家聚集到一个不容错过的设计庆典上"。每年 9 月中下旬的伦敦设计节上，各种奇妙的设计和新鲜的创意层出不穷，除了推出大牌家居和年轻设计师的作品展外，还会在城市的不同角落如画廊、咖啡店、时装店、化妆品店等零售商和买手店布置一些有趣的设计和装置作品，这些是以设计激发城市创造力，真正将设计融入城市大街小巷的最佳实践。与设计节同期，也成为伦敦设计重要组成部分的建筑开放日（Open House London）和伦敦时装周（London Fashion Week），通过向公众展示不同时期城市建筑的设计风貌和城市先锋时尚设计力量，也一道增加了城市的创意魅力和设计品质。此外，伦敦电影节（London Film Festival）、弗里兹艺术博览会（Frieze Art Fair）等节庆也是伦敦创意季的主要活动，吸引了大量公众的参与。总体而言，伦敦市利用自身良好的文化创意氛围和产业基础，通过大型设计活动的开展，有效集合了城市内外的创意力量，并将创意和设计融入城市生活之中，使伦敦成为当之无愧的创意设计城市。

可以看到，伦敦市一是通过国家设计委员会确立设计的主导方向、明确城市设计的目标，二是依赖城市创意产业（尤其是设计产业）的良好基础，积极推进城市设计，并打造具有世界影响力的城市设计节庆活动，不断推出并更新城市设计方案、设计项目，吸引了大量人气，同时保证了源源不断的城市创意和设计力量汇入。伦敦的创意设计城市实践和公众广泛参与，对激发北京文化创意产业的创新创造活力具有一定参考价值和学习意义。

四 纽约：扩大价值观的全球传播，打造新兴传媒 提升文化软实力

作为著名的国际文化城市，纽约虽然不是首都，但却是当之无愧的世界传媒中心，人们透过纽约得以观察世界。位于纽约曼哈顿地区中心的时代广场就被誉为世界的十字路口，其名称来源于1904年纽约时报总社迁移至此，广场上巨大的户外屏幕已经成为全球最好的广告展示窗口。纽约在城市文化传播方面展现出强大的实力和竞争力，这一方面得益于美国国家层面的文化方针和政策，另一方面也建立在纽约雄厚的传媒产业基础之上。

美国学者尼尔·比尔斯曾说："纽约的电视、广播、报纸、杂志、书籍和时装，年复一年地塑造和影响美国人的思想，美国任何其他力量都无法办到。"不仅在国内如此，纽约发达的传媒业还将美国的声音和文化价值观念积极传播到世界各地，一方面带动了文化产业的发展，成为美国文化经济的坚实后盾，成功地占领了其他国家的文化市场；另一方面也为美国争取到了国际话语权和文化霸权，推销了美国式的价值观、民主制度和生活方式，达到了传播美国文化的目的。

美国虽然没有文化部的存在，也没有专门的文化政策，但却能通过其国家整体战略和社会经济发展的相关政策体现出文化倾向。在对内政策中维护主流价值观念、促进文化产业发展、支持民间文化艺术活动、促进文化多样性；在

对外政策中重点开展文化外交、在他国的上层精英分子中扶持亲美派、促进共同理解提升美国的国际形象，还借助贸易活动扩大美国文化产品出口和世界市场份额，向外输送如好莱坞电影、可口可乐、流行乐、麦当劳、NBA 等美国流行文化，提高美国文化产品对他国消费者的影响力等。[①] 美国的国际文化影响力取决于美国文化产业尤其是传媒产业的世界支配地位，美国文化产业不仅是国家经济实力的体现，也通过文化从意识形态上影响大众对社会的认知和判断。伴随着文化产品的全球输出，美国文化渗透到世界各个角落，对其他国家文化产生了巨大的冲击和影响。

美国通过文化传播进行的价值观输出更多地是通过文化外交的途径进行。美国有意识地通过文化途径发挥国家外交功能，也就是文化外交（cultural diplomacy），将文化作为征服他国的先头部队，从而使文化输出成为美国对外关系的一个重要特征。从历史和文化基础而言，美国文化具有扩张性质，正如相关学者所言，"传播'文明'导致了美国的扩张，美国的扩张反过来又促使了'文明'的传播"，形成了"美国扩张链条上的无尽循环"。[②] 美国的文化扩张体现为将其价值观广泛地传播到世界各地，实现文化上的占领。"无论是文化交流，还是新闻宣传，其任务都是推销美国思想。"[③]

发达的传媒产业是纽约城市的重要标志，纽约作为美国的媒体制作中心，包含广播电台、有线电视、电影、出版、新媒体、广告机构等几大组成部分。早在20世纪80年代，纽约就有17家电视台和39家广播电台。全美三大广播网哥伦比亚广播公司（CBS）、全国广播公司（NBC）、美国广播公司（ABC）的总部都设在纽约，这三大公司控制着2139家电台和电视台，几乎垄断了全国的新闻和娱乐。出版业方面，纽约也是美国当之无愧的中心。美国三大报之一的《纽约时报》和其他主要报刊《华尔街日报》《商业周刊》《时代周刊》《新

---

① 熊澄宇：《世界文化产业研究》，清华大学出版社2012年版，第73页。
② 王晓德：《美国文化与外交》，世界知识出版社2000年版，第183页。
③ "二战"后初期，美国负责文化事务的助理国务卿威廉·本曾敦促政府使用无线电广播、电影和报刊等宣传媒介来影响和改变他国公众的政治态度，见王晓德：《美国文化与外交》，世界知识出版社2000年版，第219页。

闻周刊》《纽约邮报》《外交季刊》等都在纽约出版发行。目前，纽约市拥有80多家有线新闻服务机构、4家国内电视网络和20多家大型广播公司、数家报社、2000多家周刊和月刊，纽约的大众传媒不仅有力地影响着美国，而且影响全世界。在已有传媒业基础上，城市传媒还积极利用技术革新的成果。早在1992年，美国就开始在全国范围内推行信息高速公路计划，以国家信息基础设施（NII）建设改变了人们的生活、工作和相互沟通方式，并使得美国的文化传播能力在已有的广播、电视、卫星通信基础上实现了质的提升。移动互联网的发展进一步推动了传媒的高速发展，融合各种媒介形态，传媒业集中打造全媒体产业集群，新旧媒体以渠道结合、技术结合、资本结合等方式进行深入合作，在文化传播上也不断展开新的探索。

总的来说，作为国际文化城市，纽约的文化传播既能通过文化外交、文化贸易等隐性方式，将美国的价值观输送到世界各地，也能依赖强大的城市传媒并结合新兴媒体对大众进行广泛的思想塑造和城市形象宣传，下面我们试图从《纽约时报》这份美国第一大报的发展中，分析它是如何不断拓展媒体传播能力的。

《纽约时报》的启示

在互联网和新媒体的冲击下，纽约原本优势的大众媒体也面临着诸多挑战，从《纽约时报》《华盛顿邮报》在 Buzzfeed、《赫芬顿邮报》等竞争者的挑战下日趋颓势就可见一斑。《纽约时报》被称为世界上最有影响力的报纸，其严肃性和良好的公信力、权威性使其成为报业的典范，赢得了世界各地广泛的读者。作为美国传统报业的巨头，《纽约时报》在报业转型方面也走在前列。《纽约时报》早在1996年就建立报纸网站，1999年整合网络方面业务成立单独的数字部门，并于2004年和2005年连续被评为全美最佳报纸网络版，此后还进行过多次网络改版以促进质量提升。2011年《纽约时报》全面实施数字发行，超过一定数量的免费文章后的新闻阅读的"收费墙"政策使其网络订阅收入在第二年首次超过广告业务，此后数字产品用户逐年增长。

尽管一直努力适应新的环境，但在新媒体的冲击下，《纽约时报》也面临着越来越大的发展困境，通过2013年一份分析《纽约时报》输给互联网的启示的报告①，我们发现，纸媒思维惯性过大，缺乏互联网思维和对用户体验的忽视是其主要原因。新媒体转型应是彻底的思维变革，仅仅将传统媒体内容搬上互联网并不是真正意义上的媒体融合发展。于是，《纽约时报》在尝试新媒体转型期推出《雪崩》系列报道，通过多媒体呈现出精彩纷呈的效果，结合音视频、图表、长篇特写对雪崩事件本身和人们的行为进行报道，通过网络传播并能在各种移动客户端上阅读，引起了人们的广泛关注，并获得了普利策新闻奖。网站报道仅在发布后六天内，就获得了290万访问量和350万页面浏览量，在美国媒体界引起了轩然大波，这一成功报道也被誉为媒体转型的代表案例。②资深媒体人马利克对《纽约时报》这一新媒体探索评价说："以这类型的数字化报道模式为起点，'雪崩'开创了一种新的商业模式，它重新定义了新闻报道"。应该说，对数字优先、读者体验和产品运营的重视，是《纽约时报》在探索中总结出的成功经验。

《纽约时报》的传播经验可以归结如下：

第一，始终与时代发展同步，紧跟技术进步成果。大众媒体是对社会形势和变化反应最直接、最快速的渠道，《纽约时报》从20世纪90年代就已经开始布局互联网发展，后来又积极进行改版升级、丰富多媒体内容以扭转发展颓势。

第二，巩固发展优势，拓宽媒介渠道，纸媒和网络、智能终端等新型媒介并进发展，并根据现实情况确立发展重点。

第三，以数字优先确立长远发展战略，强调互联网思维和用户体验。根据用户使用习惯的变化调整发展战略，以更新的发展理念应对媒体转型中遇到的问题。

第四，积极探索商业化模式，以付费墙方式扩大网络订阅，既增强了用户黏性，也实现了公司的经济效益。《纽约时报》凭借传统纸媒积极谋划转型发展，能给北京的现代文化传媒建设带来诸多启示和有益的经验。

① 肖频频、穆雪峰：《〈纽约时报〉输给互联网的启示》，人民网http://media.people.com.cn/n/2014/0825/c40628-25531004.html。
② 《〈纽约时报〉尝试"雪崩"，重新定义新闻生产的传统媒体逆袭》，钛媒体官方网站http://www.tmtpost.com/37106.html。

第三章　历史文化遗产保护传承与首都文化软实力

　　首都北京丰富的历史文化遗产，是提升城市文化软实力的重要基础，只有对资源加以积极保护、开发和利用，才能实现历史文化的当代价值和城市历史文脉的延续和传承。北京市作为世界著名古都和历史文化名城，在全球化竞争语境下积极建设国际文化城市，实现传统文化与现代文明的交相辉映，必须充分依靠并发挥历史文化资源，推动传统资源转化为城市文化资本，并通过积极运作城市文化资本，提炼城市文化符号，有效发挥北京集体符号资本的垄断价值，在全球城市多元文化并立共存秩序中确认并维护本土文化的高端定位，形成向心吸引、优势聚集、特色突出的城市文化面貌，从而增强城市软实力。

一　从资源到文化资本：作为首都软实力的文化资本

　　无论是作为城市当下和未来发展基础的历史文化积淀，还是全球视野下作为地方特色的城市传统文化，历史文化资源都是构成城市软实力的重要基础。在当下尤其强调城市文化发展的背景下，积极保护和利用历史文化资源，成为提升城市文化软实力、打造核心优势的重要内容，其中关键的途径就是将传统资源转变为城市文化资本进行资本化运作。文化资本（cultural capital）是法国哲学家、文化社会学家布尔迪厄（Pierre Bourdieu）的重要理论术语，意为作为资本形式的文化，文化资本以对文化资源的占有为前提，但只有处于特定社会历史条件中为人们所追逐、争夺的稀有资源才能成为文化资本。文化资本构成了城市独一无二的竞争优势，城市文化资本是增强城市竞争力、促进城市可持续发展的有效路径，成为城市依靠历史和文化传统实现经济价值、社会价值和文化价值的重要资源，也构成了城市文化软实力的传统面向。

（一）首都文化软实力与传统文化资源

北京是世界著名古都、我国第一批入选的历史文化名城，漫长的建城史和建都史造就了北京独一无二的传统风格和文化面貌，并持续地影响着城市文化的当前发展和未来方向。首都城市文化软实力建立在古都传统文化和现代文明所形成的文化资源基础上，历史文化资源构成了首都城市文化软实力的强大支撑。第一，从城市内在发展的基础而言，城市的过去、现在和未来处于一条延续的时间链条上，城市的历史发展历程和传统文化资源，是形成当代城市文化格局和未来发展趋势的重要前提和基础。但随着城市现代化建设的迅猛推进，传统已成为散落在钢筋水泥森林中的一个个断简残片，北京视觉文化形象不再连贯完整，也缺乏相互关联[①]，碎片化的古都余韵、传统风貌在高歌猛进的现代城市规划开发中面临着日趋消亡的严峻形势，历史文脉也面临着传承接续的考验。与此同时，越是在传统资源日渐消失的情况下，传统的重要性也日趋凸显，人们越来越认识到城市发展的根本有赖于它的文化条件和历史基础，因为传统已成为城市伟大复兴的精神支撑和动力因素。第二，从城市的外部竞争环境而言，城市传统文化和历史风貌成为城市发扬地方特色和巩固发展优势的基础，在世界多元化文化竞争格局下，越是民族的就越是世界的，地方特色往往体现为传统文化、历史资源的积累。不论是历史遗迹、传统风貌、民俗习惯还是更为深层的城市精神气质，都是城市独一无二的身份标识，塑造了鲜明而别具特色的城市文化形象，也是城市借此与世界范围内的城市展开广泛竞争的思想资源和现实条件。因此，城市历史文化资源是城市文化软实力的重要基础，也是城市迈向未来、实现长效可持续发展的关键竞争力所在。

---

① 李建盛：《现代性进程中的北京视觉文化形象》，《北京社会科学》2006年第2期。

　　古都北京严整壮观的城市中轴线、巍峨宏伟的皇家宫殿建筑群、市内丰富的寺观坛庙景点、诗意的山水园林景观等既体现了深厚的历史底蕴和传统文化氛围，也作为城市精神传统长久地影响着城市公众的文化认知和文化感受，因此，传统文化的软实力首先体现为塑造北京城市精神。其次，北京传统资源也作为城市文化的突出特色，将北京与其他历史文化名城和古都区别开来，明清故宫和四合院民居作为北京独有的建筑景观承载了城市的历史与文明、空间尺度和生活方式，使得传统资源积极参与城市文化氛围营造、提升城市文化品质，并以城市传统形象增强北京城市吸引力和文化魅力。再次，传统成为城市创新发展的支撑点，并借助文化传播扩大城市影响力和辐射力。城市创造创新不是无源之水、无本之木，在城市文化产品和大众消费品的生产中，传统文化资源的现代开发和传统元素的融入，往往能成为城市文化创新的亮点，传统资源经由城市文化传播也会在城市内外公众中塑造良好的城市文化形象，扩大北京的识别力和影响力。

（二）传统文化资源向城市文化资本的转换

　　美国城市规划大师芒福德说过，城市是文化的容器，城市从根本上说由文化定型并定义，城市历史文化资源，是城市最为持久的精神动力和文化底色，也是形成整体人文氛围的关键基础，因此构成了城市软实力的重要面向。以城市历史文化资源为基础提升城市文化软实力，是注意到历史文化资源对于城市可持续发展可能产生的文化驱动力和经济促进作用。城市文化资本体现了城市文化的资本向度，它肯定了城市已有的精神文化、物质文化等所具有的可持续性并不断增值的价值和意义，如城市人文氛围、文化遗产、历史遗迹等。爱默生曾言，城市是靠记忆存在的，城市历史积淀下来的文明成果和文化形式，是城市记忆的具体体现，集中彰显了一座城市的文化资本。巴黎圣母院之于巴黎、威斯敏斯特大教堂之于伦敦、故宫之于北京，几乎都成了城市活的历史和文化记忆，它们也是城市垄断性的历史文化资源，具有其他城市无可比拟的优势，是城市最有竞争力和影响力的文化资本。

城市文化资本以城市业已拥有的文化资源为基础，经过长期历史阶段形成的传统文化资源代表了一座城市的古老记忆，容纳并保存了城市最内在、最精华的个性特征，也构成城市发展和进步的精神动力和文化支撑。城市文化资本融合了城市的文化特征和资本属性，它将文化视野与经济视野相结合，并在经济视野下发掘文化所具有的资本意义，实现了对历史文化资源的有效转化。探讨历史文化资源与城市文化资本的关系，有必要先对文化资本的概念进行一番理论考察。文化资本（Cultural Capital）正式进入研究视野始于 20 世纪 60 年代，这一概念由布尔迪厄首倡。依据布尔迪厄的描述，文化资本有三种存在形式：一是通过身体化的方式（an embodied state），表现为随着时间长期积累而承继下来的习性和思维方式，它不像遗产那样可直接继承，而是个体有意识和无意识获得的个人品质。二是客观化形式的文化资本（an objectified state），物质实体如科学工具、艺术品等文化产品，既具有经济属性也具有象征化传达的功能。三是制度化形式的（an institutionalized state）文化资本则体现为个人获得的学术资格或职称等方式的体制认可，主要体现在劳动力市场上。可以发现，布尔迪厄文化资本概念与人类个体惯习（habitus）的关系十分密切，近似于经济学家的"人力资本"[①]，都是偏重资本拥有的个体化。

但在戴维·哈维看来，如果把文化资本仅诉诸个人未免局限，他认为"集体形式（以及个人与这些集体形式的关系）可能具有更大的意义"[②]。同样，经济学家戴维·思罗斯比也认为经济语境下的文化驱动力是"集体主义"[③]的。群体或集体的提法其实是对布尔迪厄阐释中社会性的强调，哈维和思罗斯比都将这种起初源于个人与社会联系的资本形式推而广之，更注重从总体意义上恢复文化资本的一般面貌。在描述资本运作带来的经济行为时，由于文化从广泛

---

① ［美］戴维·思罗斯比：《经济学与文化》，王志标等译，中国人民大学出版社2011年版，第52—54页。

② ［美］戴维·哈维：《叛逆的城市》，叶齐茂等译，商务印书馆2014年版，第104页。

③ ［美］戴维·思罗斯比：《经济学与文化》，王志标等译，中国人民大学出版社2011年版，第13页。

的人类学和社会学意义上是"群体信仰、抱负和认同的表达"①，因此文化资本的群体经验、愿望或集体生产与消费活动往往比单个个体更具说服力。在实际的文化生产和文化消费中，可以发现，文化生产产生于集体活动，在分工日趋专门化和细化的背景下，集体而非个体的创作和付出赋予了产品价值和意义，即使某位艺术家的创作也无法脱离社会环境并隐含着潜在的观众群体，而文化消费也是在大众文化品位和公众审美视域中得到塑造。具体而言，本书的文化资本概念，指建立在集体或群体基础上以有形和无形的资源形式呈现的、拥有文化价值和经济价值的可持续性资产。

城市文化资本建立在文化资本概念上，讨论城市界域之内的文化因素如何影响到经济活动和资本运作，这需要对已有文化资源加以转换利用，形成城市文化资本。

第一，文化资本是对传统资源的现代转换，这以文化资源的可持续性为基础。传统文化资源不同于一般消耗性资源那样只能进行一次性消费，它的可持续性与城市发展和城市文化的总体视野相关。城市作为一个有机体，她的过去、现在和未来处于完整的时空坐标上，当下的发展和规划、对未来的展望和愿景，需要建立在对过去的深刻了解和把握之上。城市文化是在漫长的历史时期内不断积淀并自我更新的结果，城市历史文化资源可持续性不仅在于它凸显了城市的文化底蕴，体现了城市文明的核心密码，也在于它为城市今后的发展指明了道路。伽达默尔已经指出："传统并不只是我们继承得来的一种先决条件，而是我们自己把它生产出来的，因为我们理解着传统的进展并且参与到传统的进展之中，从而也就靠我们自己进一步地规定了传统。"②传统的延续在很大程度上是一种随着社会发展逐渐累积的文化自我更新过程。文化既建立在对以往文化传统的遵循和延续上，也在现实条件下被不断重塑，这就需要我们依据现

---

① [美]戴维·思罗斯比:《经济学与文化》，王志标等译，中国人民大学出版社2011年版，第14页。

② [德]伽达默尔:《时间距离的诠释学意蕴》，甘阳译，《哲学译丛》，1986（3）。而洪汉鼎在《真理与方法》中将"传统"译作"共同性"（Gemeinsamkeit），详见《真理与方法》，上海译文出版社2004年版，第299页。

实情况不断延伸城市的文明轨迹，积极传承和开发城市的历史文化资源，将文化资源转化为城市发展的现实资本。

第二，文化资本通过象征手段将传统文化资源符号化。城市传统文化资源形成城市文化资本，而资本化的文化资源往往呈现为符号形式，象征了城市的形象。"符号化的思维和符号化的行为是人类生活中最富于代表性的特征，并且人类文化的全部发展都依赖于这些条件"[①]，符号成为人类文化的基本表现形式，促进了文化的发展。芒福德也指出："用象征性符号贮存事物的方法发展之后，城市作为容器的能力自然就极大地增强了：它不仅较其他任何形式的社区都更多地聚集了人口和机构、制度，它保存和留传文化的数量还超过了一个个人靠脑记口传所能担负的数量。"[②] 这种象征性符号就是城市的典型文化符号。一提到伦敦我们会想到大本钟、西敏寺（威斯敏斯特大教堂），一提到巴黎会想到巴黎圣母院，而提到首都北京，故宫的形象也会自然呈现于人们的脑海中。西敏寺、巴黎圣母院、故宫都充当了城市象征意义的承担者和传递者，一方面向公众彰显了它们本身的文化意义和价值，另一方面又暗示了它们对于欣赏者和观察者的文化价值。

第三，文化资本突出文化资源的文化价值和经济价值的实现。不管是有形的物质形态资源还是无形的非物质形态资源，对传统资源的现代利用和开发是实现其文化、美学价值和社会效用的有效途径，这就不可避免将它们纳入经济分析框架中，去讨论由资源实际利用带来的实际产出。文化资本作为一个文化经济学概念，它内在地具备经济价值和文化价值，其价值要么体现在"可以用实物量或总价值等任何适当的会计单位来衡量"的存量（stock），如古建筑、遗址、艺术品等资本存量，要么是"随着时间的推移引起"消费和再生产的服务流量（flow），如语言的使用、古典音乐的播放和演奏等由资本存量引起的服务流而产生的文化价值和经济价值。但无论是文化资本的存量或流量都来源

---

① [德]恩斯特·卡西尔：《人论》，甘阳译，上海译文出版社2013年版，第46页。
② [美]刘易斯·芒福德：《城市发展史》，倪文彦等译，中国建筑工业出版社1989年版，第74页。

于人类创造或再创造所必须依赖的资源投入，建筑物、场所、艺术品、手工艺品等有形文化资本和智力资本、非物质文化等无形文化资本概莫能外。[①] 要注意到，文化价值作为一种内在价值有助于经济价值的实现。虽然文化艺术品内在的文化价值与市场价格、消费者意愿无直接联系，如我们不能直接对古建筑、名画的精神价值、审美价值和历史价值估价，但仍然需要承认文化产品毕竟不同于一般产品，人们在消费文化物品及服务时也为它们的附加价值如人们对美感、愉悦、尚古、求知等的精神追求进行了市场支付。传统文化资源意味着唯一性、真实性和独特性，因而在市场上有着更高的估价资本。

首都传统资源向城市文化资本的转换，需要放置在北京城市发展的时空坐标之中，在全球视野下重建具有传统东方魅力的城市空间格局，塑造特色鲜明的城市传统文化符号，才能实现传统资源的文化、美学价值和社会经济效益。

（三）城市遗产保护的历史、意义与价值探寻

对于文化古都和历史城市而言，城市历史文化资源是获取文化资本的重要基础，因此，城市历史文化保护和传承是城市资本积累、城市软实力提升的重要手段。城市历史文化的软实力发挥需结合历史经验和当代城市发展视野，对历史文化及其价值进行全面审视和科学把握。

人们对历史古迹的凭吊和追忆有着漫长的历史，不论是中国的怀古诗传统还是西方画作中对废墟（ruins）主题的表现[②]，都表达了人类对过去的追寻、纪念以及对陌生的往昔的探访。城市中的历史古迹不仅能满足人们由好奇而带来的欣赏欲望，也能激发人们的深沉思考，但将历史文化保护作为一项事业来开展（而非仅是博古的爱好），则需追溯到人们对历史遗迹的研究兴趣的增长。历史文化遗产保护产生于西方长久且丰富的历史传统和文化语境之中，它最初是源自15世纪意大利对古希腊和古罗马的建筑及艺术作品等古代遗存的兴趣，

---

① ［美］戴维·思罗斯比：《经济学与文化》，王志标等译，中国人民大学出版社2011年版，第49—50页。

② 巫鸿：《废墟的故事》，肖铁译，上海人民出版社2012年版，参见第一章。

以文艺复兴为背景，对文学的探索、艺术的赞赏以及历史视野成为建筑等遗产保护的理论土壤。也是从 15 世纪开始，关于遗产保护的行政命令开始出现，罗马教皇统治下，拉斐尔成为首位受命负责古迹保护的人①，遗产的艺术价值和文物价值得到普遍重视。启蒙时代是现代历史意识兴起的时代，伴随着对绝对信念的挑战，在维柯、赫尔德等人的倡导下，不同文化及不同价值观得到认可，一种新的历史理念和美学理念出现，"历史开始被诠释为一种集体的社会经验，并认为不同年代和宗教的文化具有它们自己的风格和指导精神"②，保护行为成为对民族国家和文化传统的尊崇，历史文化遗产保护上升为国家行为。法国大革命时期是个关键时期，对历史文化的复杂态度使得人们对保护工作表现出两种相互抵牾的态度，一方面革命的热情让人们产生打破旧秩序、要求摧毁一切落后反动事物的热切愿望③；另一方面历史遗迹作为古代文化的精华也理应得到良好的保护，"历史的价值、作品的美、艺术及技术上的教育价值第一次被罗列在一起"④成为对破坏行为的回应性保护。经过法国大革命，历史遗产的价值重新得到确认并获得了牢固的地位。19 世纪，受实证主义和科学发展的影响，保护工作以风格和修复为时代潮流，文物保护工作的科学化基本完成。到了 20 世纪，保护在全球范围内蓬勃兴起，国际性的保护组织如联合国教科文组织（UNESCO）、国际古迹遗址理事会（ICOMOS）、国际文物保护与修复研究中心（ICCROM）等成立并在世界范围内广泛开展活动，相关保护宪章、国际公约如《雅典宪章》（1933）、《威尼斯宪章》（即《国际古迹保护与修复宪章》，1964）、《关于原真性的奈良文件》（1974）、《马丘比丘宪章》（1976）、《华盛顿宪章》（即《保护历史城镇与城区宪章》，1987）、《西安宣言》（2005）

---

① [芬]尤嘎·尤基莱托：《建筑保护史》，郭旃译，中华书局2011年版，第21页。
② [芬]尤嘎·尤基莱托：《建筑保护史》，郭旃译，中华书局2011年版，第23页。
③ 法国大革命时期，对古迹的破坏行为包括将巴黎教堂中的好看却无用的金属物件作为原料，熔铸共和国硬币并推行全国，或是将其他历史建筑和艺术品的材料变卖、摧毁或作他用。这一时期的破坏古物行为被看作是消灭封建、迷信、愚蠢的正当做法而具有公民性和爱国主义性质，新的国家需要清除一切旧痕迹，如1792年国民议会决定所言："自由和平等的神圣原则不再允许古代纪念性建筑傲然矗立，不允许偏见和暴政留在人们的眼前。"
④ [法]弗朗索瓦丝·萧伊：《建筑遗产的寓意》，寇庆民译，清华大学出版社2013年版，第58页。

等在一些历史名城相继签署问世，以城市为中心的历史文化遗产保护工作，在全球文化和自然环境多样性的整体视野中得到推进。由此可见，随着时代的发展，历史遗产保护的范围不断扩大，围绕遗产本身的价值挖掘和意义诠释得到深入，对保护手段的多途径探索也使得对历史城市的保护更富于实效。

城市成为历史文化保护的主要场所和对象，是由它的历史和现实条件所决定的，"历史性城市，凭它本身的条件，由于它历史悠久，巨大而丰富，比任何别的地方保留着更多更大的文化标本珍品"[1]。在这一意义上，城市本身就是一座博物馆，城市因对历史文化的保存和容纳成为展现人类丰富经验和文化思想的宝库，城市的文化价值很大程度上因此体现，不同的文化传统和纪念性建筑也由此形成辨别不同历史城市的独特标识。因此，历史文化遗产对于城市发展具有十分重要的意义，传统不仅以自身的文化价值、历史价值、审美价值、原真价值体现了城市文化的独特内涵和丰富层次，也以其现代功用定位历史城市的集体符号资本，不同的历史城市展现出不同历史文化背景下文化的多元样态，成为各自获得竞争优势的重要途径。也正因如此，我们才能欣赏到雅典神庙、罗马古斗兽场、佛罗伦萨文艺复兴壁画、伦敦西敏寺、巴黎凡尔赛宫等各具特色的文化之美。

城市历史遗产的独特价值不仅在于物质层面的形式独特性之美感，更在于精神上千百年累积的丰富意蕴和城市文化记忆，巴黎以拥有众多的历史文化遗产而闻名，巴黎圣母院、凡尔赛宫、卢浮宫、埃菲尔铁塔、凯旋门……每一项都构成了人们头脑中的巴黎形象，但巴黎圣母院无疑是其中历史最为悠久的一座建筑。巴黎圣母院这座木石建筑拥有850年的漫长历史，位于巴黎市中心的西堤岛（Cite）上，其独特的哥特式天主教堂形象可以在巴黎城中的不同角度观察到，但巴黎圣母院更让人尊敬的是，它是法国历史的写照和人文艺术成就的结晶。2019年4月15日巴黎圣母院失火，部分建筑被毁的新闻引起了世界舆论的广泛关注，人们纷纷对这座历史建筑和文化宝殿的毁坏

① ［美］刘易斯·芒福德：《城市发展史——起源、演变和前景》，宋俊岭、倪文彦译，中国建筑工业出版社1989年版，第412页。

表达了巨大的惋惜之情，尤其网络上一则巴黎市民和外地游客在面对火灾时跪地祈祷颂歌的场景让人颇为动容。历史文化遗产是没有国界的，在巴黎圣母院的火灾面前，无论哪国公民，都在为这座人类文明的丰碑而祈祷，人们密切关注着火灾的后续，在痛惜的同时也希望能尽快修复这座文化圣殿。尽管无论如何努力，由于材料、技术、工艺的限制，巴黎圣母院都不太可能恢复到火灾前的面貌，但它作为巴黎甚至法国人民精神丰碑的形象永远不会改变，这也是城市遗产最核心的价值和最雄厚的文化资本，而将来浴火重生的新的巴黎圣母院也会注入新时代的光辉。

结合历史文化保护的历史和经验，我们发现，城市历史文化保护是不断探索历史传统价值、激发城市文化活力进而培育城市文化资本的重要路径。不论是对历史文化资源的保存或修复，保护过程中期望恢复传统的动力都来自人们深层的文化和心理需求，既包括复兴传统、发掘并塑造文化自我形象的信念和期待，也包括实现传统文化现代价值和意义的努力。城市历史文化的价值构成包括传统价值和当代价值，传统价值中原真性价值、历史价值、美学价值都能唤起我们对过去的尊崇和欣赏；当代价值则体现为城市历史文化对于经济社会可持续发展的裨益，包括以产业形式出现的传统文化的现代转化和大众文化旅游开发。随着历史环境和时代的变迁，历史建筑和传统文化资源的实用功能大多已经丧失，成为只具有展示和陈列意义的馆藏，对于当下的人们而言，值得瞩目的是其象征意义和文化、审美价值。因此，只有对历史文化资源进行概括提炼，突出传统文化符号，才能塑造人们的传统文化认同。传统符号的精神价值和文化感召力成为城市文化资本的重要方面。

通过以上的考察，可以发现，城市遗产因其本身无可取代的文化价值和精神意义值得我们保护，在探讨首都历史文化资源保护与传统文化的资本开发的过程中，我们要尽力维护传统本身的独特价值、开掘历史文化的深层意义，从而最大程度发挥其资本效益。

二　资本开发的基础：古都北京与历史文化的保护传承

北京有着3000多年建城史和800多年建都史，它作为历史文化名城和世界著名古都的文化和美学价值早已得到广泛公认。为了保护和延续这个"人类最伟大的个体工程"，北京城的保护和传承一直是现代城市规划与城市发展不可或缺的部分。拥有长达7.8公里城市中轴线、完整凸字形城郭（今二环路）和大量历史文化遗存的北京旧城，是北京历史文化名城的核心组成部分，世界著名文化遗产故宫和社稷坛（今中山公园）、太庙（今劳动人民文化宫）、皇史宬、景山公园、雍和宫等文物保护单位[1]均位于老城范围内，密集分布了皇城、南长街、北长街、什刹海地区、南锣鼓巷等33处历史文化保护区[2]，具有传统典范意义和突出的历史文化价值，探讨北京历史文化的保护传承，老城居于名城和古都保护的核心地位。

老城，也就是我们今天见到的北京城，由内城和外城两部分组成，以明朝北京城为基础，但城市格局的形成最早可追溯到元大都时期。元大都北京城呈长方形，除北城墙延伸至安定门外土城一带、南城墙到东西长安街南侧，东西城墙所至界域和今北京城大体相当，城市格局遵循"左祖右社，前朝后市"的基本原则。明朝北京城在元大都基础上进行了改建，北城墙向内缩进至安定门、德胜门，而南城墙则向南推进到前门一带，修建正阳门、崇文门、宣武门、朝阳门、阜成门等九座城楼，城内建造皇宫紫禁城，是为内城格局；嘉靖年间又在北京城南面修筑外城，与内城连为一体，形成了今日的凸字形城郭，至清依旧保存。北京城以城市中轴线为基准东西对称分布，紫禁城内三大殿：太和殿、中和殿、保和殿均位于中轴线上，东西两侧宫殿形制一致且保持对称。宫殿建

---

① 旧城内现有国家级文物保护单位67处，市级文物保护单位128处，区级文物保护单位123处，此外，名人故居170处，挂牌保护院落658处，胡同1320条，优秀近现代建筑34处，大多位于历史文化街区。

② 截至2014年北京市公布的共三批43处历史文化保护区名单，北京旧城内有33处名列其中，占旧城总面积的33%。详见附表。

筑为北京城内最高建筑，宫城之外为传统青灰色调的胡同、四合院，分布规整有序，其间绿树繁茂、生机盎然，映衬着红色宫墙、黄色琉璃瓦的皇宫，色彩层次丰富。拱卫皇宫的护城河和宫城西侧的什刹海、北海、中南海形成的京城水景碧波粼粼，丰富了城内的水文景观并制造出青山绿水共为邻的城市诗意空间氛围。从宫中高处俯视，整个北京城格局井然有度，视线平缓开阔，建筑轮廓清晰鲜明，自然景观与人文景观过渡自然且富有韵致，形成了一幅"中轴对称，平缓开阔，轮廓丰富，节律有序"恢宏而又优美的京城图景。无可否认，在城市现代化的进程中，古都的风貌已经发生相当程度的改变，但现存的旧城格局和文化体验仍能唤起人们对京城的古老想象，城市文化也急需从传统中获取更新发展的动力，这是现代城市中传统文化资源转化和利用的基础。

新的时代背景下，文化经济成为城市在全球化舞台上竞争的重要资本，传统资源的资本开发理应成为北京在国际文化城市竞争中占据有利地位的独特优势。北京作为历史文化名城的保护传承与文化资本的开发利用具有很大的一致性，如何将古都历史文化资源转变成城市发展的文化资本，提高传统资源的开发利用效率和城市竞争力，是思考首都软实力提升的重要组成部分。

（一）变革中的北京城与文化资源的现代转换

北京城代表了古老皇城的风貌和格局，是传统时代物质文化和精神文化的伟大结晶，集中体现了中华民族深厚的历史和悠久的文明，也是封建帝国文化和艺术高度发达的象征。北京城的衰落是由于时代的变迁和社会的巨大转型，新的环境下，以往服务于紫禁城的城市功能定位需要被打破以适应现实发展的新要求，但同时，保护传统文化也是古都更新发展的题中之义。以此为基础，北京城市的近现代发展历程使古都保护进入了城市发展的整体视野，其中有两个明显的阶段：一是民国时期北京城作为政治中心地位的丧失，二是中华人民共和国成立后，北京由消费城市转变为工业城市的改造方针的提出。首先是政治因素的影响，北京由传统京城向地方性城市转变。国民政府统治时期，另将南京定为首都并于 1928 年改北京为北平特别市，地位的降格使作为消费城市的北京人口日减、商业日衰，重振北平的呼声在各界民众中日益高涨。20世纪30年代，基于北平拥有的丰富历史文化资源，将北平建设成文化城市成为促进社会繁荣的重要手段。当时"文化中心""东方文化游览中心"等城市振兴的口号相继提出，在市政方面则相应采取了古迹维护和修缮、发展旅游业等措施，力图一扫倾颓之衰败景象而重现金碧辉煌的京城盛景，此时期内天坛、城门楼等古建筑的修缮取得实际成果。如果说政治地位的变化相对于古都保护起到了某种程度的正面作用，那么北京城在应对近代化潮流方面则遭遇了重大挫折。从辛亥革命结束2000多年的封建帝制开始，传统视野中的明清北京城就已经不可逆转地走向了近代化。城市近现代发展转型中首要的是改善城市道路交通环境要求，这对封闭的古城产生了持久而巨大的冲击。为了适应近代化汽车、电车以及传统马车、人力车大量增加的需要，20世纪20年代，市政工程首先拆除了部分瓮城，并在城墙上打开了几个豁口，后来，又打通了东西城连接道路，开放长安街。出于城市发展建设的经济考虑和城墙的使用价值降低，东西北三面皇城墙被陆续拆除，墙址形成皇城根街道，仅余南段正面东西墙及天安门至中华门部分，但此时内城、外城城墙大体完好，旧城整体格局得到维持。

中华人民共和国成立后，国家政治中心重回北京，城市发展进入一个新的阶段，工业化大潮下古都保护面对严峻挑战。中华人民共和国成立之初，国家面临着物质匮乏的严峻局面，物质性生产活动和改造国家贫穷落后局面的迫切愿望压抑并取代了精神文化的需求，从消费城市转向工业城市的定位明确了首都城市今后的发展方向，"破旧立新"的社会主义现代化建设得到蓬勃开展。在这种前提下，古都北京的城市性质和空间格局已完全不能适应共和国首都对于现代化的急迫要求，文化尤其是传统文化事实上被边缘化并让位于经济发展的要求。这明显地体现在城市传统格局的破坏，古老城墙和城门楼被大规模拆除，城市道路也被大规模拓宽，东西长安街两侧高楼群起，旧城内许多古代建筑也已被各单位大院占据，而烟囱这一工业化时代的象征也在城内大范围矗立起来。更严重的后果是在20世纪六七十年代，将一切传统的事物都视之为需要破除的"旧思想、旧文化、旧风俗、旧习惯",大量珍贵文物、古建筑毁于一旦,北京市公布的第一批古建文物保护名单中就有圣安寺、汉城、延寿寺铜佛三处被毁。

改革开放以来,随着国家一系列文物保护法规的颁布和历史文化名城保护工作的开展,文物保护工作也进入了新的阶段。然而,市场经济条件下对金钱和效率的追求,使得需要大量资金投入且无明显经济效益的保护工作步履维艰,而以建设开发为实质的破坏性保护又进一步危及了文物古迹。在保护不足和过度开发的双重夹缝下,传统文化生态进一步受到破坏,成片的胡同和四合院被开发成了新型商业楼宇。可以看出,工业时代的发展逻辑对传统城市社会生活方式和空间组织进行了彻底破坏,过去被视作需要挣脱的锁链和障碍得到清除,新的城市道路尺度、广场需求取代了旧的城市肌理,古都历史文化资源在进一步的现代转换中经历了时代社会的选择,不可避免地走向了末路和灵韵消失的时代。

(二)现代城市发展中的北京城保护历程

新的城市保护主义的兴起,来自 21 世纪以来北京复兴城市传统文化的努力和建设全国文化中心、国际一流和谐宜居之都的城市发展方向定位,使得历史遗产的保护与城市的现在和未来息息相关。城市发展整体视野中的历史文化保护,对于实现城市可持续发展、城市生态和人文环境维护以及城市文化软实力提升都不可或缺,历史文化资源成为城市发展方式转型、城市良好氛围营造以及创造城市文化资本的重要组成部分。基于历史文化资源对于城市的重要意义,在历史文化保护方面,北京市围绕擦亮历史文化遗产这张金名片展开,以复现古都风貌、建设世界文化名城、打造世界文脉标志为目标,更加注重历史文化名城的整体保护。

现代国家首都和历史文化名城的双重身份,使得北京现代城市发展必须处理好传统与当下、民族国家特色和世界城市视野之间的张力关系。北京城市历史文化保护虽然正式起步晚(20 世纪 80 年代始),但因吸取了国内外理论和保护实践的经验,目前已形成了较为完整的文物建筑、历史文化保护区和历史文化名城三个层级的保护体系，从单个景点到保护区、从人文景观到自然生态、从历史街区到名城整体保护，将点、线、面有机结合，保护目标与思路比较清晰。以此为前提制定了一系列的保护规划和实施措施，将保护与规划发展协调统一，历史文化名城保护取得了一定成效（见表5、表6、表7、表8、图6）。

表5　中华人民共和国成立后北京历史文化保护条例和文物保护大事记

时　间	内　容
1951 年	7 月 1 日，北京市文化教育委员会文物调查组成立，是中华人民共和国成立以来北京市首次设立直属于北京市人民政府的文物主管机构 12 月 11 日，北京市人民政府公布《北京市发现古物古迹暂行处理办法》，对市内新发现发掘的文物古迹和古墓葬采取保护态度并明确归属
1953 年	10 月 21 日，北京市人民政府转发政务院《关于在基本建设工程中保护历史及革命文物的指示》，将建设施工中的历史文物保护提上日程
1955 年	3 月，北京市文物局成立
1956 年	北京市文物调查组改归北京市文化局管辖，不再隶属文化教育委员会，并改为北京市文物调查研究组，在部门职能上除文物保护外增加文物普查和博物馆筹建、陈列设计、展览等其他文物行政工作
1957 年	10 月 28 日，北京市人民委员会下发《关于北京市第一批古建文物保护单位和保护办法》，公布包括故宫、劳动人民文化宫（太庙）、中山公园（社稷坛）、皇史宬、国子监、孔庙、东岳庙、智化寺、雍和宫、钟楼、鼓楼、中南海、北海、景山公园、大高玄殿、天坛、圣安寺、天宁寺塔、颐和园、玉泉山、汉城遗址、觉生寺（大钟寺）、十方普渡寺（卧佛寺）、碧云寺、大正觉寺、大慧寺、慈寿寺塔、卢沟桥、振岗塔、延寿寺铜佛、西山八大处、法海寺、冰山擦痕、十三陵、居庸关云台、魏太和造像、潭柘寺、戒台寺、土城在内的 39 处名单
1958 年	北京市人民委员会颁发《北京市对出土文物的保护管理暂行办法》，对出土文物的保护管理予以明文规定，避免出土文物盗掘和不法交易现象
1959 年	11 月，北京市人民委员会公布《关于在生产建设中注意保护文物的通知》，重申文物古迹保护的重要性，积极向群众宣传文物保护政策

时间	内容
1960年	3月22日，北京市委批准市文物局等《关于加强文物保护工作，确保文物绝对安全的意见》，将北京文物保护和文物安全作为重要政治任务加以督办。 3月31日，北京市人民委员会批准撤销文物调查研究组，原文物调查研究、考古等工作交由首都博物馆筹备处负责，其他文物行政工作统归文化局文物处 10月，北京市文物局发出《关于改进本市到外地采购古书和文物工作的办法》，规范文物交易市场行为 11月，北京市文物工作队成立，专门负责文物考古和文物调查研究
1981年	6月，北京市第一次文物工作会议召开，北京市文物古迹保护委员会成立，并率先成立省级文物保护机构，各区县文物管理部门也得到设立 11月，北京市人大常委会颁布《北京市文物保护管理办法》，强调文物保护的重要意义，各界需以高度的责任意识参与到文物保护工作中
1982年	《中华人民共和国文物保护法》通过。国务院公布第一批国家历史文化名城，北京名列其中；北京城东南角楼、宋庆龄故居、恭王府及花园、古观象台、皇史宬5处列入第二批全国重点文物保护单位
1983年	市公安局、文物事业管理局联合发布《北京市古建筑消防管理规定》，加强文物保护
1985年	8月，首都建筑艺术委员会与市规划局制定《北京市区建筑高度控制方案》，首次对旧城内建筑高度提出限制，维护旧城总体风貌
1986年	北京市人民政府发布《关于限制在城区内分散插建楼房的几项规定》，市文物事业管理局、园林局制定并经人民政府发布《北京市利用文物保护单位拍摄电影、电视管理暂行办法》和《北京市古树名木保护管理暂行办法》
1987年	《北京市文物保护单位保护范围及建设控制地带管理规定》公布，分类划定了非建筑地带、可保留平房地带、允许建筑高度9米以下地带、允许建筑高度18米以下地带和特殊控制地带等五类地带。《北京市文物保护管理条例》获批
1989年	《北京市文物保护单位巡视检查报告制度暂行规定》《北京市文物建筑修缮工程管理办法》《北京市实施文物保护管理条例罚款处罚办法》等法规性文件出台。市文物事业管理局制定《北京市地上文物保护利用五年规划（草案）》，对文物保护单位进行分级保护、分类利用

续表

时 间	内 容
1990 年	北京市政府批准北京市第一批 25 片历史文化保护区,《北京市历史文化保护区规划管理暂行规定》出台
1993 年	北京市文物事业管理局发布《北京市珍贵文物复制管理办法》,以"保护为主,抢救第一"为指导原则,抢救修缮文物古迹。公布第一批地下文物埋藏区
1995 年	制定《北京文物事业发展五年规划(1995 年—1999 年)》。纪念北京建城3040 年
1998 年	制定《北京市田野石刻文物保护管理办法》
1999 年	首都规划建设委员会审议并通过《北京市区中心地区控制性详细规划》和《北京旧城历史文化保护区范围规划》,划定了皇城内、皇城外和城外的历史文化保护区的三类共 29 个保护区,为历史文化保护区保护工作提供了有效指导,也为后续详细规划的出台奠定了基础
2001 年	编制《北京市"十五"时期文物事业发展规划》和《北京市"十五"期间历史文化名城保护工作发展规划》。规划以保护和发展并重,提出历史文化名城保护的基本原则
2002 年	北京市政府发布了关于实施《北京历史文化名城保护规划》的决定,确立了三个层次和一个重点
2003 年	北京市规划委员会制定《北京皇城保护规划》
2004 年	《北京市实施〈中华人民共和国文物保护法〉办法》通过,针对北京市文物保护的现状、目标制定了三十二条文物保护实施办法
2005 年	制定《故宫总体保护规划大纲》《北大红楼保护规划》《恭王府保护规划》
2006 年	编制公布《北京市"十一五"时期文物、博物馆事业发展规划》《北京市具有保护价值的建筑认定标准和程序》。北京市政府办公厅下发《北京市文化局、北京市财政局关于加强我市非物质文化遗产保护工作的通知》,北京市人民政府下发《关于加强本市非物质文化遗产保护工作的意见》
2007 年	文物局编制完成《北京市文物建筑修缮保护利用中长期(2008 年—2015年)规划》《北京优秀近现代建筑保护名录》。市规划委公布《北京市"十一五"时期历史文化名城保护规划》

时　间	内　容
2009 年	文物局制定《文化遗产保护科学与学术研究规划（2009 年—2011 年）》
2011 年	市规划委公布《北京市"十二五"时期历史文化名城保护建设规划》，提出推动旧城整体保护，使其成为体现首都文化软实力的重要载体
2016 年	市人民政府办公厅公布《北京市"十三五"时期加强全国文化中心建设规划》，要求保护好历史文化名城金名片，构建整体保护格局、传承弘扬优秀文化并创新推进保护和传承，保护和利用并重推进名城整体保护
2017 年	市规划和国土资源管理委员会公布《北京城市总体规划（2016 年—2035 年）》，将加强历史文化名城保护放在重要位置，提出强化首都风范、古都风韵、时代风貌的城市特色，其中一大变化是"旧城"改称"老城"，规定老城内不再拓宽道路，也不再拆胡同四合院，这标志着北京历史文化名城保护迈入最严时期

资料来源：首都之窗政府网站和李建盛著：《北京文化 60 年》，北京大学出版社 2010 年版。

表 6　中华人民共和国成立以来历次北京城市规划与名城保护内容

时　间	规划名称	内　容
1953 年	《改建与扩建北京市规划草案要点》	以都市计划委员会的两名专家华揽洪与陈占祥的甲乙两个方案为基础进行综合，基本维持旧城棋盘式道路格局，在旧城外北部修建西北、东北两条放射道路，在南部则以磁器口和菜市口为端点分别向西南、东南插入放射干道，拓展现代城市交通。这一规划中旧的城市格局要积极适应城市发展的新需求，打破旧城对现代化发展的束缚和限制，当新旧发生冲突时则以新的建设和发展需求为标准。对历史文化的保护停留在历史形成的文物、古建筑基础上
1954 年	《北京市第一期城市建设计划要点》	由北京市委向中央上报，以苏联专家阿布拉莫夫为代表形成旧城内可以建高层建筑的主张，对旧城历史文化环境和传统风貌造成不良影响

时 间	规划名称	内 容
1958 年	《北京城市建设总体规划初步方案》	提出改造北京旧城的 10 年规划，在报送中央《北京市总体规划说明》中进一步提出具体要求，包括"坚决打破旧城的限制和束缚"，对旧城进行根本性改造，拆除城墙、坛墙，对旧城内主要干道两侧进行拓宽改建、纵深发展、成片改造，并在城墙拆除处充分绿化，修建高楼等；针对旧城内 80% 以上的平房年久破旧，道路交通不畅，提出城区整体改建目标，以 10 年为期计划每年拆 100 万平方米旧房，建 200 万平方米新房。但较之 1953 年方案，确定了放射干道不斜穿进城，放射性与旧城相交于二环路，传统旧城方格局得到维护。此期间北京的城墙、城楼、城门毁于一旦，规划还提出"故宫要着手改建"，成为一个群众性的文体、休憩场所，后因"大跃进"时期"三年困难"和"文革"爆发幸免于难
1965 年	《关于北京城市建设工作的报告》	提出改变首都面貌和东西长安街加快改建计划
1973 年	《城市总体规划方案》	延续北京现代工业城市的定位，以生产为主导进行城市建设。由于"文革"动荡的社会局面，城市规划处于混乱无序状态，北京历史古迹和文物在破"四旧"中遭受极其严重的破坏
1982 年	《北京城市建设总体规划方案》	对过去 13 年旧城改建进行了总结，指出了改造项目中各自为政、分散建设、布局凌乱的状况，提出放缓速度逐步改建方案，将旧城改建与郊区新建结合。规划方案确定城市性质为"全国政治中心和文化中心"而非"经济中心""现代化工业基地"，确立了北京历史文化名城定位，城市现代建设需与历史文化名城保护结合，提出加强旧城保护的方针，包括扩大保护范围、保护古建及其周围环境、控制古建外层建筑高度、重点保护皇城、天坛、国子监等处。同时，保护视野扩展至全市范围，郊区文物古迹要与风景区保护结合，注意园林水系保护等

时 间	规划名称	内 容
1993 年	《北京城市总体规划（1991 年—2010 年）》	规划确立了北京是全国的政治中心和文化中心、世界著名古都的定位，相较于"国家级历史文化名城"的提法，是从世界总体视野中明确标明北京独特、深厚的历史文化内涵。设立独立章节"历史文化名城的保护与发展"，提出从 10 个方面保护历史文化名城：保护传统中轴线；保持明清北京城"凸"字形城郭平面；形成象征城墙旧址的绿化带，维持古城标识；保护与北京城市沿革密切相关的河湖水系；旧城改造要保持原有棋盘式道路网骨架和街巷、胡同格局；吸收传统民居和城市色彩特点，保持皇城内青灰色民居烘托红墙黄瓦的宫殿建筑群的传统色调；以故宫、皇城为中心分层控制建筑高度，保持旧城平缓开阔的空间格局；保护城市重要景观线，保护"银锭观山"和景山万春亭、北海白塔、妙应寺白塔、钟鼓楼等景点之间的传统景观线；保护街道对景，维护历史形成的对景建筑和环境；增加城市广场，以景观设计和小品设施美化城市环境，处理好广场及周围建筑、绿化、交通的关系；保护古树名木，增加绿地
2004 年	《北京城市总体规划（2004 年—2020 年）》	坚持旧城功能调整优化和古都风貌保护统筹的原则。增强政治和文化中心的功能，保护古都风貌和整体空间格局，形成传统物质空间与现代城市功能相协调的城市形态。以各个历史时期珍贵的文物古迹、优秀近现代建筑、历史文化保护区、旧城整体和传统风貌特色、风景名胜等为保护重点，继承和发扬北京优秀的历史文化传统。提出旧城整体保护的思路，确立历史文化名城保护的五大原则：坚持贯彻和落实科学发展观，正确处理保护与发展的关系，强化历史文化名城地位；坚持整体保护原则，完善历史文化资源和自然景观资源保护体系，坚持旧城整体保护；坚持以人为本原则，将古都风貌保护与居民生活条件改善结合，以小规模渐进式有机更新方法重塑旧城优美的空间秩序；坚持积极保护原则，强化文化职能，促进文化复兴，推动旧城可持续发展；坚持保护工作机制不断完善与创新的原则，推进名城保护法制化进程，完善保护管理的机制体制。在旧城保护中确立了十项具体保护内容，整体保护皇城首次进入城市规划；非物质文化遗产保护工作得到重视，物质文化遗产和非物质文化遗产保护齐头并进、整体推进

时　间	规划名称	内　容
2017 年	《北京城市总体规划（2016 年—2035 年）》	历史文化名城保护是文化中心建设的重要内容。从首都城市的功能定位和空间格局出发，城市总规中提出构建全覆盖、更完善的北京历史文化名城保护体系，从空间层次、重点区域、文化带和重要方面等对北京历史文化名城保护进行了系统梳理和总结提炼，提出包括"四个层次、两大重点区域、三条文化带、九个方面"历史文化名城保护体系。这一新的历史文化名城保护体系的提出，将历史文化名城保护置于首都城市提升发展和京津冀一体化的时代背景下，首次正式将京津冀作为整体纳入北京历史文化名城保护中，极大丰富并拓展了北京历史文化名城保护的对象和空间范围 根据新版《北京城市总体规划》，一个重大的变化是原有的旧城改称老城，老城这一新提法，意味着历史文化核心区域的保护重点已从过去的旧城更新、基础设施改善走向功能升级和空间重构，这一区域今后将以彰显历史文化内涵、传承古都文脉为核心和主题。老城以后还将打造 13 片具有突出历史和文化价值的历史地段作为文化精华区，并将历史文化街区保护范围从目前的 22% 扩大到 26%。规划表明了从名城保护到构建名城景观美学体系的转向，下一步名城保护工作的重点，也将从物质文化保护阶段进入内涵挖掘、文脉传承的保护提升阶段

资料来源：董光器所著《古都北京五十年演变录》（东南大学出版社 2006 年版）和首都之窗政府网站。

表7　老城内历史文化保护区基本情况表

保护区	批次	基本情况	所属城区	地段类型
南长街			西城	皇城保护街区
北长街			西城	皇城保护街区
西华门大街			西城	皇城保护街区
南池子			东城	皇城保护街区
北池子			东城	皇城保护街区
东华门大街			东城	皇城保护街区
文津街			西城	皇城保护街区
景山前街		1990年公布第一批共25片历史文化保护区（其中有14片分布在旧皇城内）；1999年重新划定了25片保护区；2002年北京市规化委组织编制《北京旧城25片历史文化保护区保护规划》。保护区总占地面积1038公顷，占老城面积的17%	西城	皇城保护街区
景山东街			西城	皇城保护街区
景山西街			西城	皇城保护街区
陟山门街	第一批		西城	皇城保护街区
景山后街			西城	皇城保护街区
地安门内大街			西城	传统商业保护街区
五四大街			东城	近现代建筑保护街区
什刹海地区			西城	风景名胜综合保护街区
南锣鼓巷			东城	传统胡同住宅保护街区
国子监地区			东城	风景名胜综合保护街区
阜成门内大街			西城	传统胡同住宅保护街区
西四北一条至八条			东城	传统胡同住宅保护街区

保护区	批　次	基本情况	所属城区	地段类型
东四北三条至八条			东城	传统胡同住宅保护街区
东交民巷			东城	近现代建筑保护街区
大栅栏			西城	传统商业保护街区
东琉璃厂			西城	传统商业保护街区
西琉璃厂			西城	传统商业保护街区
鲜鱼口			东城	传统商业保护街区
皇城	第二批	2002年确立第二批共15片历史文化保护区，2004年编制《北京第二批15片历史文化保护区保护规划》。老城5片保护区占地833公顷，占老城13%；其中，皇城占地面积683公顷，占老城面积的11%	东城、西城	皇城保护街区
北锣鼓巷			东城	传统胡同住宅保护街区
张自忠路北			东城	传统胡同住宅保护街区
张自忠路南			东城	传统胡同住宅保护街区
法源寺			西城	寺庙建筑保护街区
新太仓	第三批	2005年北京总体规划修编时提出第三批共3片历史文化保护区，2012年编制《北京第三批3片历史文化保护区保护规划》。保护区占地面积437公顷，占老城面积的7%	东城	传统胡同住宅保护街区
东四南			东城	传统商业保护街区
南闹市口			西城	传统商业保护街区

注：中华人民共和国成立后，政府在历史文化遗产保护方面的渐进历程与保护思想不断完善和丰富，历史文化名城整体保护和传统古都风貌的再现成为保护工作重点。

表8 《北京城市总体规划（2016年—2035年）》公布的老城13片文化精华区

文化精华区	所属城区	地段类型
什刹海—南锣鼓巷文化精华区	东城、西城	风景名胜—传统胡同住宅保护区
雍和宫—国子监文化精华区	东城	风景名胜综合保护区
张自忠路北—新太仓文化精华区	东城	传统胡同住宅保护区
张自忠路南—东四三条至八条文化精华区	东城	传统胡同住宅保护区
东四南文化精华区	东城	传统商业保护区
白塔寺—西四文化精华区	西城	风景名胜—传统胡同住宅保护区
皇城文化精华区	东城、西城	皇城保护区
天安门广场文化精华区	东城、西城	国家政治活动中心
东交民巷文化精华区	东城	近现代建筑保护区
南闹市口文化精华区	西城	传统商业保护区
琉璃厂—大栅栏—前门东文化精华区	东城、西城	传统商业保护区
宣武门西—法源寺文化精华区	西城	风景名胜综合保护区
天坛—先农坛文化精华区	东城、西城	风景名胜综合保护区

注：13片文化精华区在以往的老城历史文化保护区的基础上进行了总结整合，从中轴线整体申遗保护的视角出发扩大了保护区范围（如新增天安门广场文化精华区、天坛—先农坛文化精华区），将地域相邻的保护区进行了合并，体现设计文化线路保护的最新思想并打破东西城行政区划（如什刹海—南锣鼓巷文化精华区），使文化区保护的层次和格局更加鲜明、整体效益得到彰显。

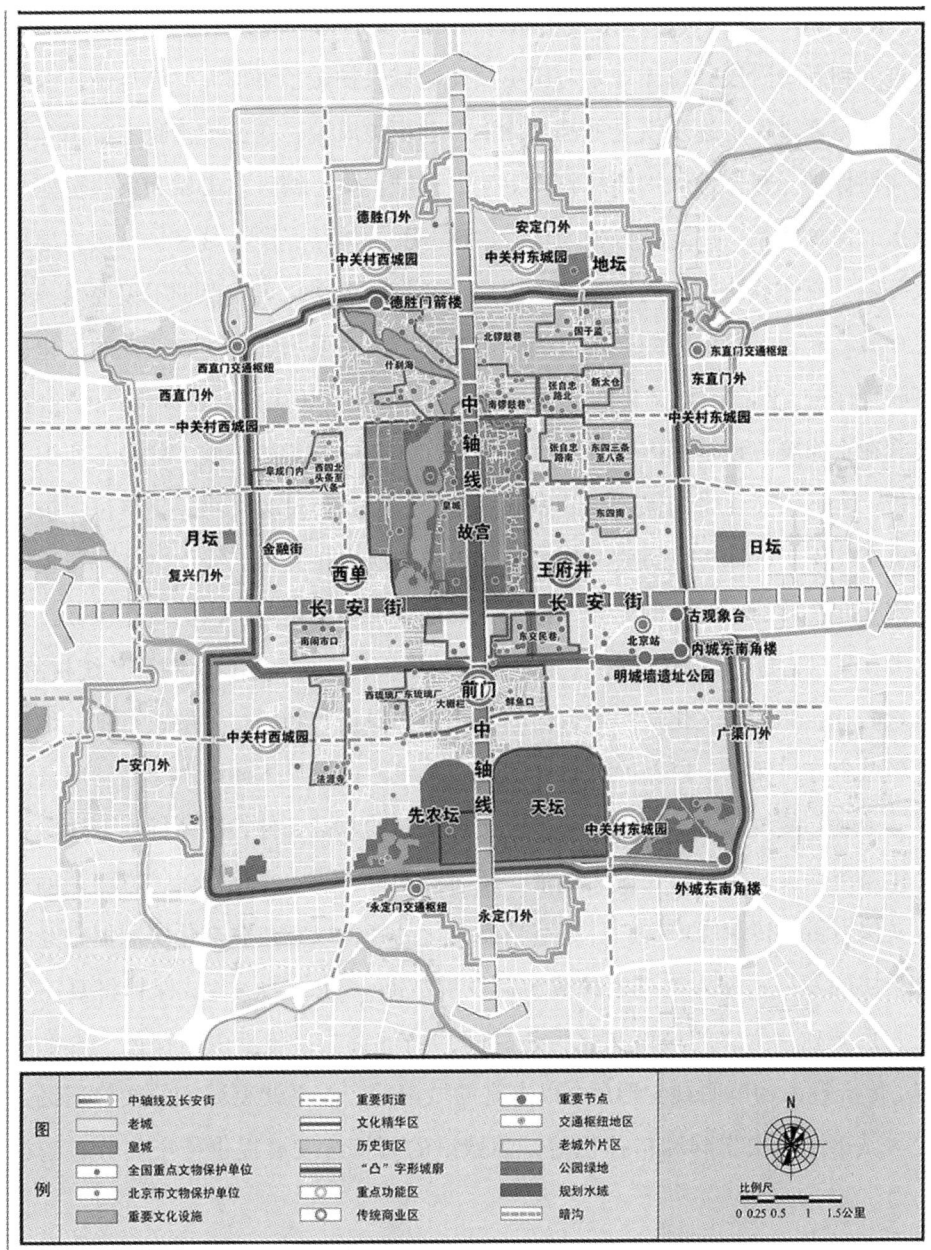

图6　北京十三片文化精华区

资料来源：《北京城市总体规划（2016年—2035年）》。

随着 2017 年新版《北京城市总体规划》的出台，北京历史文化名城保护也进入到新的阶段。总体规划对历史文化名城保护做了更加完整而且细致的规划，规定通过保护逐步恢复古都文化遗产和历史风貌，在保护视野上突出名城整体性保护。整体性保护即从整体上涵盖老城、中心城区、市域和京津冀四个层次的保护体系，以老城保护为核心，这一保护体系经中心城区、市域逐层扩大并置入京津冀协同发展战略的语境中。北京历史文化名城保护不仅要保护好北京城区和市域范围内的文物古迹和历史遗产，还要加强京津冀三地的文化遗产联合保护，发挥三地文化同根同源的特色和自然、历史文化资源集聚的效应，尤其在京津冀三地范围内做好重点文化带和文化线路，如长城文化带、西山文化带、大运河文化带的保护和开发利用工作。一是将过去文物保护单位保护、历史文化保护区保护、历史文化名城保护三个层次拓展为点线面立体全覆盖、物质和非物质遗产并重的全方位保护，要继续加强市域范围内的重点区域、文化带、文物古迹、历史建筑和工业遗产、历史文化街区、名镇名村和传统村落、风景名胜、非物质文化遗产等方面的文化遗产保护和利用，分层次有重点地推进名城全方位保护，以保护更新带动区域发展，重塑整体环境。二是利用京津冀三地毗邻接壤的天然地理优势以及文化同源的基础条件，整体规划三地历史文化遗产保护，尤其在长城文化带、运河文化带、西山文化带保护方面调动三地文保力量，传承历史文脉、打造精品文化品牌，以京津冀文化协同促进经济社会协同发展，深入推进京津冀协同发展战略。历史文化名城保护将真正展现北京城独一无二的城市文化特色空间和精神特质，传承中国特色、古都风貌、传统魅力的鲜明视觉形象，以丰富的城市遗产维系北京城市的文化记忆，展示城市的历史丰碑和精神积淀，为城市的可持续发展提供传统养分和精神动力。

（三）文化保护视野下首都文化资本开发的思考

全球化背景下城市竞争日趋激烈，追求特色和差异成为克服同质化、单一化的主要途径，体现城市深厚根基和特色内涵的传统文化理应为城市经济社会发展贡献更大的力量，而资本开发是效益增长和经济目标实现的重要手段。在现代城市发展中，传统文化保护和历史遗产的资本开发被统一起来。传统文化的资本开发是对历史保护实践的资本化提升，将资本运作应用于历史文化保护，有助于实现历史遗产的实际效益和经济价值，为传统文化的复兴提供现实条件和物质基础。而且，历史文化保护也必须在充分面向时代、面向生活、深入市场、深入大众的前提下进行，以满足人们的文化、审美需求为目的，借助资本的力量，使传统文化资源成为城市发展的重要推动力。因此，传统保护与资本开发不仅并行不悖，还可起到互相推动、互相促进的作用。

如何凸显首都风范、古都风韵、时代风貌的城市特色，关键是处理好历史文化传承与现代文化生产之间的关系，做好传统文化深耕，积极开发文化资本，讲好古都故事。当下，北京历史文化名城保护已经得到政府层面的大力支持和社会各界的普遍关注，但保护工作的重点放在文物古迹的腾退和修缮维护上，历史文化资源的传承利用程度不高，围绕历史文化遗产保护和利用展开的北京城文化资本开发尚不充分。具体表现在传统资源的资本化路径需要进一步探索，历史遗产的现代价值开掘不深入，传统文化对促进城市更新和可持续发展的作用还未得到充分释放，文化遗产的社会效益有待增强。文化资本开发以传统文化保护为前提，以经济价值、文化价值、审美价值等的综合实现作为衡量文化资本利用的标准，有效调动文化资源和经济手段，通过对传统文化的现代再生式发展实现了保护和开发的共同推进。

以历史文化资源保护为基础的文化资本开发，一是要充分肯定传统的价值，不仅从经济角度更要从文化、历史、美学角度重视历史文化遗产，切实将保护工作落到实处，将资本开发视作一个综合考量、强调效益均衡的过程，以保护为前提推动文化资本的市场化运作。只有尊崇传统的内在价值，最大限度地保护历史原貌，才能在文化资本的开发中不因眼前逐利的需求而破坏原真的历史遗迹和文化传统。二是加强名城各级各类历史文化资源整合，在大量零散分布的历史古迹、历史街区中重建文化关联，突出传统文化整体风貌和城市景观线，通过城区内文化主题的设计重现城市的文化脉络，以传统文化复兴推进城市可持续发展。积极改变部分古建和传统民居的衰败现象，通过整修和恢复历史风貌，创造和谐宜居的城市人文和自然环境。在古都的整体语境中把握名城独特的精神标识和思想精髓，在保护中有继承有创新，推进文化传统融入现代生活。三是突出城市传统文化特色，恢复北京城传统街区历史脉络和胡同肌理。古都北京的历史传统不仅是一城一地的文化特色，也是国家的突出文化象征。北京名城文化包括皇家文化、民俗文化、军事文化、运河文化、园林文化等诸多方面，需分类别、分层次、分时期进行整理研究，只有在把握北京历史文化脉络的基础上才能更好地凸显文化特色，提升城市文化品质。四是文化资本开发结合市场化运作，调动社会组织、个人、政府多方力量，改变政府单方面投入的传统保护模式，在资金筹集、保护模式、盈利方式等方面加强合作。总之，需积极开发和利用传统文化资源，对传统元素和文化符号进行创意加工和现代开发，加大对文化遗产的创造性转化和创新性发展力度，多渠道、多手段探索文物保护的活化利用途径。以传统作为城市文化创新的基础，深入挖掘名城文化内涵，古为今用，借助创意融合和产业开发，在现实中激发传统的活力和生命力。因为一座城市只有具备丰富的文化内涵和深厚的发展潜力，才能真正焕发生机活力，实现城市的健康发展。

三　传统符号的凝练和塑造：北京城文化资本开发的路径

城市文化资本开发通过对传统文化的传承和延续，在现代语境下对文化资源加以开发利用，服务于现代城市更新发展的需求，积极塑造古都的人文氛围、城市景观，开发文化产品，增加文化吸引力和城市文化魅力，使历史文化成为城市文化经济发展的基础。文化资本开发的过程，是文化价值和经济价值得到双重实现的过程，通过传统文化资源的资本化，城市历史文化作为存量（物质性历史文化资源如历史建筑、艺术品等）和流量（精神性历史文化资源如传统音乐、手工艺等）在市场流通中具有了经济价值，而文化价值、审美价值也在人们的体验性消费中得到实现。基于此，城市的历史文化遗产成为城市确定自身文化特色，以文化传统激发新的发展活力的重要手段。不论是故宫、天坛等世界文化遗产，还是传统城市中轴线、"凸"字形城郭、历史文化保护区，都延续并彰显了城市文化内涵和文化魅力，它们体现了古老北京城和民族国家深厚的历史底蕴和无与伦比的物质文明、精神文化积淀成果。以传统文化定位城市，基于历史文化资源的文化资本开发不仅要在传统和现代中，也要在更广泛的世界范围内凸显城市的文化优势和竞争力，将传统文化塑造成代表城市形象的名片。

（一）传统文化符号与城市文化资本

结合名城规划和保护实践，北京城的文化资本开发要在优化传统文化保护空间格局、提高历史文化资源整合利用率、深挖传统文化内涵和资源特色的基础上进行。根据巴黎城市历史文化资本开发的成功经验，城市传统风貌和文化符号塑造应是传统文化景观恢复和文化主题设计的重点，"由于把一些建筑、物质产品与商品认定为'艺术瑰宝'而加以典范性地保留，一些特殊城市也许就因此积累了自己的文化资本。从这个观点看，根据城市所积累的文化资本多寡和声望的高低，我们可以对城市划分出一个符号等级来，佛罗伦萨、巴黎、罗马就处于这个符号等级的顶端"①。我们可以说，举世闻名的佛罗伦萨文艺复兴壁画、巴黎埃菲尔铁塔和卢浮宫、罗马大教堂，以及保存完好的古城文化风貌、历史格局都是这些著名文化城市极具价值的文化资本，使得它们成为世界一流文化名城。北京要开发文化资本，也必须将关注点放在典范文化遗产和艺术瑰宝之上，一方面营造并恢复传统古都风貌，使得历史遗产存在于活的延续的文化语境之中；另一方面提炼并塑造古都代表性的文化符号，将真正能体现古都文化特色和内涵的建筑、物质产品提升为城市资本符号。

（二）北京城传统意象和文化符号

不论是古时的燕京八景，还是当下老城中轴线和"凸"字形城郭的基本格

---

① [美]迈克·费瑟斯通：《消费主义与后现代文化》，刘精明译，译林出版社2000年版，第155页。

局，北京城的文化资本开发主要体现在以传统文化意象、空间格局为基础的城市文化符号塑造上。意象是客观物象和主体心灵交融而产生的独特意蕴和情味，是主体的一种文化创造活动，能引起丰富的联想和心理活动。京城的文化意象是由历史景观和想象性重构共同营造的京味儿，它作为一种现代北京的传统余韵能在人们的心目中营造出古都的精神气质和人文氛围。其中，历史景观主要是北京城内留存下来的自然风貌、历史遗迹和文化风俗，它是北京城传统文化意象的现实载体；而想象性重构则立足于想象和文学描述，存在于人们对北京的文化体验和文学感受中，是一种更主观化、私人化的城市印象。传统京味儿既可以是故宫的红墙黄瓦、中轴线，也可以是胡同里的寻常人家，还可以是老舍、萧乾、汪曾祺等作家笔下的流金岁月，是人们对北京城无限追缅而又在现实中不断重逢、错失的独特心理体验。京味儿是一种生动而立体的城市意象，并作为一种特殊的文化感知和体验丰富了人们对城市文化的认同和向往，是发生在"人与城间特有的精神联系"①。京味儿作为文化意象更在于其赋予城市的独有魅力："如果说有哪一个城市，由于深厚的历史原因，本身即拥有一种精神品质，能施加无形然而重大的影响于居住、一度居住以至过往的人们的，这就是北京。北京属于那种城市，它使人强烈地感受到它的文化吸引——正是那种浑然一体不能辨析、不易描述的感受，从而全身心地体验到它无所不知的魅力……"②京味儿古韵作为北京城的意象，是传统文化艺术形式和历史文化内涵的集中体现，以一种感悟和反思式的意象形式内在地具有了现实意义和当下价值，当我们在谈论传统的时候，我们总是希望从传统中获得现实世界的精神指导或是社会实践资源。以京味儿意象为思考和实践的起点，其意义和价值的满足要置于当下的语境中，即传统需经过现代文化资本的转换，成为可供开发利用的城市文化符号。

文化意象需要进一步凝练提升成为城市文化符号，通过典型符号的历史价值、文化价值、象征价值的实现完成资本化。京味儿是一种泛化的文化意象，

---

① 赵园：《北京：城与人》，北京大学出版社2014年第2版，第15页。
② 赵园：《北京：城与人》，北京大学出版社2014年第2版，第1页。

它能引起人们对京城的文化感知和文化想象，但传统在现代的象征意义和价值并未实现。与作为整体的意象不同，文化符号若失之宽泛则不能起到应有的效果，需要通过典型化成为直观简明、意义突出而又内涵丰富的独特象征，既可以是具有较强识别力的物体对象，也可以是主观设计出的代表性特征。城市文化符号反映城市的突出文化面向和特殊品质，是广为人知且积极迎合、制造大众文化需求的城市文化象征。从城市历史文化保护的角度而言，保护工作需结合城市发展实际，以可持续的眼光对待历史古迹保护开发的问题，从现实出发将保护传承纳入社会经济整体视野中，重视历史文化的资本效益实现。文化资本开发源于文化与经济之间越来越紧密关系的形成，这种相互依存的实际联系促成了文化艺术成为经济的一部分，因为扩大化了的现代生产已普遍将"与物质和内容相反的美学的、符号的，以及尤为重要的象征性能量"纳入其中，体现精神价值和情感意义的文化商品化大行其道。①

（三）北京城符号资本与发展优势

北京城符号资本主要是围绕传统京味儿意象进行的文化资源整体保护和资本有效开发，已有学者指出，京味儿是北京城的文化意味，具体而言，它包括：一是古都北京特有的古典型文化传统在现代的依存，是现代城市中的古典遗珠；二是"味"体现为一种反思和回味，指从古都北京的现代格局中回瞥到的感性流溢状况，是现代化进程中无可挽回地走向衰颓时散佚的残留光华，是一种古典的现代流兴。② 因此，京味儿既是一种独特的地缘文化景观，也是一种古典文化精神的余韵，共同形成了一种北京城市独有的文化气质和精神品格，这是北京城当下最可宝贵的文化资源。基于北京城传统资源保护的现代资本开发，需将立足点放在对京味儿的接续和再生之上，以现代视野下的传统保护和可持续发展为路径指导，通过文化资本开发有效实现城市文化软实力的提升。

将生长于传统文化中的文化符号打造成为城市美学吸引力和文化魅力的直

---

① ［英］斯蒂芬·迈尔斯：《消费空间》，孙民乐译，江苏教育出版社2013年版，第60页。
② 王一川：《京味文学的含义、要素和特征》，《当代文坛》2006年第2期。

接来源，会带来直接的社会经济效益。北京有着丰富的历史文化遗产，文化符号的形成具备了得天独厚的优势，其中，那些充分体现了京城文化意象、历史文化价值最为突出、形象最具象征性和典型性的文化遗产直接转化成了北京城市文化的代言。正如我们说苏州的文化符号是园林，敦煌的文化符号是石窟，上海的文化符号是弄堂、外滩，那么北京的文化符号则是老城、故宫、胡同、四合院和长城。调动传统文化的文化资本，将城市历史文化资源转换成城市发展优势，需要在文化、商业、旅游结合前提下进行传统文化主题式开发和设计，以北京传统文化意象和文化符号为线索串联起城市文脉，有效整合城市空间内的历史文化资源，积极向世人展示北京国家首都、历史名城的文化特色和历史风貌沿革，以历史文化积极提升城市的精神生活品质，并有效推动城市社会经济的可持续健康发展。

四　文化资本开发：故宫与城市集体符号资本

北京是世界著名古都，也是全国历史文化名城保护的最重要城市，在外地人、外国人心目中，故宫最生动、最突出地体现了国家首都和中华传统文明的形象。无论从历史或是现实的角度，故宫的保护和开发在北京城市发展中都具有突出的地位。如果说老城复兴是"最有现实基础的、中国最大的甚至是无与伦比的'中华文化枢纽工程'"[1]，那么故宫毫无疑问占据着枢纽的中心位置。故宫位于北京城的核心，是世界上现存规模最大、保存最为完好的木质结构古代宫殿建筑群，代表着我国古典建筑和艺术的精华。故宫不仅展示了古代皇家建筑的杰出艺术成就，其作为博物馆所藏（清宫旧藏）的大量珍贵文物更增添了历史、文化价值和美学价值。故宫作为城市历史文化资源的独特性、真实性、唯一性，成就了北京特殊的文化资本和极富于魅力的文化形象，与集体符号资

---

[1] 吴良镛、吴唯佳等：《"北京2049"空间发展战略研究》，清华大学出版社2012年版，第167页。

本所要求的"真实、唯一、特殊的不可复制的品质"①相一致，可以视之为北京城市的"集体符号资本"。

文化资本开发是对传统文化符号加以提炼利用进行资本价值的开掘，它表现为通过产品和服务的市场流通，使文化资本以有形或无形的财富形式表现出文化价值、经济价值等的积累。故宫的集体符号资本运作围绕人们共同认可的故宫意象进行，故宫作为符号资本贯穿了资本运作环节并深入开发者和消费者的意识中，它连接起了现代观众和传统文化，将古都北京的传统文化元素提升为现代城市发展的动力支撑和软实力要项。

（一）从紫禁城到故宫博物院：历史资源的转化利用

中华民国成立后，1912 年末代皇帝溥仪逊位，紫禁城由皇宫转变为故宫。清廷覆亡后，逊清皇室暂居紫禁城内廷，但国内复辟和共和两股势力仍明争暗斗，原有皇帝私人财产的归属不甚清晰，管理的混乱导致清廷文物大量被盗或售卖出宫流落民间，如 1913—1914 年的"倒卖热河避暑山庄前清古物案"。为了应对这一状况，北洋政府批准成立古物陈列所，将热河、沈阳故宫及园林的古物收归保管陈列，设在故宫宝蕴楼（原咸安宫旧址），古物陈列所成为现代博物馆的雏形。此后，先后有清室善后委员会、清室古物保管委员会负责故宫文物清点和博物馆筹备。1925 年 10 月 10 日，由清室善后委员会遴选出的理事会正式成立故宫博物院，并举行建院典礼对外开放，这标志着皇帝私人享有的宫廷向公共博物馆的转型，皇家私有财产成为公共文化资源和公共空间场所。故宫开院之初，公众热情十分高涨，对昔日威严神秘的皇宫的好奇和向往引发了人潮汹涌、万头攒动的场景②。

原本作为皇宫禁苑的紫禁城向具有现代意义的博物馆转化，皇帝私产转变为公共文化遗产，它象征着政治变革和国家权力的让渡和转移，从一定意

---

① ［美］戴维·哈维：《叛逆的城市》，叶齐茂等译，商务印书馆2014年版，第106页。
② 有史料记载故宫博物院开放第一天的情景，"万人空巷，咸欲乘此国庆佳节，以一窥此数千年神秘之蕴藏"。转引自《中国大百科全书·文物博物馆卷》"中国博物馆史"条。

上来说，还预示着现代民主国家对传统文化自我建构的初步尝试。这一尝试即通过宫禁、苑囿和古物权属的转移将其转化为国家的文化遗产，成为国家文化自我的象征。有论者将故宫的开放与法国大革命开放卢浮宫、俄国十月革命开放艾尔米塔什（冬宫）所具有的现代意义相提并论，由于大革命的到来，"卢浮宫被转化成为庆贺人民主权而非君主权威的场所""卢浮宫塑造了共和国认同"[①]，故宫也是如此，它也亟须通过转型得到改造。"旧王朝时期的奢侈品，传统上是与显著的消费和社会的特权联系在一起的，却变成了一种国家财产、一种爱国价值和公众启蒙工具的资源。"[②]因此，作为国内第一座公共博物馆，故宫所具有的革命意义、爱国价值和权力更迭意味成为传统文化和古代历史迈入现代的第一步。另外，故宫博物院以公开展览的形式为公众提供了欣赏文物珍藏的传统意蕴、艺术价值的公共空间和平台，从公共性和公开性（民众享有）方面确认了文化遗产的价值和意义。故宫历史文化遗产由两大部分构成，既包括中轴贯穿的皇家宫苑及对称分布的城市传统建筑景观格局，也包括书画、古玩、文房、历史档案等博物院馆藏文物。前者体现在集大成的古代宫殿建筑成就和至今延续的对城市整体风貌格局的影响，后者则主要体现在历代物质文明（文化、艺术精品）的积累，二者共同维护了北京世界著名古都的地位。

现代大众（文化）旅游的兴起挑战了以往贵族小圈子的精英文化赏鉴行为，古代艺术从清闲、有教养阶层的精英式特权变成人人都可观赏的对象，并辅之以照明、解说、音乐等景观呈现来渲染气氛、重构历史场景，将博物馆展陈变成具有戏剧舞台效果的文化产品和具有教育意义的公众文化欣赏行为。从神秘森严的紫禁城到人人可参观的故宫博物院，古都的历史风貌和文物珍藏在观众的目光中获得了新的历史文化和美学价值，城市也因享有这座无与伦比的历史和艺术宝库而倍增光辉。在历史和现实的交织中，故宫作为一种概念化、象征

---

① Rubie Watson, Palaces, Museums, and Squares: Chinese National Spaces, *Museum Anthropology*, volume 19 number 2.

② [美]詹姆斯·希恩：《德国艺术界中的博物馆》，转引自[美]大卫·卡里尔：《博物馆怀疑论》，丁宁译，江苏美术出版社2009年版，第28页。

化的过去成为北京重要的传统文化符号，是城市文化的古老象征和历史记忆载体，成为北京传统文化资本开发的重要资源。

（二）集体符号资本与城市集体符号资本

集体符号资本(collective symbolic capital，也译为集体象征资本)由戴维·哈维提出[1]，集体符号资本代表了"一个地方有别于其他地方的特殊标志的力量，同时也是吸引更广泛资金流入的重要力量"[2]。其概念建立在垄断地租和全球化基础上，这里有必要先对垄断地租作一个解释。垄断地租（ monopoly rent ）是因拥有对一定资产的垄断权而获得的高额收入，垄断地租以唯一性和特殊性为特征，它既包括社会行动者对特殊资源、商品、区位的控制而从使用者那里获取垄断价值，也包括直接交易具有特殊性质的土地、商品等资源而获得的垄断利益。在激烈的竞争格局下，垄断地租主要建立在文化带来的独特性、真实性基础上，地方传统的复兴、文化的创新等都是激发垄断地租的重要内容。集体符号资本正是对垄断地租的确认，体现为稳定地集聚符号资本、获取垄断利益的力量。哈维以巴塞罗那为例说明了地方文化独特性（特殊文化事件、文化活动）、真实性和无可复制的品质所带来的城市品牌效应，世界上的著名城市如巴黎、伦敦、罗马、马德里等都是借助特殊集体符号资本而获得发展优势的例证，可见，城市集体符号资本体现和代表了城市软实力。

城市集体符号资本的获得以全球化为背景，而全球化的过程是资本在全球范围内不断分配和重组的过程。列斐伏尔认为资本主义的全球性促成了空间的生产，都市化空间是其中一种，"20 世纪资本主义发展的特征在于世界范围内工业社会向都市社会的转变，资本主义工业化进程对都市空间不断进行重构，

---

[1] 哈维认为术语的使用源于布尔迪厄，实际上布尔迪厄并未直接提出集体符号资本的概念而只使用了符号/象征资本（ symbolic capital ）。布尔迪厄基于政治经济学的角度，认为符号资本是如声望、名誉、享有授权的一种重要权力来源，往往伴随着对弱者的符号暴力（ symbolic violence ），被社会秩序、嵌入个体的行为模式和认知结构所决定。而哈维主要从经济学维度上使用这一术语。

[2] [美]戴维·哈维：《叛逆的城市》，叶齐茂等译，商务印书馆2014年版，第104页。

而都市化是资本建立其稳固基础的必然要求"①，因而"最狂热的全球化追求者们都会支持地方发展，因为地方发展具有产生垄断地租的潜力"②，城市或区域内的资本集聚诱发垄断地租。与全球化对抗的城市发展政策必须依靠地方特色，去争取文化自主性和独立性以谋求独特发展路径，这常常表现为地方文化创新、传统的振兴和创造。在城市经济学的视野下，全球化中城市文化活动体现出的文化独创性和与之相关的"具有特殊品质的资源、商品和区位"③的优势，使得城市充分占有集体符号资本，具有生成垄断地租的独特性。

根据哈维的描述，集体符号资本本质上是一种文化资本，文化居于这种资本价值的核心并构成符号的意象性，那么城市集体符号资本就是城市文化及符号资本。第一，城市文化尤其传统文化是集体符号资本的特殊标志。集体符号资本是依靠城市独特文化资源提升城市形象、塑造城市品牌、创造城市财富的重要资本，其"知识和文化遗产、文化生产的活力和热情、标志性建筑和特殊美学判断的培育"④成为城市企业化管理⑤政治中强有力的构成要素。这种城市集体形式呈现的文化资本成为一个城市有别于其他城市的重要特色，也是引导资金流入并引发垄断地租的重要力量，所以"附着在如巴黎、雅典、纽约、里约热内卢、柏林和罗马这类名称和场所上的集体符号资本具有非常重要的作用，让这些地方获得了相对于巴尔的摩、利物浦、埃森、里尔、格拉斯哥等地的经济优势"⑥。由此可见，著名城市和国家首都由于其悠久的历史、文化知名度和影响力在城市品牌全球营销上有着得天独厚的优势，而这种优势正是建立在"历史的叙述、集体记忆的解释和意义，以及重要的文化实践等基础上"，如

---

① 包亚明：《现代性与空间的生产》，上海教育出版社2003年版，前言第17页。
② [美]戴维·哈维：《叛逆的城市》，叶齐茂等译，商务印书馆2014年版，第101页。
③ [美]戴维·哈维：《叛逆的城市》，叶齐茂等译，商务印书馆2014年版，第91页。
④ [美]戴维·哈维：《叛逆的城市》，叶齐茂等译，商务印书馆2014年版，第107页。
⑤ 城市企业化管理（经营）是"把国家权力（地方的、都市区的、区域的、国家的或超越国家的）与市民社会的各式各样的组织（商会、工会、教会、教育机构、研究机构、社会团体、非政府组织等）、私人利益攸关者（公司的和个人的）结合起来，形成联盟，推进或管理各种城市或区域发展"的城市管理行为模式。见戴维·哈维：《叛逆的城市》，叶齐茂等译，商务印书馆2014年版，第101页。
⑥ [美]戴维·哈维：《叛逆的城市》，叶齐茂等译，商务印书馆2014年版，第104页。

雅典的雅典卫城、帕特农神庙就是由历史建构起的城市的集体文化记忆。在文化资本的生成中，由传统生成的"强大的社会和话语的因素"扮演着至关重要的角色①。

　　第二，城市传统文化符号凸显了城市集体符号资本的可意象性。从文化资本的符号特征而言，它典型地具有可意象性。卡西尔说，人是符号的动物，又说，"人只有在创造文化的活动中才成为真正意义的人"②，符号的文化意义不言而喻，符号的文化性和社会维度决定了我们如何看待和把握外部世界。凯文·林奇在帮助城市设计师把握城市物质形态时认为城市环境具有可意象性，并确立了道路、边界、区域、节点、标志物五大意象，认为它们组成了我们对城市的感知。同样，当我们谈论城市文化资本时，也存在由许多文化元素、意象复合而成的一系列城市文化意象，这些意象具有其各自的历史、文化、内涵和意义，代表了城市文化的不同面向和维度。而那些典型的、独特的、广为人知的文化意象则形成了城市的文化符号，代表了公众的城市文化感知。城市集体符号资本拥有符号所具有的可意象性，它借助个性、结构关系和意蕴来达成。首先，集体符号资本是对城市文化符号独特性的认可和维护，它必须是长期历史积淀中为人们所广为认可和接受的形象符号，代表城市文化的本质和核心。集体符号资本将城市中能唤起本地市民和外来公众强烈意象的文化符号予以固定和确认，这种文化符号符合集体符号资本对特殊性、原真性和唯一性的要求，是城市中最引人注目或具有标志性的文化景观或非物质形态的文化意象，特色生动、鲜明，能给人留下直接且强烈的城市文化感知。文化传统和历史遗存都是一个城市呈现出的最有特色和代表性的文化意象和文化符号。其次，由历史文化资源形成的城市文化符号与现代城市处于一种充满张力的结构中，它通过与周围的环境、与欣赏者的空间联系或心理距离确定自身。如代表城市传统的古代建筑作为城市文化符号将欣赏者带入传统的空间格局和氛围中，与周围现代化的

---

① [美]戴维·哈维：《叛逆的城市》，叶齐茂等译，商务印书馆2014年版，第104页。
② [德]恩斯特·卡西尔：《人论》，甘阳译，上海译文出版社2013年版，中译本《序》第7—8页。

城市建设和设施区隔开来，也使欣赏者沉溺于古代物质文明和精神文化的传统秩序中，引起了心理上的强烈印象和共鸣。在传统与现代的辨识和指认中，集体符号资本的可意象性在结构关系中进一步彰显。再次，集体符号资本的可意象性还表现在城市文化符号提供的现实意蕴或潜在价值。符号不仅增加了城市文化的外观可识别性，还从意义角度强化了文化内涵和意蕴。意义的揭示是可意象性的最终目的，它不仅展示了城市文化的深度和广度，也是集体符号资本实现其资本价值的重要依凭，传统的事物因其充实的文化意义、审美意蕴和现实价值获得垄断地租和独一无二的符号资本。

（三）故宫博物院：城市集体符号资本的生产和运作

文化资本生产是一个动态过程，构成文化资本的文化存量和文化流量都处于现代市场环境之中，追求包括资本利润在内的经济价值和文化价值的实现。故宫集体符号资本的生产和运作也依循这一路径。一方面，资本总是流动于一定的社会空间中，空间牢牢地规约着现代资本行为；另一方面，资本生产也依赖主体实践活动的开展，因此，社会空间和生产实践构成资本生产和运作的重要部分。后工业时代，文化生产和文化消费成为社会生产的重要方面，因此空间生产和物质实践成为故宫集体符号资本生产的两大方面。

1. 故宫传统空间的意义生产

根据列斐伏尔的观点，现代性的一个重要方面是将空间中的生产转变为空间本身的生产，空间的生产和再生产成为比物质产品的生产更能反映现代都市特征的生产形式。[1] 通过对空间进行征服、收编与整合，现代城市成功地控制

---

[1] 在列斐伏尔的空间三元辩证法中，物质空间、精神空间、社会空间构成了核心概念，它们分别对应着空间实践（生产和再生产活动，具体、经验化的感知空间）、空间的再现（概念化的空间，由规划家、城市学家、政府官员所构想的空间，构成知识权力的空间）、再现的空间（反抗统治秩序的空间，也是生活与体验的本真的空间，体现着开放性差异性的空间，同时关联艺术和想象领域）。列斐伏尔对马克思空间思想的重大推进就在于他把原本空间中的生产变成空间本身的生产，社会空间的提出就是对传统意义上空间概念的重大变革，社会空间作为生产力和生产关系的组成部分反映和决定了当代城市的现状。

了社会领域的所有活动。在以消费主义为特征的城市中，资本的流通运作将空间中所有自然、人文、社会资源都变成可供交换、消费和支配的商品，城市空间被纳入整体社会的资本循环和商品生产中，成为意义和价值的来源。城市空间的消费特征使得消费的逻辑成为社会空间运用的逻辑，消费者借由消费体验进入不同的社会空间，而生产的提供者则通过控制消费对社会空间进行分割、重组和包装，由此呈现出社会空间的多元景观。在故宫集体符号资本的生产中，空间的生产是其中的重要环节。故宫的空间生产不是物理意义上古代帝王宫殿的再造或者改建，而是精神和心理上对已逝传统的追忆和缅怀，在现代时空中对传统空间的想象性建造和复兴。它将存在于凝固物（建筑、典籍、艺术品）中的历史文化融入现实生活实践中，通过现代生产和消费塑造了一个开放的、受资本控制的大众空间，人们借此在传统的宫殿建筑和古代艺术展览中去实现现代教育、娱乐和审美需求（见图7）。

图7 故宫全景图

资料来源：故宫博物院官网链接 http://webapp.vizen.cn/gugong-pc/index.html。

　　故宫传统空间具有独特性和意义的真实性。故宫严格遵循《周礼·考工记》的营建原则，按照前朝后殿、左祖右社的模式呈中轴对称布局，以"天子居中"的理念为核心，将太和殿、中和殿、保和殿外朝三大正殿以及内廷三大殿乾清宫、交泰殿、坤宁宫布置于中轴线上，由南向北依次分布，大小建筑相互呼应、次第展开，形成恢宏壮丽的宫殿建筑群；并以宫内中轴线为基准延伸引导古代都城的整体格局，形成北京城中轴贯穿的独特城市格局[①]，展现了独一无二的文化和美学魅力。因而，就传统空间而言，故宫的文化意义不仅是作为宫殿群也是作为古代都城秩序的缔造者得到体现，这种传统空间的原真性和独特性、唯一性赋予了故宫一种现代的神圣性和仪式感。人们在参观中依照故宫导览图依次穿过午门、金水桥、太和门，经过一个空旷的大广场再沿着台阶一步步拾级而上才终于到达故宫的中心——太和殿（金銮殿），这是一个逐渐揭开神秘和威严面纱的过程。在古时，由宫殿建筑引导的节奏形成人对传统政治秩序的感知，官员必须要穿越一重又一重门、登上一级又一级台阶、通过一道又一道禁卫才能最终亲近天颜。伴随着等待通传的口令，时间和路程都被无限延长，这种抵达目的地之前的期盼、悬搁和阻滞才能使人在抵达之时情不自禁地产生尊崇、仰慕甚至畏惧心理。在高大巍峨的金銮殿前，更加深了个人的渺小感，人人都不得不臣服于君主的威严和权威，三拜九叩就是这种心理外化的仪式化动作。清朝时外国使臣拜谒中国皇帝的情形也是如此。有记载称，"西洋英吉利国使当引对自陈，不习跪拜，强之止屈一膝。及至殿上，不觉双跪俯伏。故管侍御韫山堂诗有'一到殿廷齐膝地，天威能使万心降'之句"[②]。这位来自完全不同文化背景的英国使者的故事真实性尚存疑，但确实揭示了故宫通过对空间、建筑布局和形体的控制可能产生的强烈心理效果，它将人们深深地引入传统的权威空间和等级秩序之中。这一效果在今天人们游览故宫时仍能感受得到。虽然现代游客早已是怀着参观游览而非朝圣的目的来到故宫，空间的性质也由帝王公务和居所之地变成了现代大众文化空间，但在这种独特的空间氛围和建筑环境中人们依然能体会到往昔的辉煌岁月和传统的庄严神圣，它超越了那种被刻意塑造安排的迪

---

① 建筑大师梁思成对北京这条无与伦比的城市中轴线不吝溢美之词，"一根长达八公里，全世界最长，也最伟大的南北中轴线穿过全城。北京独有的壮美秩序就是由这条中轴的建立而产生；前后起伏、左右对称的体形或空间的分配都是以这中轴线为依据的；气魄之雄伟就在这个南北引申、一贯到底的规模"。
② 《清朝野史大观》，上海科学技术文献出版社2010年版，第二册，卷三，第127页。

士尼虚拟化景观而呈现出独特而真实的文化魅力。当人们踏入故宫时，就带着探究的目光渴望获得脱离现代日常生活的特殊体验，这不仅取决于人们作为现代观众和文化消费者的身份进入，也由于故宫这一传统文化符号所预设的独特展览空间，它暗示了能给现代人提供的历史经验、审美体验和文化价值，以及透过历史事物的大众活动场所的生成。因而，故宫博物院空间的真实意义不在于处理博物馆和馆藏之间的关系，而是为欣赏者营造一个真实的游览体验空间，透过历史的、怀旧的、审美的眼光，借助想象的传统文化之旅，去建构逝去的、神圣的文化经验，传统空间的符号资本生产借由人们的参观经历和旅游体验达成。

就现代性体验而言，这种传统空间的意义生产揭示了对现代性困境的反思和修复。历史经验中，传统的维持和消失之间构成一对矛盾，这种矛盾反映的并不如表面所见是传统和现代价值的冲突，而是现代带来的时空延伸拓展与后现代超空间差异、裂痕和异质性带给人们的危机和焦虑——一种"创伤效应"。这种创伤来自进入现代后，机械空洞的时空秩序下人们丧失了对有机时间的把握能力，古老时代通过身体和外部世界丰富的物质意象感受时间流逝的真实体验被颠覆，机械时钟取消了人们与时间的原始关联，有机时间的缺席使人们丧失真实外部联系而带来强烈的匮乏感和不安全感。这种情况下，对传统的保护和崇拜成为消弭时间断裂的一种手段。现代资本包装后的文化遗产空间作为传统时代的构造物成为一种精神象征，它为大众提供了一个反观自身和时代困境的镜像，借此我们得以凝视自身和生活于其中的社会。

2. 后工业时代的集体符号资本运作

城市中集体符号资本的兴起与现代城市发展的文化转型的历程有着很大的重合。集体符号资本要求城市资源的独特性、原真性、唯一性来获取垄断地租，现代城市发展摒弃了工业时代片面追求经济利益、以环境为代价的发展模式，而转向以城市文化为基础的传统复兴、文化创新创意，促进经济社会全面、可持续、健康发展。文化尤其是充分反映本土特色的自然、传统文化资源在培育城市符号资本、引导城市发展转型中扮演着不可或缺的角色。后工业时代，城市按照企业化的方式经营，积极为资本积累创造环境，而其中相当部分的投资是文化资本。[①]文化资本成为城市发展动力更新和城市品牌经营的有效手段，借助故宫的传统文化符号，文化资本一方面依靠垄断性文化资源获取垄断竞争利益，另一方面也依靠故宫品牌价值进行现代产业式开发获得资本利润。

故宫传统空间的意义生产构成了现代文化资本开发的前提。围绕故宫文化符号的资本价值生产过程，故宫集体符号资本体现为创造北京城独有的、唯一的、占有市场垄断份额而又支持可持续发展的文化资本，成为城市核心竞争力的重要支撑。具体而言，它包括故宫形象展示、文化主题、文化活动、文化产品等几个方面，虽构成了不同维度但也有相互交织，如形象展示会涉及主题和产品，而文化产品也凸显着故宫形象和特定主题，但它们共同展现了古都的文化吸引力、文化传播力、文化影响力。其中，形象展示和文化主题是充分利用故宫的传统垄断性资源去创造后工业时代的独特城市文化景观，文化活动和文化产品则是在此基础上通过现代产业式开发去实现故宫符号资本的经济价值和文化价值。"城市是一个让消费得以有效地最大化的单位。它被视为意识形态的一种物质呈现，只不过这种意识形态不是被强加的，而是备受欣赏的。"[②]后工业城市是把城市包装为一个充满无数消费机会的地方加以展示，一种良好的城市美学和魅力形象被精心包装并放大。城市历史文化本身也成为城市谋取利益的重要手段得到重新设计，城市借助传统文化的维护和运作来达到景观营造和品牌营销的双重效果，这正是由于过去为当前提供了荣耀、尊崇和灵感的源泉。围绕传统文化的资本开发将文化价值与垄断资源的市场价值紧密结合，形成了城市软实力的重要来源。

（1）形象展示。围绕北京传统文化形象展示，故宫形象的生产突出地体现了城市文化吸引力和传播力。传播是通过符号传递信息、观念、情感或态度的过程，故宫形象因其经济、文化价值和广泛的社会效益构成了符号资本的直

---

① ［英］斯蒂芬·迈尔斯：《消费空间》，孙民乐译，江苏教育出版社2013年版，第43页。
② ［英］斯蒂芬·迈尔斯：《消费空间》，孙民乐译，江苏教育出版社2013年版，第176页。

接来源。故宫形象展示是故宫呈现给社会公众的感受和认知，在城市企业化经营的模式下，城市形象识别系统（City Identity System, CIS）占据着显要的位置，故宫成为北京城市形象识别的典型符号。在形象推广实践中，故宫采取了确定博物院院徽、保护故宫传统商标，在机场、地铁等人流集中地展示城市传统形象等措施增强人们的认知和体验，以传统元素融入现代城市生活，丰富了城市的文化内涵和资本积累。2005年，故宫"宫"字形院徽正式发布，院徽融入了海水江牙和玉璧图形元素，并以字形中的两个"口"象征宫城前朝后寝的格局，颜色上以红、黄等传统色调为主色，整体造型简洁、大方而又意蕴丰富，成为故宫传统形象的新标识。2006年，"故宫""紫禁城"注册商标被国家工商总局商标局认定为驰名商标，分别对应艺术品鉴定、观光旅游和组织安排文化教育展览三类，进一步保护了传统文化符号的规范使用。在国际影响力方面，故宫着力打造文化国门形象，推进"文化国门——故宫印象"的机场展示项目，曾于2012年在首都机场建成展厅面积约50平方米的故宫视频播放区和互动区，对故宫总体概况及其知名馆藏进行中英双语介绍、演示并提供互动体验，强化了北京城市文化内涵和识别力。近年来，石渠宝笈特展、历代青绿山水画展等传世精品展览和故宫"萌系"文创、纪录片《我在故宫修文物》、文化节目《上新了·故宫》成功推动故宫成为博物馆界的"网红"，有大批忠实拥趸，故宫元素成为展示北京古都文化的载体和历史见证，以社会高认知度极大地促进了首都传统文化的广泛传播。

（2）文化主题。故宫博物院以恢宏规整的紫禁城和丰富的馆藏文物为两大主体，构成了故宫的两大文化主题，二者均是以传统价值和文化典范性凸显故宫文化资本。绝无仅有的传统木结构宫殿建筑群和总数超过180万件的珍贵馆藏，构成故宫独一无二的资源优势。前者在首都政治核心区域与天安门广场、人民大会堂等现代政治建筑形成视觉张力，突出现代秩序中传统的文化影响力；后者以古代艺术珍品的展示价值丰富了民族国家的文化底蕴，彰显了城市的文化内涵和深厚历史底蕴。紫禁城位于天安门广场的北面，与东面的国家博物馆、南面的人民英雄纪念碑、毛主席纪念堂和西面的人民大会堂围合成世界上最大的城市中心广场，传统的历史积淀和政治核心区域的定位，使得故宫的历史文化特色和内涵更加突出。传统木结构建筑群与现代石材建筑形成独特的视觉秩序，故宫代表了皇城的过去，而现代政治建筑则开启了国家首都的现在和未来，二者在一种前后相续的关系中呈现出北京城市的完整历史面貌和文化脉络。由于其象征性和独特性，紫禁城这处珍贵的城市文化遗产，为北京带来了巨大的文化声望和影响力。

馆藏古代文化艺术珍品是故宫的另一文化主题，古书画、古器物、宫廷文物、书籍档案形成的文化珍品宝库，使得人们有机会脱离现代城市单调重复的景观面貌，探寻古代艺术世界的丰富层次和高度审美价值。不同门类、不同年代的文物集中展览陈列，以文化资本的客观化状态引导参观者回到历史语境，体会古物承载的传统思想、习俗、价值、信念的伟大力量。故宫集体符号资本所拥有的垄断地租不太可能通过买卖直接交易，任何私人宣称拥有对它的所有权都是难以想象的（它已不是过去皇帝独享的私产），但却能通过旅游业获取文化景观开发使用中的垄断利益，既包括物质利益也包括对观众市民的文化、教育、审美意义，成为支撑城市后续发展的重要文化资本。

（3）文化活动／事件。借助故宫拥有的集体符号资本，文化活动的举办进一步促进了故宫文化资本的生产和开发。依托传统空间和馆藏文物，故宫文化活动在促进城市文化交流、增强文化吸引力、扩大文化影响力等方面创造了巨大的社会和经济效益。世界三大男高音紫禁城广场音乐会，是故宫文化活动商业化运作的代表性案例。2001 年 6 月 23 日，国际奥林匹克日当天，这场被称为当时投资最大并与国际接轨的盛大音乐会在故宫午门至端门之间的广场举行。演出当天座无虚席，外国政要、商界名流、文体巨星等齐聚会场，总面积近 700 平方米的巨型舞台之下，是面积达两万平方米的巨型观众席，容纳了两万多名观众，打破了国内古典音乐演出的单场观众人数纪录。这固然离不开三高联袂演出带来的文化界金字招牌效应，而故宫作为特批的演出场所更推高了音乐会的市场价值，演出最高票价高达 2000 美元。作为申奥前的最后一次宣传活动，三高音乐会的地点选择既要充分体现中国的特色和代表性，也要积极彰显北京的城市形象，故宫恰好成为连接中华文化过去、现在、未来的交叉点，传统文化的辉煌和现代文明的图景都借由位于城市中心的故宫展开。古老而又神秘、庄严的东方宫殿和西方古典音乐、顶级音乐大师的跨时代东西合璧产生的影响力和吸引力制造了城市文化盛会，文化艺术与商业合谋的巨大成功不仅给主办方带来了丰厚的收益，也成为北京申奥过程中一次非常成功的城市品牌营销，对北京最终申奥成功起到了积极正面的国际影响。故宫作为国家和城市的文化符号以其传统空间和历史文化氛围成为现代市场商业运作的文化资本保证。同样以中西文化交流为契机，故宫与大英博物馆、卢浮宫、凡尔赛宫、克里姆林宫等世界著名博物馆的合作策展也在国内外扩大了北京城市的文化影响力，专题展览和文物藏品作为文化交流的载体加强了传统文化资本的流通和运作，在更广的范围内有效地实现了文物的美学价值和历史价值。

（4）文化产品。故宫文化产品的现代产业开发，体现了传统与现代融合的新趋势和数字化进程对传统文化资源的创新性转换，是借助故宫独特的符号资本所进行的现代文化产品生产和服务提供。故宫文化产品主要是文物衍生文化产品，它包括实物和数字化形式展现的文化和艺术品。在故宫博物院藏品结构分布中，珍贵文物占比高达93.2%、一般文物占6.4%、资料占0.4%，大量的传统文化艺术精品构成故宫取之不竭的文化资源，其独特性、人文性、稀缺性构成现代文化产品市场开发的坚实基础。以故宫特展为例，2011年故宫在午门举办涵盖多种珍贵兰亭题材文物的兰亭特展，依托兰亭士人文化主题，"子曰娃娃"才子佳人版、神仙眷侣版，"永和九年"钱包、卡包，"曲水流觞"丝巾、T恤、饰品以及《兰亭集序》真丝织背包、书签和同主题鼠标垫、笔袋、女士挎包、首饰等三大系列七十多个衍生文化产品在特展现场集体亮相，受到人们的热捧，实现了传统元素与现代文化产业的较好结合。依托优势文化资源，故宫2013年第一次面向社会征集文化产品创意，积极开发各类文创产品，至今故宫日历、故宫胶带、迷你故宫猫等颇受关注的文创产品数量超一万种，线上线下结合年销售额过10亿元，成功领跑国内博物馆文创行业，这一数字在故宫每年不断推出新文创产品的前提下还会继续增长。数字产品也是故宫文资源资本化的重要途径，数字化帮助故宫文化顺利进入市场并展现出巨大的潜力价值。信息化时代技术手段的进步，使得数字化技术和设备日新月异，数字故宫及故宫主题移动应用作为科技发展的成果开拓并丰富了故宫的文化资本开发实践。"数字建筑""数字文物""数字资料馆""端门数字博物馆"等数字专题、数字专馆成为故宫文化多样性展示的重要媒介，将固态文物转化为动态文化资源，以现代技术恢复传统生命与活力。从 2013 年故宫推出首款 iPad 应用"胤禛美人图"开始，"紫禁城祥瑞""皇帝的一天""韩熙载夜宴图""每日故宫"等移动应用均赢得了高人气，在 App 排行榜上拥有不错的口碑和下载量，并多次获得 Apple Store 精选中国区年度优秀 App 和单月最佳 App。故宫数字营销还包括联合阿里巴巴、腾讯等互联网巨头及凤凰领客文化，就新品研发、营销、推广等展开深入合作，推动故宫文化资源活化利用。此外，定制版游戏、QQ 表情、AR（增强现实技术）、MR（互动沉浸技术）、3D 科技手段与故宫文化结合，逐步揭开了故宫的神秘面纱，使故宫文化更贴近现实生活、融入时代发展潮流，传统故宫更显年轻气质，扩大传统文化的当代影响并积极促进古代文化艺术的欣赏和消费。

资本拥有产生利润的潜在能力，资本运作是对所拥有的有形和无形的存量资产进行市场化有效运营，从而实现资产增值的动态过程。故宫符号资本既可培育文化旅游、文化消费市场而带来直接经济效益，也能通过传播城市传统文化、历史价值和美学价值扩大社会影响。城市文化资本运作以文化符号整合历史文化资源，借助市场化途径和大众文化需求，将传统文化作为可持续发展的重要资源促进城市长效发展，实现保护与传承、文化价值与经济效益、传统资本与现代产业的有机融合。以传统提升城市精神品质和文化内涵，扩大在世界城市格局的文化影响力和传播力，是实现城市文化资源走向文化资本的重要内容。北京作为历史古都和国家首都，只有紧紧依托并发掘城市传统文化优势，才能充分彰显城市特色、丰富城市人文内涵并体现城市精神价值，在城市软实力竞争中保持优势地位。

推动首都北京历史文化资源向现代城市文化资本的转化，既是对古都北京的有效保护，也是实现历史城市当代价值和作用的有效途径。这里，转化的思路是将历史文化与现代城市发展、市民日常生活有机融合，使历史街区、传统环境成为城市日常环境和生活场景的一部分，起到丰富并活跃城市文化生活的目的。首都历史文化资源传承发展的软实力意义就在于以可持续的眼光对待城市的历史文化遗产，突出传统因素和地方特色，将城市历史和传统文化的丰富内涵、层次清晰地呈现于城市发展脉络中，在过去、现在、未来的整体视野内进行城市规划和空间开发，寻求保护历史文化遗产、丰富当代生活以及将遗产及其精神文化完整地交给后代的平衡途径。

第四章　现代公共文化服务提升与首都文化软实力

文化软实力体现为一种文化吸引力和感染力，城市文化软实力来自人们对城市的向往和追随，良好的城市公共文化氛围以及大众文化服务的便利性、完善性，是满足人们不断增长的物质和精神文化需求的重要途径，也是以文化惠民增强城市文化软实力的重要方面。公共文化服务由于直接关系着城市公共空间的文化品质和城市居民的文化需求，成为首都文化软实力的关注重点。由于其大众面向和公共属性，公共文化服务离不开政府的参与和支持，制定和实施文化策略成为政府提升公共文化服务的重要方式。

一　城市文化策略与首都公共文化服务体系建设

文化在公共政策中扮演着核心角色，城市政策制定者都将之视为城市的重要战略手段，无论文化是作为增强社会和社群凝聚力的历史遗产、城市未来发展方向的引导，还是在衰退时期促进经济发展的有效手段和城市复兴的工具，城市文化手段在城市政策中都发挥着巨大的精神支撑、智力支持和良好的社会经济整体效益。1998 年联合国通过的《文化政策促进发展行动计划》提出了几项行动目标，包括使文化政策成为发展战略的主要内容之一、促进创作和参与文化生活、利用信息社会促进文化和语言的多样性、为文化发展调拨更多的人力和财力等方面，这表明文化政策及各种文化促进手段可以也应该成为经济社会发展的重要支撑。城市公共文化服务就是城市公共政策在文化方面的集中体现，它极大地依赖于城市文化策略的有效组合，通过对公共文化设施场馆、文化娱乐场所和满足大众文化需求的大众文化活动、文化消费的投入和组织安排拉动经济增长、扩大就业，同时增加城市的文化气息、提高城市文化品质，也能通过营造公众文化氛围增加市民的精神凝聚力和认同感。"如今我们则必须将社会核心看作是每个可行的城市规划中的基本元素：确定学校、图书馆、剧场、社区中心的确切位置以及它们之间的相互关系是定义城市邻里，落实一个城市整体纲领的首要任务。"① 由此可见，以城市公共文化设施为基础的公共文化始终是城市文化策略的核心和基础。

（一）城市文化策略与首都公共文化服务体系建设

城市文化策略能充分调动城市文化要素的引导、整合作用及其影响，利用文化政策、文化设施、文化项目、文化机构及规章等规划城市总体蓝图，刺激城市经济复苏和总体发展，世界上许多城市都借助积极有效的公共文化策略实现了城市的整体跃进和发展水平提升。2005 年 10 月，联合国教科文组织大会通过《保护和促进文化表达形式多样性公约》，其中对文化政策进行了表述："地方、国家、区域或国际层面上针对文化本身或为了对个人、群体或社会的文化表现形式产生直接影响的各项政策和措施，包括与创作、生产、传播、销售和享有文化活动、产品与服务相关的政策和措施。"进入 21 世纪以来，许多城市以文化为转型起点，制定了迈向 21 世纪的城市文化规划，通过政策颁布和相关措施促进城市发展，如伦敦和曼彻斯特制定的创意都市发展和"文化之都"建设计划，以创意产业提振地区经济发展。新加坡于 2000 年通过了新闻与艺术部提交的《文艺复兴城市》报告，投入了大量基础设施和文化艺术发展资金，力争将新加坡建设成亚洲乃至世界范围内的"21 世纪文艺复兴城市"，

---

① [美]刘易斯·芒福德：《城市文化》，宋俊岭等译，中国建筑工业出版社2009年版，第508页。

使文化成为助力新加坡跻身国际顶尖城市的重要策略和内容。[1]同样，中国香港也较早意识到城市文化事务的重要性，香港艺术发展局制定了1996—2000年《五年发展策略计划书》及《艺术教育政策》，通过颁行新的文化行政框架为香港艺术发展绘制蓝图。[2]而西班牙毕尔巴鄂市利用古根海姆博物馆、北欧国家芬兰利用"光之力"等文化设施和文化项目推动当地旅游业发展，积极带动了当地文化和经济的复苏。

　　城市文化策略的有效施行有赖于政府、社会组织、民间文艺团体和广大公众的参与。其中，政府承担着总体和分类政策、规划制定以及文化发展的设计、引导作用，公共文化服务作为政府支持城市文化事务的主要方面决定了城市的基本文化面貌和文化艺术繁荣程度；民间文艺团体和热心文化的社会组织是推动文化市场化运作的有效力量，对政府提供的公共文化服务做了支持和补充完善，也为文化多元和多样化文化服务提供打下了基础；广大公众则是文化活动的主体和重要支持者，城市文化活动品质的高低取决于公众的闲暇兴趣、人文素养、品位情调等个人文化修养和城市整体文化气氛。通过对城市文化策略实施的动力机制进行分析，可以发现，政府通过制定前瞻性和总体性的城市文化规划，对城市文化策略的顺利推行起到了关键作用，包括文化基础设施建设在内的城市公共文化服务，是政府促进城市发展、提高公众文化素养、美化城市环境的重要内容。北京公共文化服务体系建设是城市文化策略的重要表现，围绕首都城市角色和功能定位，以建设全国文化中心城市和国际文化城市为目标，近年来北京市通过落实"十一五""十二五"时期的公共文化服务发展规划和"十三五"时期加强全国文化中心建设规划，已形成了以《北京市人民政府关于进一步加强基层公共文化建设的意见》为主体，《北京市基层公共文化设施建设标准》《北京市基层公共文化设施服务规范》《首都公共文化服务示范区创建方案与标准》三者为支撑的"1+3"政策体系；大力推进公共文化服务示

① T.C. Chang, "Renaissance Revisited: Singapore as a 'Global City for the Arts'", *International Journal of Urban and Regional Research*, Volume 24, Issue 4, pp. 818–831, December 2000.
② 《香港文化艺术政策回顾（1950—1997）》，参见网页http://www.hkadc.org.hk/rs/File/info_centre/reports/200007_capolicies_1950-1997.pdf。

范区建设，以公共文化资源整合带动整体水平提升，不断提高文化综合服务效能，创新管理服务运行机制，城市公共文化服务水平不断提高，公共服务能力得到增强。

公共文化服务是面向公众的城市文化供给和配置，体现为由政府部门主导的、向全社会提供基本文化产品和文化服务以保障公民基本文化生活权利、满足公民文化需求。公共文化服务作为政府公共服务的重要内容包括基础文化设施、文化产品和服务内容，以及资金、技术、人才和政策保障机制等。由于公共文化服务受众群体的全面性和普惠性，城市公共文化服务在保障社会正义和公平、扩大文化交流、提高民众素质、打造和谐宜居的城市环境方面发挥着不可替代的作用。

北京以文化政策为依托和引导（见表9），近年来在现代公共文化服务体系建设方面取得了重要进展，市、区、街道（乡镇）、社区（行政村）四级公共文化服务网络建设、各类文化产品服务供给能力、文化设施投入、数字化公共文化服务网络建设等方面不断增强和完善。截至2017年年底，北京市、区、街乡、社区（村）四级公共文化设施共6815个，服务设施平均覆盖率达98%。全市共有6863个社区（村），社区（村）综合文化室达6585个，建有率达95.9%。基层群众文化活动队伍建设上，全市社区（村）文化组织人员为7583人，实现行政区（村）全覆盖，街乡综合文化中心的基层文化人才2299人，各类文化志愿者达4万余人。数字资源的共建共享不断加强，目前北京拥有4295个文化信息资源共享工程站点和300个数字文化社区。北京地区有各级各类博物馆近170家，成为在数量上仅次于伦敦的全球第二大博物馆城市，各级文化文物部门管理的美术馆、纪念馆、图书馆、博物馆、文化馆、档案馆等各类艺术和综合性文化场馆覆盖率超90%，符合免费开放要求的均已对社会免费开放，参观使用人数逐步增加；群众文化活动、公益惠民演出反响良好，"周末场演出计划""文艺演出星火计划""百姓大戏节"等文化惠民工程持续深入；中心城区积极构建一刻钟文化圈，加强数字文化社区、公共文化服务数字平台建设和共享，远郊区广播电视覆盖率、网络覆盖率不断提高，基层文化场馆数字化程度不断提高，基层人才队伍不断充实，公共文化服务能力有了较大提升。重大文化设施建设如首都博物馆新馆、国家大剧院、中央电视台、北京电视台新址、中国国学中心等成为北京市文化地标，增强了公共文化服务能力。"北京市文化信息资源共享服务平台""北京地区博物馆公共服务平台""东城区公共文化服务导航网"等数字化公共文化资源从形式和内容上进一步创新了公共文化服务。

表 9　北京市历年来出台的公共文化相关政策

时　间	政　策
2001 年	《北京市"十五"时期文化事业发展规划》 《北京市关于利用单位内部设施开展社区服务的若干规定》
2002 年	《北京市图书馆条例》
2003 年	《〈北京市图书馆条例〉实施办法》 《公共文化体育设施条例》
2004 年	《北京市文化系统信息工作暂行办法》
2005 年	《北京市文化局关于北京市公共图书馆计算机服务网络管理的规定》 《北京市文化局关于对深入京郊边、少地区进行公益性演出实施经费补贴的暂行办法》
2006 年	《北京市"十一五"时期社会公共服务发展规划》 《北京市社区和农村数字电影管理办法（试行）》 《2006 年城市广场文化活动设备的补贴办法》 《北京市文化局关于在京郊区县开展"周末场演出计划"活动方案（试行）》《基层文化工作专项补贴资金监督管理办法》
2007 年	《关于加强公共文化服务体系建设的若干意见》 《北京市文化局关于北京市公共图书馆计算机服务网络管理的规定》 《北京市公共图书馆文明服务规范（试行）》 《北京市基层公共文化设施建设标准（施行）》
2008 年	《北京市露天景观剧场建设实施意见》 《关于加强北京市公共文化服务体系建设的实施意见》
2009 年	《北京市关于文化划转事项及资金管理办法》 《乡镇综合文化站管理办法》

（续表）

时　间	政　策
2010 年	《"人文北京"行动计划（2010 年—2012 年）》 《关于大力推进首都功能核心区文化发展的意见》 《北京市基层多媒体综合文化中心管理办法》 《北京市文艺"百人工程"人才选拔培养管理方案》
2011 年	《北京市"十二五"时期社会公共服务发展规划》 《中共北京市委关于加强和创新社会管理全面推进社会建设的意见》 《北京市基层公共文化设施服务规范（试行）》 《中共北京市委关于发挥文化中心作用加快建设中国特色社会主义先进文化之都的意见》
2014 年	《北京市关于加强公共文化服务的有关规定》 《北京市群众文化奖励扶持专项资金管理办法》
2015 年	"1+3"公共文化政策：《北京市人民政府关于进一步加强基层公共文化建设的意见》和《首都公共文化服务示范区创建方案》《北京市基层公共文化设施建设标准》《北京市基层公共文化设施服务规范》
2016 年	《北京市"十三五"时期加强全国文化中心建设规划》 《"十三五"期间北京市公共文化服务体系建设任务和分工》 《北京市政府向社会力量购买公共文化服务指导性目录》 《北京市基层图书服务资源整合实施管理办法》 《北京市基层图书馆（室）书目选配办法》
2017 年	《关于加快推进公共文化服务体系示范区建设的意见》 《通武廊三地文化领域协同发展战略框架协议》 《北京市优秀群众文化项目扶持办法》 《关于保护利用老旧厂房拓展文化空间的指导意见》
2018 年	《北京市戏曲进乡村工作方案》 《优化提升回龙观天通苑地区公共服务和基础设施三年行动计划（2018 年—2020 年）》 《关于支持实体书店发展的实施意见》《全民阅读促进条例（草案）》

注：表格绘制参考北京文化热线网站、北京市文化和旅游局网站、首都之窗政府网站和李建盛主编《北京公共文化服务体系与惠民工程建设》《北京文化发展报告》。

（二）首都公共文化服务体系建设与文化软实力提升思路

就公共文化服务体系建设而言，首都城市文化软实力不仅体现在大型基础公共文化设施、文化场馆公众使用情况、公共文化服务数字化共享工程、公众文化生活和群众性文化活动组织等方面，也体现在城市公众对公共文化服务的参与程度和满意率、文化认同、城市市民文化素质和审美素养、外来人员对城市文化的接受和文化融入程度等方面。

第一，北京现代公共文化服务体系建设体现城市精神。城市公共文化服务不仅向公众提供实际的文化产品和文化服务来普惠大众，也借助这些产品和服务向公众传递城市的内在精神、文化理念和价值观，促进城市文化的繁荣和新生。首都现代公共文化服务体系以公益性、基本性、均等性、便利性为原则，充分强调公共文化的共同享有，针对不同受众的文化需求提供差异化的文化产品和服务以努力平衡地区差、城乡差，使得政府主导的城市公共文化设施、公共文化活动和公共文化场所成为城市构建和传播核心价值体系的重要内容，并作为城市文化精神、价值体系的媒介和工具，成为承载社会主流意识形态的公共空间。城市公共文化服务及其空间作为重要的思想阵地引导并规范了城市文化认同。

第二，北京现代公共文化服务体系建设塑造并彰显城市文化氛围。北京作为国家首都、文化中心城市和国际文化城市的发展优势，为公共文化服务体系建设提供了丰富的文化资源，而文化资源优势又反过来促进以公共文化服务为主要内容的文化普及、文化传播和文化共享，进而提升城市公众的文化自觉、文化意识和文化观念，在全社会形成和谐共享的城市文化土壤、塑造积极健康的文化氛围，以城市公众的广泛参与和较高的文化满意度切实提高城市文化的感染力和吸引力。

第三，北京现代公共文化服务体系建设有利于塑造良好的城市文化形象，扩大城市的和谐宜居程度和文化影响力。从国家博物馆、首都博物馆、国家大剧院、中国美术馆等大型文化设施场馆，到北京国际音乐节、国际戏剧节、国际舞蹈周、国际电影节等具有国际影响力的大型文化活动，再到北京群众艺术馆、基层文化活动室和"周末场演出计划""百姓周末大舞台"等基层公共文化服务，共同组成了北京多层次、差异化、特色化的公共文化服务体系，成为城市的独特文化风貌和城市个性特征。尤其是国家大剧院、中央电视台、首都博物馆、鸟巢、水立方等文化场馆已入选北京新时代十大建筑并成为北京的城市新地标，增强了首都的城市文化识别力，树立了现代北京的城市文化形象，成为城市文化的新名片。

目前，北京市在公共文化服务的覆盖率、基础设施、场馆、数字化工程等外部条件上已经取得了较大进展，高端文化设施集群、大型国际文化活动等已颇具规模，为城市公共文化服务体系建设打下了良好的基础。然而，"重设施建设，轻管理使用"、文化活动的公众参与度和满意度亟待提升等问题也逐步暴露出来，设施重复建设和使用管理不到位、群众文化需求得不到满足的现象还较突出。公共文化设施使用率和公共文化服务力成为制约城市文化发展的瓶颈和首都公共文化服务体系建设由量向质提升的关键。在北京与国际城市文化设施的比较中，北京博物馆、美术馆的人均参观次数，图书馆年人均借阅册数、年人均到馆率、文化艺术活动参与率等数据均与纽约、伦敦、巴黎、东京等国际城市有较大悬殊[1]，文化设施闲置、文化资源浪费十分普遍，人们文化需求得不到充分满足。接下来需要思考如何提高文化基础设施等硬件资源的利用效率和服务能力，并将其转化为城市的文化软实力，充分发挥并提升首都公共文化的服务能力。

公共文化服务力突出服务公众、繁育繁荣城市文化的能力，从软的方面对公共文化服务体系建设提出了更高的要求。公共文化服务力是首都城市文化软实力的重要组成部分，体现了城市满足公众基本精神文化需求、提高公民文化水平和素养以及塑造城市可持续发展的文化生态环境的能力。公共文化服务力

---

[1] 见李建盛：《北京：国际国内比较视野中的世界文化中心城市建设》，《北京联合大学学报》2013年第3期；唐鑫、李茂：《北京公共文化设施与服务的问题、原因及对策》，《中国市场》第3期，总第766期；《世界城市文化报告2014》，参见网页 http://www.worldcitiescultureforum.com/sites/default/files/publications/World%20Cities%20Culture%20Report%202014%20hires.pdf。

一是突出文化，二是突出文化对于公众的服务能力。因此，应对北京公共文化服务面临的困境和难题，需从文化力和服务力两方面入手。其一，文化力。基于公共文化的公共属性，它包括优化城市公共空间、提升空间文化品质及完善城市公共文化设施以塑造和谐宜人的城市文化氛围，以合理的公共空间格局安排和文化资源调配体现城市文化精神和价值观。其二，服务力。包括丰富和提升文化产品和服务的内容与质量，以差异化的文化供给满足不同社会群体的文化需要，增进公众的文化参与度、满意度和城市文化认知，提升民众文化艺术涵养，以公民文化认同的获得积极促进社会融合。首都公共文化服务力的提升必须明确全国文化中心的定位和世界文化名城建设的目标，以文化彰显城市，牢牢把握城市发展的人性化尺度，尊重以人为本的基本思想，倡导城市多元文化发展，尊重文化艺术自由表达，并带动形成社会各界广泛参与、全方位合作互动的公共文化事业模式。结合北京城市公共文化发展的整体视野，提升城市公共文化服务的文化力和服务力，一是有赖于城市空间的营造，以公共文化充实提升空间文化品质，二是需通过引入市场化手段有效补给政府公共文化服务体系建设，以多层次、多元化文化供给满足不同城市群体的文化需求。

二 文化软实力视角下首都公共空间的文化策略

空间的利用是首都发展必须面对和解决的基本问题，"城，所以盛民也"，安置人民是城市的基本功能之一，城市给人们提供了生产生活的主要场所，因此城市首先突出的是其空间意义。城市公共空间是公众社会生活的场所，是建立在自然和人造环境上的开放空间体，以方便人们的公共交往和活动的开展，它包括绿地、河滨、公园、广场、步行街道、文化体育设施、文化艺术场馆等。首都文化软实力视野下的公共空间营造应以增强城市人文底蕴、提高人们对建成环境的幸福感和满足感为目标。由于城市公共空间为人与人的交往提供了基本的场所，公共空间的突出意义就在于对城市人的关心和关怀，"在究竟是什么构成一座城市和究竟为谁的幸福创造一个城市这个更大的问题上，重要的问题是公共空间、城市设计和公共领域表达的问题"①。现代城市中，宽阔的大道和两旁单调重复的高楼大厦将城市道路变成了不适于步行和沿街欣赏的仅供快速通过的场所，正是由于城市规划设计上的人性化尺度的缺失，造成了城市空间的失落，而城市空间的失落其实是城市文化和精神的失落，也是人的失落。如果说空间意味着城市的广度，文化则决定了城市的深度，城市公共空间不仅是单纯的物理空间，还是文化的空间和充满独特意蕴的空间。在城市物质条件丰裕的前提下，满足公众的精神追求至关重要，以强调归属感、尊重、审美和知识需求的"后物质主义"（post-materialism）目标被摆上重要位置②，首都公共文化服务，由于直接关联城市中人们的文化和精神需求而成为首都文化软实力的重要内容和体现。

城市空间的文化策略体现为对公共空间的安排与塑造，以理性、友好、和睦的公共空间培育民众文化精神，营造城市和谐友好而非冷淡疏离的文化氛围，拉近城市与民众的关系，使公共空间成为吸引户外逗留，使人感觉亲切的城市柔软区域和边界。要探讨城市文化策略如何影响城市公共空间，首先需要对城市公共空间有一个比较清晰的了解，这需要结合城市文化的角度进行探讨；其次，根据公共空间的特征，城市文化策略从场所感、人文关怀、城市审美考虑等方面规定了空间的组织和构建原则。运用有效的文化策略，可以优化城市整体氛围、提升城市空间文化品质、丰富城市空间文化内涵、优化城市空间意象等。

（一）城市公共空间与城市文化

城市公共空间是方便城市民众公共交往和社会活动展开的开放性场所，从空间的性质而言，城市公共空间具有公共性和开放性的特征；而从空间用途而言，满足大众多样化需求的公共文化设施和公共休闲空间成为城市公共空间的重要组成部分。城市公共空间绝不是单纯的物理空间，人群及其活动构成了公

---

① [美]迈尔斯：《艺术、空间和城市》，转引自李建盛：《公共艺术与城市文化》，北京大学出版社2012年版，第67页。

② [英]罗纳德·英格尔哈特：《发达工业社会的文化转型》，张秀琴译，社会科学文献出版社2013年版，中文版《序》第3页。

共空间的本质和内涵，这为思考公共空间与城市文化的关系提供了思考向度。城市公共空间的打造应突出其公共性。公共性与私人性相对，公共空间是为大众所享有的公共领域和场所，"'公共的'首先是指凡是出现在公共场合的东西都能够为每个人所看见和听见，具有广泛的公共性"①。公共性保证了场所活动的公共、公开和大众享有，在此基础上，大众交流和公共意见得以形成，人们"可以自由地集合和组合，可以自由地表达和公开他们的意见"②。因此，以公共性为特征的城市公共空间既体现为城市空间格局及其呈现方式，也体现为以观念、意见形态存在于公众意识中，对于公共事务和空间事物关系所持的态度和看法。就第二种意义而言，公共空间具有了文化向度。公共空间的文化属性一方面体现为空间中的文化，指公共空间中人们的相互交流和文化表达，公共空间是形成公众舆论和大众意见的物理基础；另一方面也体现为公共空间对于城市文化的建构，城市的文化形式和文化特征都是在特定空间形态下得到体现和展示的，如北京胡同四合院的空间就体现了北京城独特的传统文化。因此，公共空间对于了解和认知城市文化具有关键意义。

城市公共文化与城市空间紧密相连，城市空间的文化品质影响并决定了城市公共文化的质量和水平，因此，城市公共空间的格局安排尤为重要。城市公共空间由政府部门结合城市发展方向和定位进行规划和设计，具体操作过程中，如何帮助激发空间的人文精神、更好地凸显公共空间的文化内涵、适应公众的多样化需求是其需要考虑的重要维度。以此为出发点，公共空间的营造要具备以下几点：

第一，凸显空间的场所精神。场所精神的提出要归功于挪威建筑理论家克里斯琴·诺伯格-舒尔茨（Christian Norberg-Schulz），他在《场所精神》一书中对这个概念进行了理论阐释。场所精神（Genius Loci, spirit of place），来自古罗马概念"地方守护神"，古罗马人认为任何一个独立的实在都有守

---

① [美]汉娜·阿伦特：《人的境况》，上海世纪出版集团2009年版，第32页。
② [德]哈贝马斯：《公共领域》，转引自汪晖等主编：《文化与公共性》，生活·读书·新知三联书店1998年版，第125页。

护神赋予其生命，场所也是一样，它是自然环境和人工环境的结合形成的独特意义和氛围。场所对人而言不仅是物质空间，更是心灵居所，场所精神的意义就在于人相对于所处环境的身体与精神的双重嵌入和融合。舒尔茨认为，场所具有两种基本的精神功能，定向（orientation）和认同（identification），分别关涉人的身体（身在何处）和人的精神（生存于其中的文化）。"就像蜘蛛结网，一切主体本身与对象持有的特性之间，交织成网一样的关系，经过千丝万缕的编织，最后形成主体唯靠它而存在的基础。"[①] 人与场所和所处环境之间也是这种关系，一方面，场所构成了人赖以存在的现实基础，体现为人的生存空间，人在与周围环境、空间和功能的关系中确立自身位置；另一方面，场所的精神属性帮助人形成文化认同，人对场所的营造与人对自身的认识有很大重合，如何使人活得更好、实现人在环境中和谐的诗意的栖居是其终极目的。城市公共空间尤其要重视场所精神，这是帮助人们在现代社会中找到方向感和归属感的重要依凭，城市应该给生活在其中的人们一种家园关怀和情感寄托。

第二，强调公共空间的人性化尺度。公共空间不仅是提供和支持公共活动的区域，更是人们之间相互交流和表达意见的场所，人群的集聚使得公共空间具有了文化内涵和意义，而公共空间的设计也需要以人的尺度为原则，立足于日常生活和人造环境，为人们提供尺度宜人、功能合理、舒适便捷而非冷漠疏离的公共活动区域。人始终是公共空间的核心，公共空间的设置需从人们的各种需求、公众习惯和心理出发，创造舒适宜人的公共环境，进而提高城市公众的生活质量。

20世纪90年代以来，为了克服郊区无序蔓延带来的城市问题，以可持续化为目标，新城市主义要求抛弃大规模的住建计划和购物中心建设，将城市区域重塑为充满机会的地方化场所和符合人性尺度社区，其中一项重要的计划就是传统邻里开发（traditional neighborhood development）。传统邻里开发按照邻

---

① [挪威]诺伯格·舒尔茨：《实存·空间·建筑》，尹培桐译，中国建筑工业出版社1990年版，第1页。

里街区规划城市空间，在五分钟的邻里徒步圈内设置居民生活所需的公共设施和商业设施，以多样化的设施和场所完善市民公共空间，促进和睦友好的社区邻里环境建设。丹麦建筑学家杨·盖尔的《交往与空间》对这一理念进行了细致思考和实践探索，他认为，良好的公共空间和环境有助于促进丰富多彩、生机勃勃的人类活动，环境的质量从总体上决定了城市活动开展的频率和水平。公共空间应在鼓励人们相互交往和公共文化表达，保持地区的活跃度上发挥积极作用，为了达到这一目标，改善户外条件是公共空间创造的关键，慢速交通、更多地参与人群和较长的逗留时间都应得到提倡，这将带来开放、多元、富于活力的社区和城市空间。①

　　第三，提倡公共空间的审美原则。舒适宜人的公共空间也是审美的文化空间，它给纯粹的物理空间增添了视觉、听觉、触觉等方面的美学感受。城市公共空间作为大众活动场所和精神家园，应强调审美价值以对抗过分强调实用功能缺乏必要美感的现代空间和建筑。平庸的城市空间是城市缺乏生长动力的体现，沙里宁总结了城市衰退的两个相互影响的方面：一是原先的建筑创作动力萎缩，成为没有创造性的抄袭行为；二是公众对城镇建设事务的关注，转变成了无关痛痒的态度以及审美力的降低。②沙里宁的警告今天看来仍有借鉴意义，公共空间对于城市品质、市民生活质量乃至城市发展前途至关重要，当城市环境、城市公众都陷入平庸、缺乏创造力之中，城市的处境也岌岌可危，这就亟须重申审美原则恢复整体的生机和活力。城市公共空间应是让人感觉舒适温馨的柔软空间，悦目的场景、步行的舒适度、和谐的沟通氛围、公共设施利用的便利性、城市家具的摆放等都应体现城市规划与设计的美感，以美的环境创造美的城市，才能激励公众以较高的热情融入周围的环境中。"一座城市，其建造方式必须要让市民立刻就感觉到安全与幸福。为了实现后一个目标，城市建设就绝不能只是一个技术问题，而是一个纯粹的审美问题。"这是亚里士多德

---

① [丹]杨·盖尔：《交往与空间》，何人可译，中国建筑工业出版社2002年版，第71页。
② [美]沙里宁：《城市：它的发展、衰败和未来》，顾启源译，中国建筑工业出版社1986年版，第19页。

和"城市设计之父"卡米诺·西特所共同遵循的城市建造原则^①，这种承载公众生活期望的柔软空间与城市美学原则有了紧密结合，并决定着城市生活的品质。

（二）以文化策略推动公共空间的文化营造

西班牙著名城市巴塞罗那曾提出一句口号："城市即文化，文化即城市"，说明城市与文化的相生相伴关系，文化不断地塑造城市并积极提升着城市的软实力和竞争力，在城市发展的现实层面，文化策略则对城市产生着深远而有力的影响。作为城市的物质载体和外在形式，城市公共空间受到了城市文化策略的直接操控，其形态、样式、组织、内涵、精神等都在文化中得到塑造和定型。城市空间的文化策略积极利用公共空间的文化要素营造良好的城市公共空间氛围，包括以建设大众文化设施场馆、营造公共休闲空间、开展文化活动、规划城市绿地空间等方式影响和塑造人们的感知体验来达到效果。城市公共文化服务以城市公共空间为依托，利用城市公共空间的公共性和开放性构建大众文化参与和文化交流表达的场所，以文化充实空间意义，具体体现为分布于城市空间中的公共文化设施、绿地和大众休闲空间，以及文化项目和文化活动的开展。由于其大众面向和公益性质，我国基本公共文化服务主要由政府承担，它一方面连接了政府文化服务与民生需求，另一方面沟通了文化生活与公共空间，在政府供给、市场配置、大众需求之间架起了一座互动性桥梁。城市公共文化服务作为城市文化策略的重要组成部分，是保证城市全体公众享有文化权利和文化利益的重要手段，公共文化服务的公益性、共享性与文化策略的社会性、规范性相结合，共同影响和决定了城市公共空间的文化面貌。

城市空间的文化意义体现为承载人们美好生活愿景的都市空间。首都城市公共文化服务的文化力集中体现在城市公共空间的文化氛围营造上，这种氛围的形成一方面有赖于城市硬件设施（自然人文环境塑造和城市公共文化设施的

---

① ［美］休克斯：《世纪末的维也纳》，李锋译，江苏人民出版社2007年版，第63页。

建设），另一方面也需要软件设施（多样化文化项目和文化活动的开展），需要秉承城市公共空间塑造的场所精神、人性化尺度和审美原则，首都公共文化服务的提供也需从以下方面加以注意。一是场所感。城市社群及团体感不是凭空产生的，大量新建的住宅区和商贸中心由于缺乏往事和历史感，给人一种人工制品的虚假感觉，而文化空间必须是结合地方特色与文化厚度的真实体现。在舒尔茨看来，空间的营造以场所感为导向，场所感的基本要素是物质空间及其内蕴的精神和文化意义（即人们的生活方式和生活节奏），政府在塑造城市结构和生活模式上扮演了重要角色，国家对社区组织（村委会、居委会、街道办）的组织和扶持就是营造城市基层场所感的举措，在当代中国，传统的场所（围墙和大门）大部分被摧毁，而新的场所感尚未建立。同时，场所营造也是一个"矛盾对抗的过程"，现代场景中，资本与权力合谋正逐步将巨型建筑设施、豪华酒店、办公大楼、购物中心填塞进城市有限空间，挤压并吞噬着充满"人文情怀"和熟悉景观的小场所[1]，城市的场所感损失殆尽。公共文化服务供给从空间物质基础和人的精神活动两方面努力恢复城市的文化气息，可看作培育社区场所感的实践和努力，但在具体的操作中，不能仅将关注点放在设施等硬件建设上，需以公众精神需求的满足和适应传统邻里、地方特色的文化氛围营造为目标创造场所感。二是人文关怀。基于我国公共文化服务的公益性、基本性、均等性、便利性，公共文化服务始终以城市文化服务供给的公众享有为基本目标，注重公共文化服务的质量、社会效益和全民普惠性。公共空间是公共文化服务开展的主要场所，它既要成为城市文化展示的载体，也要成为城市居民人际互动和享受城市生活的重要依凭，人文关怀始终是城市公共文化服务体系建设首先需要考虑到的。公共空间必须按照属人的尺度进行规划和布置，通过对城市社区邻里氛围的营造培育人与环境、人与人之间的安全感、稳定感、亲近感，通过对公共设施的布置增强人们对城市的信赖和归属感。城市公共文化服务体系建设除了促进城市繁荣，更重要的方面在于对城市文化的培育、公众精神的陶冶，

---

[1] 参见[美]约翰·弗里德曼、刘合林：《对中国城市中场所及场所营造的思考》，《城市与区域规划研究》2008年第1期。

以公民的文化需求为出发点和落脚点，尊重和保障城市公众作为城市文化参与者和受益者的身份，为城市公众塑造高质量、充满人情味的工作和生活空间。三是城市美学考虑。美国规划师简·雅各布斯曾在其著作《美国大城市的死与生》中作了一个精彩的比喻，她将城市生活比作上演的一幕幕"街道芭蕾"。雅各布斯认为城市街道组成了一种复杂的芭蕾，每个个体都是整体中具有独特风格的个体，既自成风格又相互映衬，这种秩序井然、和谐与共的整体就是城市的艺术形态的集中体现。城市的重要意义就在于给现代大众提供了一个异彩纷呈的舞台，人们在生活的律动中感受着现代城市的美，城市建筑间流动的空间里充溢着丰富的感知元素和文化意象，不论是城市公园中的林间小径、颇具吸引力的建筑外观、精细的城市纹理还是生动的市井生活场景，都彰显了城市独特的美学气息。城市的美学设计就是按照公众的实际需求和偏好去开发运用城市各类公共资源，打造具有多样化、高品质、共融性的大众空间，充分激发和调动不同城市公众的参与热情、想象力和创造力，丰富城市的文化景观和艺术场景，以审美化、艺术化的形式呈现城市本身的魅力。

具体而言，城市公共空间的文化策略主要针对空间中的文化要素展开，而结合城市公共文化服务的视角，城市空间的文化要素主要体现在如下几方面：

1. 公共文化设施

空间中居住和生活的人们以自身的活动将空间变成了场所，公共空间中的文化设施则改善了城市文化环境，增进了城市场所感的营造。检验城市公共文化服务的一个重要指标就是城市公共文化设施，文化基础设施作为政府支持和主导项目中不可或缺的方面，显示了城市组织基本空间要素和培育文化的能力。社区文化活动中心、影剧院、图书馆、博物馆等文化艺术场馆都是城市文化生活的重要载体，也是人们与周围环境、人群发生重要关联的场所，承载着满足公众文化需求和人际沟通的功能。因此，应关注公共文化基础设施的人性化尺度，公共设施布置需充分考虑人口规模和空间距离，依据文化资源和设施能够有效服务的空间范围和人口规模设定文化设施的分布和规模；注重建筑外观和空间格局的美感因素，将文化设施建设成人们愿意长时间逗留、闲逛、交谈而不是快速通过的场所，使其成为城市文化的物质表现。

2. 文化项目

文化项目体现在城市为了恢复和带动地区经济社会发展而采取的积极文化振兴措施，文化项目不仅是城市增强竞争力、吸引外地游客的重要文化手段，也应是凝聚当地公众的有效文化策略，如西班牙城市毕尔巴鄂的古根海姆博物馆就是一例（见图8）。文化项目的设计要充分结合城市的历史基础和发展方向，依托现有条件创造性地培育适应大众文化需求和符合城市美学理念的精品项目。

图8 毕尔巴鄂古根海姆博物馆

资料来源：https://www.guggenheim.org/exhibition/masterpieces-from-the-guggenheim-museum-bilbao-collection。

毕尔巴鄂的古根海姆博物馆位于旧城边缘、内维隆河南岸，与邻近的美术馆、阿里亚加歌剧院和德乌斯托大学共同构成了城市的文化中心，被誉为时代最伟大的建筑之一，它的设计师弗兰克·盖里（Frank Owen Gehry）也因此取得了设计创作生涯的又一高峰。古根海姆博物馆是工业城市毕尔巴鄂整体都市更新计划的重要环节，该市钢铁业衰落后，经多方考虑市政府决定兴建现代艺术博物馆发展旅游业，以现代文化旅游克服当地在自然风景、名人旧居等方面的劣势。该博物馆的选址恰好是从北部跨河进入城市的必经之地，呼应了该地长久以来的造船业传统，并将它与城市融为一体。在造型方面，整个建筑由外覆钛合金板的不规则双曲面体量组合而成，而室内则因曲面层叠起伏而产生独特的光影效果，给简洁素净的展厅平添魅力。博物馆建成后因其独特的造型、结构、选用材料和现代艺术馆藏，迅速成为欧洲的建筑明珠和艺术圣地，吸引了欧洲乃至世界各地众多游人参观，大大提升了城市的文化品格。古根海姆博物馆不仅承载了毕尔巴鄂市的文化精神，还因与城市、市民的紧密联系成为最受欢迎的大众空间，丰富了城市空间的美学内涵。

3. 文化活动

文化活动是空间中文化展现的动态形式，以城市文化的扩散和传播帮助城市文化形象的塑造。不少城市举办的艺术展演、重大赛事、贸易博览会、行业交流论坛、传统民俗庆典和其他文化类节庆等都是举办文化活动的案例，文化活动极大地帮助了城市文化品牌的营销，如我国乌镇就因国际戏剧节而蜚声海外，德国汉诺威的会展业也吸引了众多国际参观者。文化活动以公众的广泛参与和融入为现实基础，其中既离不开城市公众，也包括外地慕名而至的商旅游客。城市公共文化服务不仅提供物质文化基础，还通过活动的举办彰显城市文化特色和精神，年度的文化遗产日活动就是政府向广大公众宣扬城市历史文化遗产、让公众切身感受和体会城市历史文脉和风俗传统的机会；另外如周末百姓大舞台等基层文化活动也活跃了城市文化氛围，增进了民众对城市文化艺术的感知。借助城市文化活动的蓬勃开展，城市空间被文化激活并得到优化提升，空间的物质形态因为文化因素的流动而增加了迷人的魅力。

4. 绿地和休闲空间

城市绿地和休闲空间是城市公共空间中不可或缺的部分，也是城市文化氛围营造的基础。城市绿地、河流及衍生的休闲空间虽属于城市自然环境，却也是形成城市文化的物质前提，是城市公众闲暇活动的主要场所，如扬州的大运河、重庆的山城景观、威尼斯的市内河道景观等都构成了城市独特的地方文化魅力，也是形成城市形象的基本元素。除了这些属于自然和历史条件形成的景观，在更多情况下，绿地归属于市政府规划的人造景观，指市政府为了优化环境而建设或打造的城市公园绿地或水文景观。绿地和休闲空间一方面美化了城市环境，成为城市景观的有机组成部分；另一方面也激发了城市的文化活力，以城市公众身心愉悦和精神满足，为城市创意创新营造了宽松的氛围。城市绿地及休闲空间也是城市公共文化服务的组成部分，公共绿地应将方便城市居民使用放在首位，在道路设施上遵循便捷易达的原则，选择居民居住区附近规划小型绿化公园、室外活动场地等。

空间构成了城市公共文化服务考量的基本维度，城市空间的文化策略通过对城市空间中的文化要素进行合理布局和安排，积极展示城市文化内涵，创造城市文化氛围，透过空间彰显城市文化精神，在城市公共文化服务提供和民生需求上搭建起了一道连通交流的桥梁。在具体的空间实践中，不同城市会根据自身的情况有所侧重（或突出文化设施场馆或突出公众文化活动），但对基本空间文化要素的关注是持续而稳定的，其中场所精神、人性化尺度和审美原则是空间设计关注的基本点，也是满足城市空间公共文化需求的题中之义。

（三）文化策略对首都公共空间的影响

子曰："里仁为美。择不处仁，焉得知？"（《论语·里仁》）先哲孔子强调了人的居住之地对培养人的美德的重要性，有仁德的空间处所才是美好的，人只有居住在这种地方才是明智的选择。《论语》的古老智慧早已揭示出居住环境对于人的重要意义，有仁德的空间既是仁人的聚居之地，也就形成了充溢着仁的整体空间氛围，这种空间氛围又会反过来对人产生积极的影响；就现代人生活和工作的环境而言，文化品质于城市空间而言至关重要，城市空间已不仅仅关系到个人的内在修养和文化品德，也关系到人际关系相互作用的方式，因为空间决定了交流的最基本和普遍形式，人们的反应、感受、情感、体验与空间的可感知特征之间存在着广泛而深刻的关联。城市规划者通过施行城市文化策略规划、引导城市空间的布局和构建，对城市的精神生活方式和物质文化形态都产生了根本性的影响。

1. 优化城市软氛围，促进首都可持续发展

作用于城市空间的文化策略，必然会对城市整体氛围和文化面貌产生影响，通过绿地面积的规划、文化设施的布置和公众空间内文化活动等的开展，城市空间的文化格局得以形成，建立在公共文化服务之上的无形的、软的城市文化氛围逐渐形成。开放、多元、包容的文化氛围对于集聚人气、吸引城市内外投资的增长、促进城市第三产业发展、扩大文化生产和文化消费等起着积极的作用，有论者将城市文化策略的正面经济效应归纳为以下四个方面：拉动经济快速发展、促进城市就业岗位的增加、促进城市产业结构转型、扩展城市文化消费市场[1]，也突出了施行于城市的文化策略对于城市经济所产生的积极效果。良好的城市软氛围是城市文化活力和创造力的保证，意味着较好的城市投资环境，进而带来了资金、人才、资源等的集聚效应，使得城市吸引内部和外部投资兴业的能力大大增强。而城市良好的发展机遇和丰富的资源储备，又会进一步优化城市空间氛围，形成源源不竭的发展动力。

2. 提升城市空间的文化品质，提高市民文化素质和美学素养

城市公共空间的格局及其文化要素是城市空间品质的重要体现，设施优良的城市文化场馆（博物馆、美术馆）、高雅愉悦的城市文化休闲空间（大众文化活动空间、休闲场所）和具有广泛影响力和知名度的城市品牌文化活动（文化节庆或文化项目）等无不体现了城市内在的文化精神、追求，也彰显了城市公众文化生活的品质。在具有较高文化品质的社会空间中，市民的文化认知和美学感受能力都会随之得到改善和提高。

3. 丰富城市空间的文化内涵，增强城市魅力

由于对地方场所感的营造和人性化尺度的依循，城市空间不再是冷冰冰的纯物理空间，而是拥抱和欢迎人群的友好空间。通过文化策略的试行，社区活动空间为人们休闲活动的开展和交流交往提供了方便的场所，和地方博物馆、美术馆、图书馆一道共同保证了城市不同层面精神文化生活的丰富多彩，有利

---

[1] 刘合林：《城市文化空间解读与利用——构建文化城市的新路径》，东南大学出版社2010年版，第154页。

于增强城市魅力。

4.优化城市空间意象，提升首都整体面貌

凯文·林奇认为，只有在整体生动、秩序井然的城市环境中才能形成清晰的城市意象，因而城市的公共空间格局越完善、内在纹理越清晰，城市意象也就越突出。而城市意象突出也就意味着城市整体形象和整体面貌的生动而立体，不论是巴黎的香榭丽舍大街、伦敦泰晤士河岸、纽约中央公园，还是北京的国家大剧院、鸟巢、水立方等独特空间意象，都已成为城市整体面貌中极具可读性和识别特征的部分。实施文化策略，对公共空间进行合理有效规划，梳理并优化城市空间意象，将提升城市整体形象和文化面貌进而提升首都软实力。

三　以公共文化服务优化供给提升首都文化软实力

首都公共文化服务体系建设的一大问题是服务力不足，面向不同群体的公共文化服务存在着服务内容、服务层次、供给方式、服务效率等方面的广泛不同，因此，公共文化服务提供的多样化、特色化途径是解决制约公共文化服务力提高和软实力提升的关键问题。目前，我国公共文化服务以公共文化资源为基础。而公共文化资源又可分为三类：第一是国有性质、由政府拨款和扶持的公共文化产品和服务提供；第二是原有国有文化事业单位转企改制后的准公共文化产品，包括走向市场的文艺院团等；第三是由社会企业、非营利组织运营的文化企业和文化机构。这三类主体作为公共文化服务的提供者，成为公共文化服务提升和完善的努力方向。

（一）公共文化服务供给的国际经验和类型

公共文化服务因其公共属性，国家和政府的影响始终存在，就世界范围内的文化政策而言，有一种文化与国家之间明显的政治关系，普遍将文化作为重建世界的积极手段。国际背景下，联合国教科文组织（UNESCO）和联合国文化发展委员会（UNCDC）都对文化事务、文化政策和国民文化生活予以了充分的重视和注意。国家层面上也由于意识到文化的功能意义而引发了文化政策的演变。这表现为：首先，从国家供给和传播文化的单一文化基础转变为一种较为多样的、广泛的状态，不论精英文化、大众文化还是少数族群文化都得到普遍发展，文化多样性和公众文化参与得到提倡；其次，从公共部门支配文化政策到私人部门支配文化政策，政府预算的削减和商业赞助、私人出资的压力，使得政府有目的的干预行为很大程度上被市场自由环境削弱，博彩、基金会和新的公司组织形式等为文化发展提供了新的资金来源并使文化机构逐渐脱离国家控制，这有利于政府在保护公众文化利益的基础上保持对文化灵活的管理能力；最后，经济全球化带来的同质化限制了国家和地方本土文化发展，也对文化政策制定产生了深远的影响。所有这些都导向一种开明的文化政策制定，既尊重政府权力保证的集体意志，又充分调动私人市场活动，通过建立政府、公共机构、非政府组织和企业部门多方广泛参与的合作联盟来保证社会文化目标的达成，政府以开放民主的文化政策引导私人部门进入文化领域。①

就公共文化服务的类型而言，西方公共文化服务主要有福利和声望主导型，社会市场型、新兴文化治理和文化规划三种主要类型。其中，前两者依公共文化提供的不同主体来划分，分别为政府主导和市场供给，而第三种体现为更强调当地人参与的文化服务，政府由服务提供者转变为文化政策的支持者和协调者，并为政府、企业、市民之间提供了广泛交流的合作和机会。20世纪90年代以来，以区域为基础、充分考虑当地人生活的新型文化治理和规划成为文化发展的新趋势，推动了文化多元和可持续发展②。

（二）首都公共文化服务优化提升的机遇和挑战

首都公共文化服务的优化提升，需结合我国现代公共文化服务体系建设的整体视野来看，现代公共文化服务体系建设下政府公共文化服务面临着两大转

---

① 参见[美]戴维·思罗斯比：《经济学与文化》，王志标等译，中国人民大学出版社2011年版，第155—160页。
② 参见刘朝华：《文化的建设与推广——国外公共文化政策及其启示》，孙云主编：《广州文化软实力研究》（第一辑），中山大学出版社2010年版，第12—24页。

变：一是政府职能的转变，由文化管理转向文化治理；二是整体目标的转变，由注重经济目标转向关注社会整体效益。

政府职能方面，当下我国社会公共文化服务的绝对承担主体仍然是政府，政府从经费、公共资源、组织机构、人才、技术手段等方面都提供了巨大的支持，极大地促进了我国公共文化事业的发展。但这种政府一力承担的现状也存在较多弊病，政府管文化在一定程度上也遏制了文化和市场自身的活力，统一供给下民众的文化需求得不到较好的满足。现代公共文化服务体系建设突出公共文化治理，政府由管文化向办文化转变，公共文化服务渠道和范围的拓宽成为重要内容，群众需求和服务效能被纳入体系建设之中；而传统思路下自上而下的公共文化供给和配送的局面目前仍然存在，要改变这一现状，必须扩大公共文化服务体系建设的市场化途径，发挥市场在资源配置中的决定性作用，以市场化手段完善公共文化服务的供给和配送，更好地满足公众文化需求、提高文化服务力和满意度。

公共文化服务是现代国家文化治理体系的有机组成部分，是政府实现从传统管理体系向现代治理体系过渡、建立服务型政府的重要转变，体现了对公民基本文化权益的切实尊重和保障，也是国家适应现代发展的形势要求、增强国家文化治理能力和国家文化实力的重要内容。城市公共文化服务同样需放置于文化治理和文化规划的视阈中，政府作为管理者的主导地位主要体现在规则制定上，通过发挥规范性作用帮助良性运营秩序的建立，并作为公共文化服务的参与者、动员者和其他市场主体共同承担公共文化服务供给。

整体目标上，西方经历了由注重经济目标的文化政策向关注社会经济整体效益的文化规划的转变，通过发挥社区在决策中的作用，将自上而下和自下而上结合起来取代自上而下的政府管理模式，广泛吸收社区居民、规划者、专家等不同背景、不同领域的人共同参与到当地文化发展和文化规划制定中来，通过有步骤地计划实施来推进社区和城市前行。[1] 在城市整体发展目标的指引下，

---

① 黄鹤：《文化规划：基于文化资源的城市整体发展策略》，中国建筑工业出版社2010年版，第79页。

文化规划和治理视野下的公共文化服务需充分考虑不同群体的文化需求，将参与主体的多元化、服务方式的多样化、服务对象的精细化、服务供给的个性化等都纳入城市公共文化体系建设之中。

作为整体的城市文化规划，政府也要保证公共文化服务的普惠性和全民性，全面广泛地为公众提供公共文化服务，因此，首都在当下文化事业发展、公共文化服务体系建设过程中，不仅要考虑市区公共空间和大型文化基础设施的布局，还要紧抓基层文化需求这一实施标准，根据不同行政区划的具体情况，完善市—区—乡镇（街道）—行政村（社区）四级公共文化服务体系，巩固优势并加大对弱势地区的财政投入和政策帮扶，实现有的放矢、均衡发展。

首都公共文化服务的优化提升，由于联系着新形势下文化治理的政府职能转变和基于城市总体经济社会效益的规划发展目标，需要切实从公共文化服务供给的角度提高城市公共文化服务的服务能力，有效扩大多元主体参与公共文化服务的途径，充分考虑公共文化服务对象的文化权利和文化需求，积极探索公共文化服务提供的特色道路和优化途径。

（三）构建多方参与的首都公共文化供给模式

城市公共文化服务因其面向广泛而多元的服务对象和公益性、基本性、均等性、便利性的目标要求，亟须改变传统管理体制的供给模式，充分发挥市场在资源配置中所起的基础性作用，提高社区基层的公共文化参与度、鼓励第三部门积极介入，建立并完善公共文化服务主体的多元模式，促进城市公共文化的繁荣发展。[①]首都公共服务的公共性、大众性决定了文化服务参与的多方性，这就需要政府、企业、民间组织和公众的全方位参与和有效管理，从目标设计、

---

① 2011年10月25日，中央公布《中共中央关于深化文化体制改革推动社会主义文化大发展大繁荣若干重大问题的决定》，提出保障公民的基本文化权益，完善覆盖城乡、结构合理、功能健全、实用高效的公共文化服务体系，不断满足人民日益增长的文化需求，促进文化的大发展大繁荣。同年底北京市出台《中共北京市委关于发挥文化中心作用加快建设中国特色社会主义先进文化之都的意见》，成为北京市推动城市文化的大发展大繁荣的基本意见，其中一方面即着力推进北京公共文化服务体系建设。

规划审批、实施监督等不同环节和方面集聚多方力量、扩大资金来源，推动首都公共文化服务的优化升级。

1.社区组织及基层民众

社区参与文化规划。目前公共文化服务产品和服务大多采取自上而下的提供方式，由政府下属的机构和文化部门统一包办，一方面造成了决策者和实施者不了解基层情况而带来资源闲置与浪费，居民真正需要的公共文化需求得不到满足；另一方面未能形成公共文化服务上下通达的有效沟通和反馈渠道，公共服务的改进和完善更是面临困局。针对具体情况，在公共文化服务体系建设过程中，要克服在方案探讨、政策规划、组织实施中政府垄断的局面，邀请地方组织、相关文化机构、艺术团体、非营利性组织、居民代表等参与到社区文化发展商讨和公共文化服务中，充分实现基层社区文化共商、共建、共享的公共性；适当放宽政府的影响和控制，以公众文化需求为切入点发挥基层社会自组织力量和自我管理能力。

公众参与（public participation）对于帮助决策者了解公共文化服务供给和使用中的地方需求、社区背景、关注重点、瓶颈障碍等现实基础十分重要，当地民众是建成环境的直接使用者和受益者，往往能提供最紧要、最实际的意见和建议，他们对公共文化事务的参与，将大大提高公共文化服务工作的效率和实际效果。因此，决策方需切实尊重居民生活文化、习俗、日常生活习惯，维护当地居民的切身利益，邀请他们参与到项目构想、草案、修正案、定案等具体规划工作中，并对项目提供监督、维护等多种有益支持。公众的公共文化服务参与是实现公民文化权利、保障公众多元文化需求得到满足的重要途径。

2.非政府组织与基金会

由于其公益性目标和非营利性、志愿性性质，第三部门（即非政府组织NGO 或非营利组织NPO）是有效补给优化公共文化服务、重视并发挥市场机制的主要途径，它包括注册的社会团体、组织、基金会、民办非企业等，以此来服务公众、促进社会稳定和发展。公共文化是第三部门承担的主要社会职责之一，能积极补救政府失灵和市场失灵，并在维护文化局面的活跃繁荣、保护文化生态、促进文化自主发展，促进文化资源的公正合理分配、满足公众多元文化需求，拓宽公共文化发展的资金渠道等方面起着不可替代的作用。"非政府组织是政府、市场之外的第三支社会中坚力量，它的存在是对政府、市场的补充和平衡，非政府组织是推动传统治理模式转型的重要力量，要推动我国公共文化服务体系建设，就应进一步加大政府职能转变力度，将应由社会承担的社会管理和公共服务职能转交出去，由非政府组织承担，确保非政府组织和经济社会的同步发展，充分发挥非政府组织在促进公共文化产品供给和公共文化服务中的组织协调作用。"作为第三部门的非政府组织的存在既能克服公共文化服务提供的政府单一型模式，也能避免现代社会文化生产的商品化、市场化的局限，有效承担着政府和市场让渡出来的部分公共文化服务职能。北京市非政府组织已涉足公共文化服务供给，接下来要继续探索公共文化服务的市场化运营途径，积极培育和扶持市场主体，为第三部门提供成长和壮大的外部环境。

基金会也逐渐发展成为文化领域的重要力量，尤其文化信托基金和艺术基金会对于公共文化艺术事务发挥着巨大的影响。美国的基金会组织成熟较早，由大企业和知名企业家支持的基金会对于推进社会文化进步、促进文化合作交流起着重要作用，它们对城市精英艺术和大众文化都开展了广泛的支持和保护，成功推动了城市文化艺术的发展繁荣。除私人基金会以外，国家基金会（如美国国家艺术基金会、国家人文科学基金会等）也为促进文化艺术发展、支持相关交流展演活动、普及大众文化艺术做出了杰出贡献。目前北京文化发展基金、国家艺术基金等相关组织，对于推动首都公共文化事业发展起到了助推作用，但它们仍由政府主导，民间和私人基金会尚有较大发展空间（见表 10）。

表 10　北京市参与公共文化服务供给的非政府组织举要

组织名称	合作方	合作内容	开放时间	特色	分析
悠贝亲子图书馆	朝阳区朝外图书馆	指导社区娃娃读书	2014	少儿阅读	当前参与公共文化服务的社会力量主要专注于阅读领域（尤其少儿阅读），开放时间集中于近两年（得益于政府政策的倡导和支持），合作地区也集中于东城、西城、朝阳、海淀等发达的城市中心区域，社会组织往往利用这些中心城区的优良文化资源有针对性地开展民办公助的公共文化服务；而边远区县的社会力量则进入不足，往往由政府财政独立支撑
First 青年电影馆	朝阳区文化馆	大师公开课、青年电影人培训营、新锐导演电影展映、新片首映式等	2014	文化、电影	
第二书房	海淀区清河橡树湾社区图书馆	家庭教育、亲子阅读	2013	少儿阅读	
核工业第二研究设计院文艺图书馆	海淀区八里庄街道、北京图书馆	打造核二院社区图书馆并进行数字化升级，提供假期小学生阅读和电脑培训班等特色服务	2004	社区阅读	
"皮卡"少儿中英文图书馆	东城区、体育馆路街道	少儿学习与阅读	2014	少儿阅读	
正阳书局	西城区文物保护单位万松老人塔、区文化委、区第一第二图书馆、长安街街道、义达里社区	打造"砖读空间"公共阅读空间	2014	阅读	
"宣阳驿站"第二书房	西城区文化委、西城区园林市政管理中心	家庭教育、亲子阅读	2014	少儿阅读	
什刹海皮影文化酒店	西城区文化委、西城区第一图书馆	"书香酒店"阅读空间	2014	阅读	

（续表）

组织名称	合作方	合作内容	开放时间	特色	分析
白云驿站阅读空间	西城区文化委、西城区第一图书馆	举办讲座、读书会、图书交流等活动，与公共图书馆联合开展通借通还服务	2015	阅读	当前参与公共文化服务的社会力量主要专注于阅读领域（尤其少儿阅读），开放时间集中于近两年（得益于政府政策的倡导和支持），合作地区也集中于东城、西城、朝阳、海淀等发达的城市中心区域，社会组织往往利用这些中心城区的优良文化资源有针对性地开展民办公助的公共文化服务；而边远区县的社会力量则进入不足，往往由政府财政独立支撑
上书房家庭教育联盟	西城区文化委、西城区园林市政管理中心	万寿公园敬老孝老阅读空间	2014	阅读	
繁星戏剧村"繁星PLAY书吧"	西城区第一图书馆	主题读书会、讲座、沙龙、戏剧排练公开日等文化活动	2015	戏剧、阅读	
艺杉文化艺术培训学校	西城区第二图书馆	书香艺杉少儿阅读空间	2014	少儿阅读	

资料来源：互联网和《西城区文化资源手册》。

四 首都公共文化服务提升的案例分析

以城市公共空间的文化品质提升和公共文化服务的多样化供给、广泛社会参与为思路的首都公共文化服务的文化力和服务力提升，是目前首都现代公共文化服务体系建设的突出问题，也是影响北京城市文化软实力的重要因素。为了增强首都城市的文化凝聚力、文化魅力和文化感染力，城市空间环境和各层级公共文化服务的提升是关注的重点。

（一）软实力视野下首都公共文化服务提升路径

1.以有效的公共文化策略激发城市公共文化的整体竞争力

文化策略是由政府主导的、社会多元主体和广大民众积极参与的推动城市发展的各项规划和政策的文化实现途径，文化策略以城市整体发展为目标，凸显城市文化在城市社会经济进步中的重要作用和竞争力优势。以公共文化服务为核心的文化策略，一方面要深化城市的文化内涵、提升城市品质；另一方面也要借助文化手段提升城市的社会经济效益，首都公共文化服务的提升需要在积极有效的文化策略下激发城市文化的竞争力。首都作为全国文化中心城市和中国特色社会主义先进文化之都，更应通过公共文化服务充分彰显城市的文化内涵和特色，继续以文化政策推动现代公共文化服务体系的建设和完善，包括对城市大型公共文化设施、文化项目、文化活动和基层文化活动中心的建设和组织，对提供公共文化服务社会力量的引导和扶持①，以构建适应首都城市功能定位的现代公共文化服务体系，不断满足人民群众日益增长的文化需求，增强城市的文化实力。

2.以高品质的文化空间提升城市公共文化的吸引力

城市空间的品质始终是城市文化和城市发展水平的重要体现和物质化成果。由于城市空间的公共性质，空间也成为城市公共文化服务的覆盖内容和重要场所，成为检验公共文化服务成效的指标和手段。在衡量首都城市文化软实

---

① 2015年5月，国务院办公厅转发文化部、财政部、新闻出版广电总局、体育总局《关于做好政府向社会力量购买公共文化服务工作的意见》，继续优化公共文化服务供给，寻求文化服务的社会化、专业化管理模式，不断扩大资金渠道，以满足人民群众的多元文化需求。这一意见可看作政府从管文化向办文化转变的一大举措，也是优化城市公共文化服务的重要手段。2015年3月，新施行的《博物馆条例》也明确了博物馆提供社会服务的功能，鼓励博物馆挖掘藏品文化历史内涵，拓展相关文化创意、文化旅游产业，积极开发衍生产品，开展公众教育和文化服务，增强博物馆的发展能力与服务于城市公众的文化能力。

力的指标中，城市公共文化服务因与公众文化感知和获取的直接而密切的关联，一直是城市文化发展和民生需求的关键影响因素。人性化、高品质并基于审美考虑的城市空间在扩大城市的文化影响、深化城市的美学内涵、增强城市的吸引力方面起着不可替代的作用。而高品质的城市文化空间的形成，一是要对空间中的物质载体赋予人文气息和美学关怀，形成良好的外部环境，大型文化设施和公共艺术设置后具有永久性，因此它们从题材、形式、材料上都应能经受时间的考验，成为不同时期城市发展面貌和阶段特征的反映；二是要借助良好公共文化氛围的熏习提升城市公众的文化素养和鉴赏力，提高首都的内在精神风貌和文化品位。在具体措施方面，考虑到城市公共空间的营造原则和城市公共文化服务供给的多元化，公共文化服务要结合首都北京不同的城市区划和内部功能定位来合理分布各层级公共文化设施和文化活动场所，避免公共文化资源分布不均的状况，根据差异化的服务对象有针对性地提供适合公众文化需求的各项文化服务，积极优化空间配置并探索公共文化服务的多元化路径，凸显城市文化软实力。

3. 以优质的公共文化服务供给增强城市公共文化的培育力

针对不同民众需求、地区差异的公共文化服务供给，是城市公共文化服务体系建设的核心内容，它一方面关联着公共文化对城市公众的文化培养和引导，另一方面也是公共文化服务实际成效的体现。首都现代公共文化服务体系建设的文化力和服务力提升，都需要从公共文化服务供给的角度，结合公众多样化、差异化和不同层次的文化需求，有效改善当前公共文化服务单一化、行政化的供给模式，提高公共文化设施和文化活动的参与度和满意度。据《北京市民公共文化参与和需求调查分析》[1]中就 2012 年 5 月开展的"北京市民的公共文化参与和文化需求调查"的调研结果显示，公共文化场馆、文化中心等硬件设施和软性文化服务供给不足，仍然是制约北京市民公共文化参与的瓶颈问题，在具体的统计中，公共文化设施的利用率仍有较大提升空间。其中，52.7% 的被

---

[1] 陶艺军、杜鹃：《北京市民公共文化参与和需求调查分析》，《调研世界》2012 年第 10 期。

调查者一年内从来没去过图书馆，62%的被调查者一年内从来没去过剧场、剧院，11.3%的被调查者一年内从来没去过公园，75.3%的被调查者一年内从来没去过社区文化中心；只有三成以上的市民对文化休闲生活表示满意，36.7%的被调查者认为社区文化活动满足了需求，许多市民认为公共设施的可达性和文化信息、资源的共享需要改善。可见，市民对于城市公共文化有较大的参与意愿，但市民文化需求还有待进一步提升并丰富化，这就有待以优质、高效、普惠的城市公共文化服务增强城市对民众的文化培育力。这一过程中，公众和多种社会力量对于城市公共文化项目的有效介入和广泛参与，也是进一步完善公共文化服务供给、优化公共文化体系建设的有力手段。

4. 以和谐的社区基层文化建设增强城市公共文化的凝聚力

作为文化软实力的城市文化的凝聚力集中体现在公众对城市文化的高度认同和自觉维护，这在很大程度上又有赖于公众对生活于其中的基层组织及其文化环境的感知和认可。基层文化是作为总体的城市文化的细胞和基本单位，和谐的基层文化、有序的社区组织运行，是城市肌体良性运转的体现，也是广大城市公众营造文化氛围和自身生活环境的场所，更是城市规划建设中以人为本、以文化人的重要实施内容。在基于社区、乡镇的城市基层文化营造方面，既要加强政府的引导和政策支持，保证公共文化服务的覆盖和有效供给，推进基层文化活动中心、文体场馆的营建，以优良的公共文化设施营造舒适宜人的城市空间；也要鼓励民众、非营利组织等第三部门的社会力量积极参与公共文化服务。邀请民众、社区组织、居委会等参与到公共文化建设中来，积极开展多元共治，并推进政府向社会力量购买公共文化服务，培育社会化公共文化服务力量、壮大社会组织，扩大社会化参与渠道和资金来源，以公共服务提供的特色化途径丰富公共文化服务供给，更好地满足公众需求，增强首都文化的凝聚力。

（二）首都公共文化服务优化案例

首都公共文化服务既是首都城市文化实力和文化凝聚力、文化吸引力的体现，也是国家的文化品牌工程，体现了城市和国家的文化软实力。中国最高的艺术殿堂——国家大剧院，作为首都北京的大型公共文化设施，也是独具特色的重要城市文化景观，以其重要的国内外文化影响突出代表了北京的城市文化软实力，成为城市公共文化服务优化提升的典型案例。

国家大剧院作为文化事业单位的企业化运营范例，采取国家补贴和市场化运营相结合的方式，运营经费中 20%~30% 来自政府补贴（国家大剧院每年的平均开支达 5 亿元，其中财政部补贴 3000 万元，北京市政府补贴 9000 万元，奔驰、中国银行等赞助商提供 8000 万元左右），70% 市场自筹，已经由初期的国家补贴为主到 2014 年最终实现全年盈利。由于市场化营运的成功，大剧院每年商演高达 600~800 场，平均年收入 3 亿元。依据北京道略演艺的统计，国家大剧院 2011 年就入选了中国演艺机构十强，2013 年剧场综合体活力五强，歌剧院入选综合型剧场活力十强，戏剧场入选话剧大剧场活力五强，音乐厅入选音乐厅活力十强。2014 年由于中央发出节俭号召，公款消费大减文艺演出行业受到一些影响，但国家大剧院的演出和票房却依然平稳，全年的演出场次和观众人次全国第一。依托国家大剧院的文化艺术平台，城市积极向大众传播文化艺术精品、普及艺术教育，优化了北京城市公共文化的文化力和服务能力。

1. 精准定位打造未来的世界顶级艺术舞台

国家大剧院在建院之初就确立了人民性、艺术性和国际性三大服务宗旨，依靠良好的经营和运作，目前已经成为世界上规模最大、现代化程度最高、生产能力最强的国家级表演艺术中心。高品位、高水准、高雅艺术是大剧院始终坚持的目标定位，其国际影响力和世界声誉日盛，成为城市文化软实力的一张亮眼名片，也是世界了解北京的绝佳窗口。国家大剧院通过不同层次、不同类别、不同形式的文艺演出和各类活动积极承担城市文化责任，目前已形成了一系列高端精品演出品牌，国内外顶尖艺术家、高水准现场演出成为大剧院的突出特色。而大剧院本身独特而富于想象力的造型，与周围环境相融合的自然人文景观也成为首都核心区域的一道亮丽风景线。

2. 公共文化事业单位的市场化成功运营

在国家大剧院运营的初期，盈利并不在计划之内，大剧院作为半公益性的公共文化设施，功能是提高人民的文化素质修养，满足日益增长的高水平文化生活需求，而非作为营利机构存在。[①] 但在发展实践中，国家大剧院逐渐摸索出一条市场化的路子，以引介和原创的方式开拓了国内的精品艺术演出市场，取得了良好的收益（见表11、表12）。

通过引进国外艺术管理人才，与国外知名大剧院、艺术经纪公司、艺术家签约合作等方式，国家大剧院除了推介国内外优秀剧目和文艺演出，还着力加强剧目的原创和研发。大剧院自制剧在国内处于领先水平，带有民族风格和特色的话剧《王府井》《简·爱》《风雪夜归人》，歌剧《冰山上的来客》《骆驼祥子》等广受好评，并展开全国巡演，市场规模效应和口碑得到确立；即使是在西方传统的经典歌剧上，《阿依达》《参孙和达利拉》《玫瑰骑士》等剧目的国家大剧院版本也受到了世界范围内的广泛赞誉，并生产了首部自制歌剧电影《图兰朵》，歌剧《骆驼祥子》、舞剧《马可·波罗》等还在意大利展开巡演。从2010年开始，大剧院已经具备每年新制作6~8部歌剧、排演18~20部歌剧的生产能力。[②] 至2017年12月22日，国家大剧院在建院10年间平均售票率从81%提升到88%，会员人数达25万人，拥有自制剧目76部，商演8700余场，艺术普及教育演出5606场，近1900万人次的观众走进国家大剧院。[③] 这些数据无不体现了国家大剧院在艺术精品市场开发上的突出业绩和领先水平。

[①] 《梦想实现——记国家大剧院》，《建筑学报》2008年第1期。

[②] 《艺术，本就是老百姓的事儿》，见网页http://www.bbtnews.com.cn/news/2012-12/2700000073261.shtml。

[③] 《国家大剧院建院10周年　自制剧目吸引近1900万人次》，参见网页http://www.sohu.com/a/211794751_162758。

表 11　国家大剧院经营情况（2013 年—2014 年）

年度	类别及节目		售票率（销售率）	备注
2013 年	音乐会	芝加哥交响乐团音乐会	93%	"周末音乐会"艺术普及活动上座率 95% 以上；自制剧目平均销售率 83.1%；2014 年 910 场演出的平均销售率为 82.5%
		马泽尔指挥慕尼黑爱乐音乐会	97%	
	话剧	《王府井》	94%	
		《简·爱》	99%	
	歌剧	《费加罗的婚礼》	99%	
2014 年	舞蹈节各项节目		90.4%	

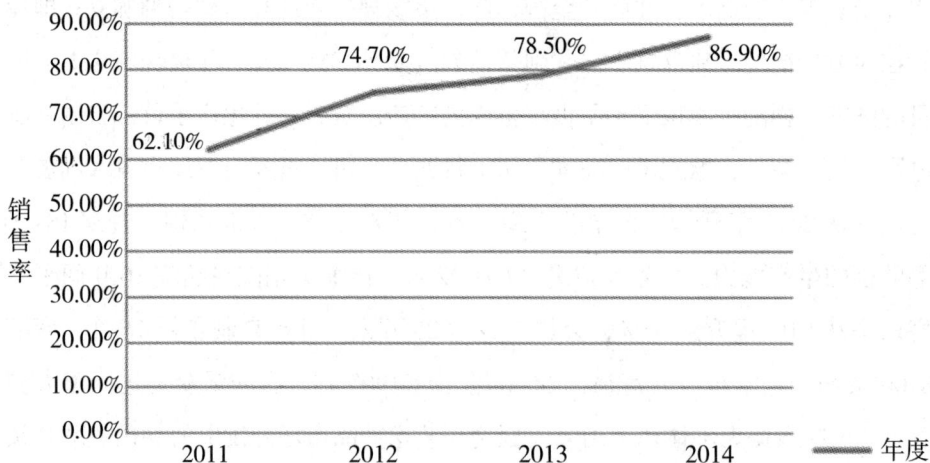

表 12　国家大剧院五月音乐节票房曲线（2011 年—2014 年）

注：图表依据相关网站公开数据绘制。国家大剧院各大演出季，场场爆满的高上座率充分代表了北京城市公共文化设施的文化活力和公众文化服务能力，大剧院的艺术普及活动成为北京文化生活中的亮点和风景。

3. 以艺术融入生活探索文化惠民路径

国家大剧院三大服务宗旨中的人民性始终是摆在首位的，以社会主义核心价值观为导向，大剧院通过各种艺术形式和激励措施提高城市公众对艺术的关注度，借助高雅艺术推广和普及活动提高公众鉴赏能力和艺术素养，积极践行公共文化服务的公益性和惠民性。

大剧院的公益性质体现在其经营的目标不在盈利而是以合理的价位满足公众的文化艺术需求，给市民提供优质的艺术作品。[①] 大剧院平均票价已从最初的 480 元降到 2014 年的 271 元，呈逐年递减趋势，以便让更多观众感受舞台艺术魅力。

公众开放日是国家大剧院探索艺术惠及百姓的重要实践。每年的 12 月 22 日，是国家大剧院的公众开放日和举办公众开放艺术节的日子，各类演出、沙龙和展览等艺术嘉年华活动纷纷免费向广大公众呈现。大剧院希望通过点点滴滴的艺术渗透，改善城市总体艺术环境和氛围，因此每年从票房收入中支出 6000 万元从事艺术普及和传播工作。公益项目如"周末音乐会""经典艺术讲堂""大师面对面""走进唱片里的世界""青少年艺术周"等聚集了大量观众和艺术爱好者，产生了良好的社会影响；大剧院还利用五月音乐节、歌剧节、舞蹈节等的策划走入基层，包括面向城市外来人口的免费演出、给特殊群体提供的演出机会等公众公益演出和艺术普及活动也在全市范围内掀起了艺术的风潮，突出了首都的人文关怀，也进一步助力打造首都"文化之都"形象。

为了更好连接公众和艺术殿堂，大剧院还通过志愿服务充分发挥文化服务的公共性，积极储备文化艺术、行政管理等相关人才。大剧院志愿服务涵盖场地负责、艺术教育服务、语言服务、日常行政等多个志愿服务岗位，几年来吸收了近 3 万人参与其中，成为北京志愿服务的重要参与力量，搭建起了高雅艺术与社会公众之间的良好桥梁。

4. 以"走出去"艺术普及扩大服务范围

在大剧院的艺术活动日程中，不仅剧场观摩、公共空间演出、艺术普及活动、精品展览等轮番上演，艺术活动还经常性地走出剧院，到围墙外给不同城市角落的广大公众送去艺术的滋养，公益惠民演出、艺术普及活动等已成为国家大

---

① 《国家大剧院：经营目标不是盈利而是使票价降下来》，参见中新网：http://www.chinanews.com/news/2004/2004-12-15/26/517239.shtml。

剧院的品牌项目，社区、学校、医院、地铁、购物中心、博物馆、企业及文化古迹等都留下了大剧院的艺术身影。截至 2014 年年底，国家大剧院已组织不同形式的"走出去"公益演出与普及活动 6685 场，仅 2014 年全年就达 1090 场，覆盖 61.6 万人。

北京市委宣传部、国家大剧院主办的"深入生活、扎根人民——国家大剧院百场演出下基层"活动，从 2015 年 4 月起开展了覆盖全年的公益演出，以定制公益文化服务的形式为群众送去高雅艺术，节目演出以音乐会为主，大剧院管弦乐团、合唱团及驻院歌唱家积极参与，选取普及度高的经典作品为百姓奉上最好的阵容和高品质演出，并加上生动活泼的讲解，潜移默化地改变着城市文化生态。可以看到，大剧院将观众的培育和开发作为重要内容，只有观众的成熟才有利于提升城市艺术修养、推动城市文化和文化市场的繁荣发展。

艺术的普及还积极借助城市公共交通来扩大影响力。国家大剧院古典音乐频道从 2014 年起与北京地铁公司联合推出"乐行北京"项目，借助地铁电视平台和大量人流宣传古典音乐，以提高公众的审美品位和艺术修养。从 2014 年 1 月起，北京地铁的 10 条线路 160 个车站里，每天都有 5 个时段共 8.5 小时播放由国家大剧院古典音乐频道提供的音乐作品和相关演出资讯，莫扎特、舒伯特等伟大作曲家的经典旋律伴随地铁族快乐出行，有助于使现代都市人的压抑、焦虑等不良情绪得到释放，而营造高雅的地铁音乐空间成为北京城市公共文化服务的新形式。

5. 借助艺术人才滴灌工程优化特色文化服务

旨在提高青少年综合素质和艺术修养的项目和活动，成为国家大剧院艺术滴灌工程的一大特色。大剧院积极响应市教委"首都高校与社会力量参与小学体育美育发展工作"的号召，与片区所属中小学校合作，从 2011 年起在全市建立"歌剧兴趣培养基地"。从最初的十几所中小学到现今的 153 所歌剧基地校、自忠小学和校尉胡同小学两所音乐附小，艺术足迹覆盖六大城区，这些学校的学生都能获得歌剧欣赏与讲座方面的艺术实践机会。音乐附小还接收了完备的艺术课程方案（覆盖课程设计、课件制作、教学、效果评估等各个环节），孩子们可以学习和欣赏多种艺术门类的课程并实地观摩。以歌剧课为例，大剧院根据青少年艺术普及教育的需求和特点，度身制定了包括有理论课、讨论课、拓展课和实践课的课程设计，聘请了阵容强大的教师团，课程将理论知识和艺术讨论、实践相结合，寓教于乐。在此基础上，部分小学生还参与到大制作歌剧《阿依达》的正式演出中。秉承大剧院的歌剧特色优势和丰富资源、经验，成功将歌剧这样一门涵盖音乐、文学、声乐、舞蹈、美术的综合舞台艺术植入学校教育之中。优质艺术资源进入中小学课程，体现了我国基础教育中艺术教育的拓展和深化，国家大剧院探索学校艺术教育走在了全国前列。

国家大剧院还推出了以艺术讲座和公共空间微演出为主要内容的少年儿童暑期艺术体验活动，知名艺术家和钢琴独奏、弦乐四重奏、民乐小合奏等多种经典艺术以寓教于乐的形式，让孩子们近距离接触艺术家和高雅艺术。为了激发孩子们的音乐兴趣并让他们对中外古典艺术有更深入的了解，大剧院特别选取了孩子们容易接受的音乐作品，同时安排了作品导赏和现场讲解，还通过游戏环节的设置增加学习兴趣。同时，国家大剧院也推出了针对大学生的优惠，通过开展"IDG 世界名人名作"公益计划，在演出票中预留出一部分中高档票，给高校学生提供项目专用票的票价补贴，实际票价低于演出场次最低票价，公益计划在 2013 年至 2015 年三年间已经让 15 所高校的 18.5 万学子享受到一流高雅艺术。

6. 以新媒体平台创新艺术服务方式

利用多媒体平台创新公共文化服务方式。国家大剧院古典音乐频道借助个人客户端的新媒体平台积极打造"掌上大剧院"，数字资源里含有 2600 张高音质古典唱片、500 部经典演出现场视频、186 部舞台纪录片和 207 期大师访谈，成为公众欣赏高雅艺术的宝贵资源。为了方便与观众沟通交流，大剧院还设立了微博微信公众号，新浪、腾讯官方微博和官方微信的粉丝群体庞大，高效便捷、打破地域和时间限制的传播方式进一步促进了古典艺术资源的传播。

2015 年新媒体产品"音乐商品"在 PC 端、手机端同步上线，该商品给大众选取了 1000 首经典音乐作品，集合了 40 多款音乐主题包，每一主题包都依据不同的情景和审美心理需求而选曲，以低于 10 元的价格推广古典艺术精品，给听众带来高品质听觉体验。为了保证主题音乐包的品质，国家大剧院邀请了朗朗、吕思清等音乐家担任"音乐向导"选曲，每首曲子由张佳林、王纪宴、白岩松等古典音乐迷执笔配写"作品小传"，让古典音乐走入人们的生活中，为听众打造高含金量的音乐体验。大剧院借助网络平台上丰富而优质的文化资源，在高冷的古典乐和普通听众间搭建了良好的传播通道。

国家大剧院是北京代表性的大型公共文化服务设施，大剧院以其高品质的文化艺术精品集中呈现了城市公共文化服务的质量和水平，它一方面是城市空间文化品质的体现，将高雅文化和文化艺术普及、传统与现代文化结合起来体现了城市文化的丰富内涵；另一方面也通过多样化的服务渠道和方式极大地优化了公共文化服务供给，扩大服务面并提升了服务水平，体现了首都公共文化服务的能力。

当我们在讨论城市文化软实力时，城市市民的文化感受和文化体验是其中一个重要的维度。城市公共文化服务因其公益性、公众性和均等性与公众的文化需求最为贴近，成为体现城市文化软实力和培育市民文化素质的突出方面，城市公共空间文化氛围的营造与面向公众的公共文化服务优化特色供给，是北京当前公共文化服务最值得重视的两个方面。首都公共文化服务应该建立在确保城市市民能共享城市文化发展成果的基础之上，这样的城市发展才是全面综合而且可持续的，文化软实力也由此体现。

第五章　创意城市建设与首都文化软实力

创意创新是充分发挥城市和人的创造性，从精神层面激发城市创造潜能、开发城市智慧资本的重要手段，也是推动城市完成从物质向精神文化提升、从功能向文化属性转变的关键所在。基于创意创新的创意城市建设，是经济全球化态势下城市抢占发展先机、提高城市竞争力的有效手段和方式，也是首都世界文化名城建设的重要方面。首都文化软实力提升需要充分发挥城市文化创造力，增强城市文化驱动力，以创意城市为目标把北京建设成具有强大辐射力和影响力的文化创意中心。

一　创意创新的理论和城市发展实践

（一）创意与城市文化

创意来源于文化并深深植根于当地深厚的文化传统和社会背景，创意创新是实现文化的经济价值的有效途径，城市创意灵感和文化生产能力集中体现了城市的文化实力和城市竞争力，是城市在激烈的国内外竞争环境中保持优势的重要现实途径。文化创意是经济活力的体现和社会转型的重要引擎，创意实现由文化向经济的有效转化，依赖于文化产业（创意产业）的蓬勃发展。文化产业是将文化创意以创新方式融入文化产品和文化服务中去，形成系统化、规模化的文化生产、消费和交易市场，并积极参与全球竞争。

联合国教科文组织较早认为"文化产业就是按照工业标准，生产、再生产、储存以及分配文化产品和服务的一系列活动。"文化产品和文化服务构成文化产业的基本内核，文化产业也被称为创意产业或内容产业。与创意、符号的生产和传播相关的消费品即文化产品。在最先倡导并发展文化创意产业的英国，具有广泛影响力的英国文化传媒体育部（Department for Culture, Media and Sport, DCMS）将其称为创意产业（creative industry），而创意产业是"源于个人创造力、技能和才华的活动，通过知识产权的生成和利用，使这些活动发挥产生经济效益和创造就业的效用"①。可以看到，基于个体的创造性和知识产权是创意产业概念的核心，它将创意个体的脑力运用和智慧生产作为创意产业的原动力。同样，根据北京市颁发的《文化创意产业分类》标准的定义，文化创意产业指的是"以创作、创造、创新为根本手段，以文化内容和创意成果为核心价值，以知识产权实现或消费为交易特征，为社会公众提供文化体验的具有内在联系的产业集群"。北京市的文化创意产业的定义同样强调创意创新和知识产权的运用，所不同的是突出了公众的文化体验，也更凸显了创意产业的文化内涵和创意产品、服务的文化特征。

自 20 世纪 90 年代始，随着以英国为代表的创意产业的兴起，创意与文化产生了紧密的关联，文化资源和知识资本成为城市创意产业发展的巨大宝库。创意不是无源之水、无本之木，文化构成了创新创意的培养基，也成为城市历久弥新的精神资源。城市文化产业创新以创意和文化资源为基础，通过拟定创新计划和实施创意方案塑造生气勃勃的城市创意产业，最大限度地开掘城市的文化活力和经济动力，充分发挥文化这一知识经济的无形资产和精神潜能。应该说，创意的本质是"一种足智多谋的能力，不仅会评估，还有设法寻求对策，以解决棘手、突如其来和不同寻常的问题或状况"，"创意犹如一种发掘，继

---

① 原文为："those industries which have their origin in individual creativity, skill and talent and which have a potential for wealth and job creation through the generation and exploitation of intellectual property", DCMS. *Creative Industries Mapping Document*. 2001. London. 参见网页：https://www.gov.uk/government/uploads/system/uploads/attachment_data/file/183544/2001part1-foreword2001.pdf。

而发挥潜能的过程。它是利用智慧、发明、一路学习等特质的应用性创造力"。[1]创意是一种解决问题、提出最佳方案的能力，是创意主体在面对困难情况时打破常规、发挥创造性思维的决策力，这种能力和决策力其实就是深层文化和综合能力的体现。

（二）创意与创新

创意作为一种行为主体的创造性思维能力，不能简单以一个部门或行业分类，而是能广泛应用于各个不同行业，通过创意阶层的兴起催生新的经济动力；创新则是采用新的技术手段帮助产业换代升级，不仅高科技产业需要创新支持，其他行业同样也得益于科技创新的裨益。如果说创意偏重创造的思想性，是一种抽象思维和行为潜能，那么创新则体现为创造新事物的手段和方法，偏重技术性，创新包括了产品创新、服务创新、组织创新、制度创新等。信息化时代，文化创意必须联系起科技创新，运用高科技手段和发明成果才能将创意的理念和想法进行现代化的诠释和表达，也才能有效实现创意的文化内涵和价值理念，达到文化创意、科技创新促进经济转型发展的目的。

创新与创意是一体两面、互为表里的关系，创意是创新之源，创新则将创意的理念予以贯彻和执行以推陈出新、创造新的事物和组织机制。自从美籍奥地利经济学家熊彼特在其著作《经济发展理论》中，第一次正式探讨创新与经济发展的关系，创新作为经济动力的观点就不断得到强化。熊彼特提出创新是一种生产函数的变动，创新体现为生产要素和生产条件的新组合，包括五种情况，分别是引入一种新产品、引入一种新的生产方法、开辟一个新的市场、获得生产原料的新的供应来源以及新的组织形式等。熊彼特的创新主要联系着生产技术的革新和生产方法的变革，并将其作为资本主义的最根本特征。熊彼特的创新概念既有技术性变化的创新，也有非技术性的组织性创新。创新作为一个内在的因素，来自内部自身的创造性。随着科技革命的兴起，经济领域的创

---

[1] ［英］查尔斯·兰德利：《创意城市》，杨幼兰译，清华大学出版社2009年版，第57页。

新主要体现为新技术革命和产业革新，创新被视为技术变革的集合。创新包括渐进式创新和颠覆性创新，采取哪一种创新形式，与原有体制、思想的活跃程度、可进步空间等有着密切的关系，但始终离不开创意的先导作用。创意就是针对现实情况提出新的方案、设想来创新性地解决问题和难题，从这个意义上来说，创意决定着创新能力，而创新能力正是创意思维的结果，并借助创新的成果进一步激发创意思想鼓励创新。

创意和创新共同构成了经济发展动力，成为一种新的经济形态——创意经济的主要内容。由创意激发的文化活力和技术创新不仅带来了创意产业的快速发展，也积极带动了其他产业、行业的创新式发展和结构优化，创意和创新二者相互配合、相互激励，为发展带来了无限多的可能性和巨大的发展空间。

（三）城市发展与创意经济、知识经济

在一体化的环境中，全球性、区域性竞争愈演愈烈，经济实力和创新能力成为国家和城市竞争力的关键所在，创意经济作为一种内在增长理论获得了越来越多的关注，也成为很多地区谋求可持续发展的重要路径。创意创新构成创意经济（creative economy），创意经济也称为创新经济、创意工业、创造性产业等，在全球化的消费社会背景中兴起，强调个人创造力、创新能力、技巧和才华的运用，借助知识产权的开发和运用，使文化艺术对经济的贡献得到全面开发。在激烈的竞争格局中，城市发展从当地文化中汲取动力的现象已经越来越普遍，创意经济包括广播、影视、出版、广告、艺术品交易、设计、互动休闲软件、音乐、表演艺术等产业类别，这些产业都是文化、创意、科技、产业和市场的有效组合，体现出文化产业对经济发展的促进和提振作用。2005 年在西班牙巴塞罗那召开的城市与区域规划者国际协会（the international society of city and regional planners）年会上，来自全球的多个城市代表以"为创意经济营造空间"（making spaces for the creative economy）为主题，充分肯定了城市规划与创意经济之间正向积极的关系。

创意经济的发展离不开城市的整体环境，城市作为全球经济金融的连接点、

服务贸易的主要所在地、产品和创新的市场、全球网络中生产和消费的中心，是跨国公司、高端服务业、经济金融资本、各类人才、知识和信息的集中地，为创意产业、创意经济的发展提供了优良的外部发展环境，而创意经济的发展也反过来促进了城市的建设和更新。也要注意到，创意经济发展也是城市广泛参与竞争、保持自身地位的重要途径。城市竞争是世界范围内竞争的主要形态，以城市为主体的竞争是经济全球化背景下区域竞争的一种重要表现形式，城市而非国家成为新一轮竞争的主体。许多西方学者如波特（Porter）、克鲁格曼（Paul Krugman）、霍斯珀斯（Hospers）等都认为随着国家边界的作用、地位的逐步减弱，国家已不是研究竞争力和竞争优势的最佳单元，为了解决全球化—地方化的矛盾，作为国家下层主体的城市在各个方面日益发挥着重要作用。[①] 城市成为区域竞争力的核心单元，城市竞争力的强弱直接关系着城市所在区域乃至国家实力的强弱。在参与全球竞争的过程中，现代城市扮演着重要的作用，城市作为经济全球化局势下的竞争主体广泛参与国际竞争与合作，在全球化和地方本土的双重视野下通过创新创意彰显自身的个性和特色，积极推动当地经济和社会发展。因此，文化创意及文化生产是城市文化软实力的重要构成维度，是决定城市竞争力的关键要素。

在探讨当前城市竞争力时，相关城市研究也已经指出，知识经济同样是城市发展的重要背景。强调创新的技术发展是知识经济时代的重要特征。知识经济是指建立在知识和信息的生产、分配和使用上的经济形态，随着世界经济逐渐转向知识经济为主导的模式，知识和技术对经济增长的贡献已经超过资金、劳动力和自然资源的贡献总和，经济的增长比以往任何时候都更加依靠创新与信息技术的进步，知识和技术成为最主要的经济因素。知识经济意味着对无形资产尤其是信息、知识进行储备和投资，"21世纪经济的特征包括：创新、对密集知识交流与技术转移的开放，以及极富适应力的全球技术性劳动人口。而

---

① 汤培源、顾朝林：《创意城市综述》，《城市规划学刊》2007年第3期。

知识则与劳动效率，或是天然资源相抗衡，成为经济成长与财富创造的来源"①。知识经济时代，对劳动力、资本、工业原料等发展资源的占领，已经不再能够保证城市的领先地位，城市的竞争力突出表现为吸引人才、知识、信息和投资以创造价值和占领市场的能力。全球化过程中，城市必须不断提升自身的吸引力，依靠创意途径打造和强化城市的独特个性来增加竞争优势，并维持全球性导向和地方本色之间的平衡，以知识和技术创新凸显并巩固优势地位。

二 以创意创新增强首都文化创造力

在经济全球化和信息化背景下，现代城市日益成为知识、信息、人才、市场、资本等各种要素配置和流动的中心，全球各地区之间的经济、文化和政治交流也日趋增强，如何整合各种有效市场资源、构建完善发达的城市发展体系是摆在现代城市发展面前的重要问题。北京作为中国的首都和国家的文化中心、科技创新中心和国际交往中心，在全国城市格局中保持着领先地位，专业化和中心功能的集聚程度很高，但由于市场的开放程度、金融资本的发达程度以及知识、信息、人才的流通度还有待进一步提升，北京在促进资源要素的合理配置和优化组合上仍有较大的空间，亟须在布局城市整体规划和发挥优势资源形成规模效益上做出有益的尝试。知识经济时代，创意创新代表了一种新的经济竞争优势，现代经济发展的根本动力主要来源于新知识与创造力的推动，城市发展战略的制定也必须牢牢抓住这种新的经济动向，在国内外城市竞争中占据优势。北京市把握发展形势，紧紧抓住世界经济一体化和全球知识信息流通的发展机遇培育创意产业，加快经济转型升级。以创意产业为例，早在"十一五"时期，北京文化创意产业就已成为仅次于金融业的国民经济第二大支柱产业。今后北京市的发展需要进一步积极依托文创产业和高新技术中心的现存优势，利用创意创新扩大产业规模和市场面向，加强相关行业之间的融通和交流合作，

① ［英］查尔斯·兰德利：《创意城市》，杨幼兰译，清华大学出版社2009年版，中文《序》第21页。

并利用文化、经济、金融、科技、旅游、教育、人才等方面的有利资源，寻求有效整合资源、提升城市经济和社会效益的途径。

（一）首都城市创意创新与文化软实力

依托文化大繁荣大发展的政策环境和文化软实力的国家战略，首都北京的文化发展空前活跃。伴随着文化体制改革的进程，北京文化市场不断活跃，文化事业和文化产业走上了快速发展的道路，其中突出的表现就是北京文化创意产业在阶段时间内的跨越式发展，城市文化软实力不断增强。文化创意产业与城市创意创新紧密相连，城市文化创意依托城市文化的沃土不断激发新思想新理念，科技创新则以科学技术发展的最新成果推动产业的现代化和转型升级。如果说文化创意产业构成了北京城市文化软实力的经济指标，是首都文化软实力的文化生产能力的体现，那么创新创意就是这种文化生产力的直接动力来源和推进要素。提高首都城市文化软实力，一项重要的提升措施就是不断提高城市创新创意水平，通过政策、人才、技术、资本、市场等的优化组合积累"智慧资本"，塑造适宜创意的氛围，以创意创新的大量涌现推动文化创意等相关产业的蓬勃发展。从1996年北京市提出大力发展文化产业的战略思想、把文化发展纳入产业和经济范畴起，首都文化产业在全国起到了率先垂范的引领作用，此后在政府、市场、企业三者的共同推动下，北京文化创意产业得到长足发展，强劲的文化生产力见证了城市文化软实力的不断提升。

北京文化创意产业的发展得益于政府层面的大力推动。首都文化政策制定紧跟国家政策形势，以文化事业和文化产业的划分为契机，积极推动首都文化的大发展。1988年国务院颁布文化市场管理法规，文化市场的概念得到确立，2000年文化产业正式进入中央文件，党的十六大正式划分文化事业和文化产业。随着文化市场的逐步完善，我国文化的发展沿着文化事业和文化产业两条路子得到了蓬勃的发展，党的十七大、十八大将文化软实力和纳入"五位一体"格局的文化建设摆在突出位置，文化战略在国民经济中的重要性不言而喻。北京市紧抓文化大繁荣大发展的机遇，努力建设完善的文化市场体系，开创文化创意产业发展的新局面。北京文化市场在政府的主导下，充分尊重市场规律，将有形的手和无形的手相结合，公有制经济和非公有制经济成分在逐渐走向更加开放自由的文化市场环境下和谐发展。文化创意产业以首都的科技、人才、资金、政策支持为重要条件得到了跨越性发展。目前，文化创意产业已成为北京市仅次于金融业的第二大支柱产业，文化创意产业园区、产业集聚区建设已初具规模效应。著名品牌如完美世界、水晶石、俏佳人传媒等在国内外具有较高的市场关注度和品牌影响力，充分体现了创新的城市软实力优势。

在全球创意产业迅猛发展的时代背景下，创新和创意产业无疑是经济发展、社会进步的保证，城市创意产业也成为城市实力和竞争力的重要体现，这一语境下的创意城市建设成为增强城市软实力、激发城市文化活力和创新驱动力的有效途径。有论者认为软实力和文化创意产业先后分别在发达国家美国和英国出现不是偶然现象，而正是"目标确立与实现手段的逻辑关系"[1]，也将文化创意产业视为提升文化软实力的关键力量和重要手段。按照这种思路，文化软实力很大程度上体现为文化上的经济竞争力，但它采用一种为人们所赞赏和接受的方式，如广为人们所接受的文化产品等形式出现。

需要指出的是，代表城市文化软实力的城市创意创新除了体现在文化创意产业上，也体现为创新的城市战略。在建设创新型国家的背景下，北京市早在"十一五"规划中已经明确提出，实施首都创新战略，以创新为动力建设创新型城市。建设创新型城市是北京从投资拉动型向创新驱动型转化的重要战略，通过对知识和信息的有效转化，城市经济的活力被大大释放，城市产业竞争力也得到提高，这对城市可持续发展起到了积极促进作用。以文化创意、科技创新作为经济发展的引擎，激发创新意识，提倡创意先导，聚合创新资源，发挥创新优势，创造创新成果，是城市实施创新驱动发展战略的必然路径，也是彰显城市文化软实力的重要方面。

---

① 牛继舜等编著：《世界城市文化力量》，经济日报出版社2012年版，第63页。

（二）北京市文化创意产业的发展概况

北京市以文化创意产业为代表的创意类产业，是首都经济繁荣发展的重要支撑，也是城市文化创意创新的突出表现和实践例证，自1996年在市委市政府的倡导下，北京首次提出发展文化产业的方针，在将近20年的时间内文化创意产业已牢牢占据国民经济第二大支柱产业的地位，创意创新成为引领产业发展的重要支撑。目前北京文化创意产业发展迅速，门类丰富，特色突出，以区域为重点形成不同的产业群落，在文化创意、科技创新背景和科技创新、文化创新"双轮驱动"的政策方针下，创意产业、设计产业成长为北京独具特色的产业类型，也是经济新常态下北京逆势而上的产业支撑。

1. 北京市文化创意产业的发展分期

北京文化创意产业在逐步发展壮大的过程中，表现出较强的阶段分期，大体而言，可分为萌芽阶段、发展阶段、成熟阶段和提升阶段四个大的阶段：

萌芽阶段（1996—2003年）。1996年，北京在全国率先发布了《关于加快文化发展的若干意见》的纲领性文件，首都文化产业的发展走在了全国的前列；2003年，北京成为全国文化体制改革试点地区之一，文化产业和文化市场发展得到进一步推动，首都借助文化优势促进了产业的发展和优势的形成。

发展阶段（2003—2009年）。分为初期发展阶段和快速发展阶段。初期发展阶段自2003年至2005年年底，2005年北京市确立了发展文化创意产业、打造创意之都的发展战略，成立文化创意产业领导小组，文创产业发展步入正轨；快速发展阶段为2006年至2009年，2006年年初北京市"十一五"规划《纲要》提出"制定支持文化创意产业发展的地方法规和优惠政策"，"重点发展六大文化创意行业"，同年正式发布《北京市促进文化创意产业的若干政策》，为产业发展提供了良好的政策环境。"十一五"时期北京市文创产业就已成为仅次于金融行业的第二大支柱型产业，成为首都经济的新增长点。2006年至2009年，文化创意产业增加值平均增长21.9%，高于全市GDP增长率7.5个百分点。

成熟阶段（2009—2014年）。2009年，北京文创产业在全球金融危机下逆势而上，提前实现了"十一五"规划中确定的文创产业增加值占地区生产总值比重超 12% 的目标。此后文创产业增加值比重始终在 12% 以上，到 2014 年文创行业上新台阶比重超 13%。在文化创新、科技创新"双轮驱动"下，文创行业表现出强大的产业优势和增长潜力。此期间，北京市国有文化资产监督管理办公室（文资办）于 2012 年 6 月正式挂牌，对全市文创相关企业发展起到了全面助推作用。

提升阶段（2014 年至今）。2014 年 6 月北京市编制完成国内首个省级文创产业空间布局规划《北京市文化创意产业功能区规划（2014—2020 年）》和《北京市文化创意产业提升规划（2014—2020 年）》。对北京市文创产业的功能划分、空间格局进行了全局性的优化和提升，确立了"一核、一带、两轴、多中心"的总体空间格局，将文化科技融合主线贯穿文化创意产业的发展始终，为加强全市文创产业统筹规划，推动文创产业长期稳定增长提供规划指导。2012 年 5 月 7 日，北京市加入联合国教科文组织全球创意城市联盟，2013 年编制了《北京"设计之都"建设发展纲要（2012—2020 年）》。"设计之都"建设目标的提出进一步强化了城市的创意形象，以创意创新为先导，对全市文创产业和设计产业的发展质量起到了提升作用，在经济新常态下提振首都经济发展。2015 年 7 月，北京市政府印发了《北京市关于推进文化创意和设计服务与相关产业融合发展行动计划（2015—2020 年）》，积极促进产业融合，制定了高水平、宽领域、深层次的产业发展格局路线图。2018 年，《关于推进文化创意产业创新发展的意见》出台，为文创产业的发展明确了目标方向，制定了具体任务措施，推动了首都文创向"高精尖"迈进。

2. 北京市文化创意产业特征

首都北京是全国政治中心、文化中心、科技创新中心和文化人才、艺术人才及科研人才等的集聚地，北京市文化创意相关产业采取政府导向和市场自发相结合的模式，其发展历程也体现出较强的城市文化特征。

第一，文创产业发展始终坚持文化创意和科技创新相结合。北京的科研院校和人才比较集中，有着发展文化和科技的坚实基础，作为全国性政策的先声和践行者，北京市各项政策制定和颁布走在全国前列。北京为贯彻落实《中共中央关于深化文化体制改革推动社会主义文化大发展大繁荣若干重大问题的决定》《中共北京市委关于发挥文化中心作用加快建设中国特色社会主义先进文化之都的意见》和《北京市关于深化科技体制改革加快首都创新体系建设的意见》，从2011年上半年"十二五"规划《纲要》中着重提出"创新驱动"，到2011年下半年正式提出"科技创新、文化创新双轮驱动"，以文化创新为动力，逐渐将科技创新、文化创新双轮驱动作为城市发展的战略之一，从顶层设计上将文化、科技发展及二者优势结合的战略作为长期目标。在政府主导和市场形成的基础上，北京市科技创新示范园区、文化创意产业集聚区等的建设以创新创意为目标大力推进，文化与科技二者形成的合力促进了产业的优化组合和转型升级。

第二，以文化科技融合为主线带动相关产业的融合发展、深入拓展。国家统计局和北京市颁布的文化创意产业分类统计标准中，不少门类都体现出较强的产业融合特征，如新闻、广播等传统文化行业和设计、旅游、休闲娱乐等现代文化行业与科技的融合度都相当高，新媒体、智能化、智慧建设成为时代和社会趋势。北京市于2012年年底制定《关于实施"双轮驱动"战略加快推进文化科技融合发展的意见》和《北京市推进文化和科技融合发展三年行动计划（2013—2015）》，服务于文化科技融合的大方向，确定了文化科技融合工作近三年要实现的总体目标以及详细任务，着力建构文化技术创新、文化科技成果应用、文化科技融合承载、文化科技融合市场服务、文化科技融合支持五大体系。文化和科技的融合在文化创新、科技创新"双轮驱动"战略上更加强调二者的优势融合，化整为零，形成协同效力，共同推进首都城市的发展。

北京市文资办2014年依照《北京市"十二五"文化创意产业发展规划》，结合北京实际进一步编制完成《北京市文化创意产业功能区规划（2014—2020年）》和《北京市文化创意产业提升规划（2014—2020年）》，两份规划都强调从行业发展向融合发展转变，有重点、有计划地开展产业优化升级和转型发展工作，确立并制定传统行业、优势行业、融合业态的分类发展措施，突出产业融合和协作发展。除了文化科技融合外，文化金融融合、文化旅游融合、文化商务融合、文化制造融合、文化农业融合等融合业态也得到大力提倡。

第三，创意与设计并重，城市创意的观念和意识不断深化。创新作为北京精神之一，体现了首都城市文化的重要特质。在北京城市发展的过程中，由于政策环境和高新技术的推动，创意创新始终伴随着城市经济发展方式的转变和产业转型升级，创意和设计相关产业得到蓬勃发展。不仅文化创意产业、科技创新企业在城市发展中抢占了先机，设计相关产业也逐渐发展壮大，尤其在产业政策的指导下，创意和设计向多领域、跨行业、高层次发展，创意创新渗透进各行业深层，融入产业的各个环节，促进了产业的转型升级。在文化创意产业保持较高的增长速率的情况下，作为进一步优化城市产业结构的政策导向和着力点，设计产业也得到大力提倡。2013年北京市政府发布了《北京"设计之都"建设发展纲要（2012—2020年）》，以"设计之都"新的城市发展定位为首都北京加强创意创新进一步推动、促进城市发展做了引导和铺垫。2014年国务院印发《关于推进文化创意和设计服务与相关产业融合发展的若干意见》，以此为先导，北京市政府2015年印发《北京市关于推进文化创意和设计服务与相关产业融合发展行动计划（2015—2020年）》，进一步巩固城市创意和设计的地位，提高文化创意和设计服务增加值占文化产业增加值的比重，逐步扩大创意和设计产业在国民经济中的份额和作用，以创新格局优化城市发展结构，实现绿色、健康、可持续增长。

在北京城市发展实践中，包含文化艺术、新闻出版、广播电视电影、软件网络及计算机服务、广告会展、艺术品交易、设计服务、旅游休闲娱乐服务、其他辅助性服务九大门类在内的文化创意产业全面展开，按照地区定位、资源特色和已有优势得到有效发展（见表13、14、15、16）。朝阳区定福庄国际传媒产业走廊、海淀区中关村文化科技融合示范区、西城区大栅栏艺术品交易、丰台区戏曲文化功能区以及北京城市周边的怀柔影视基地、平谷中国乐谷音乐城、通州万达文化广场等文化产业集聚区得到建立，促进了地区产业结构优化和经济转型调整。北京设计领域的发展主要体现在设计产业基地、孵化器、产业联盟和设计品牌活动的建设和开展，西城区是北京设计之都的核心区，由于依托西城区德胜科技园发展起来的北京 DRC 工业设计创意产业基地，致力于构建专业设计机构孵化器和共性技术平台。在此基础上，2013 年北京市科学技术委员会、北京市西城区人民政府共同成立北京设计产业联盟，2014 年签署《关于共同建设 CDM 中国设计交易市场的合作协议》并于 9 月共同出资成立北京设计之都发展有限公司，通过引介和推广，国内外不少知名设计企业和机构签约入驻设计之都核心区新地标——北京设计之都大厦。工业设计、建筑设计、文化创意、服装设计等领域的设计企业和机构将进一步聚集于此，推动该区高端、高效、规模成长，以其领先的理念、技术和地位辐射形成设计产业核心区，支持北京设计之都建设并形成全国领先、具有世界影响力的设计创新中心。北京国际设计周创办于 2009 年，自 2011 以来每年举办一次，已举办 8 次。设计周活动包括与公众互动的"展示周"、与专业互动的"交流周"、与产业互动的"交易周"等几个部分，设计服务、设计贸易、设计大奖、智慧城市、主宾城市、设计之旅等板块，逐步完善并培育形成设计市场服务创新模式，扩大了北京设计之都的影响力和专业号召力。

表 13　2010—2017 年北京文化创意产业基本情况表

年份	2010	2011	2012	2013	2014	2015	2016	2017
文创产业收入总计（亿元）	7442.3	9012.2	10313.6	10022.0	11029.0	13451.3	13964.3	13600
文创产业增加值（亿元）	1697.7	1938.6	2205.2	2406.7	2794.3	3072.3	3570.5（3581.1）	3908.8
占全市 GDP 的比重（%）	12.6	12.2	12.3	12.3	13.2	13.8	14.3（14）	14

注：北京市文化创意产业数据来源于北京市统计局（括号内为北京文资办发布的《北京文化创业产业发展白皮书（2017）》给出的 2016 年文创产业相关数据）。2018 年 5 月，国家统计局和中宣部联合发出了《关于加强和规范文化产业统计工作的通知》，明确指出："各地区要坚持以文化属性定位定向，继续统一使用文化产业概念，不宜简单以新概念代替文化产业概念，自行扩大统口径。"据国家统计局《文化及相关产业分类（2018）》的要求，2018 年发布内容由原"规模以上文化创意产业情况"调整为"规模以上文化产业情况"，北京不再发布文化创意产业统计数据。

表 14　北京市文化创意产业分类统计标准

1.文化艺术	文艺创作、表演及演出场所；文化保护和文化设施服务；群众文化服务；文化研究与文化社团服务；文化艺术代理服务
2.新闻出版	新闻服务；书、报、刊出版发行；音像及电子出版物出版发行；图书及音像制品出租
3.广播、电视、电影	广播、电视服务；广播、电视传输；电影服务
4.软件、网络及计算机服务	软件服务；网络服务；计算机服务
5.广告会展	广告服务；会展服务
6.艺术品交易	艺术品拍卖服务；工艺品销售
7.设计服务	建筑设计；城市规划；其他设计
8.旅游休闲娱乐服务	旅游服务；休闲娱乐服务
9.其他辅助服务	文化用品、设备及相关文化产品的生产；文化用品、设备及相关文化产品的销售；文化商务服务

表 15　2010—2017 年北京设计行业基本情况表

年份（年）	2010	2011	2012	2013	2014	2015	2016	2017
资产总计（亿元）	1084.8	920.0	1163.7	1436.4（948.1）	1053.6	1116.9	1562.2	1583.5
收入总计（亿元）	343.9	369.9	443.0	491.6（536.3）	576.1	563.6	757.6	752.5
从业人员平均人数（万人）	10.9	10.1	11.9	13.8（15.6）	16.7	16.6	14.6	16.2

　　注：数据来源于北京市统计年鉴2011年至2018年文化创意产业活动单位基本情况中的设计服务类。北京设计服务业近几年保持良好的增长态势，收入总计逐年提高，从业人员平均人数和资产总额呈上升趋势。括号内2013年数据为第三次全国经济普查数据。

表 16　设计产业统计分类

分类	子类	包含项目	说明
产品设计	工业设计	交通运输设备设计、电子及通信设备设计、工业装备设计、医疗器械设计、仪器仪表设计、家用电器设计、建材设计、家具设计、玩具设计、文化用品设计、体育器材设计、其他工业设计	工业设计是对工业产品的功能、结构、形态及包装等进行整合优化的创新活动，其核心是指对批量化工业产品的设计
	集成电路设计	集成电路设计	集成电路设计是根据电路功能和性能的要求，在正确选择系统配置、电路形式、器件结构、工艺方案和设计规则的情况下，尽量减小芯片面积，降低设计成本，缩短设计周期，设计出满足要求的集成电路的活动
	服装设计	休闲服装设计、童装设计、制服设计、运动服装设计、内衣设计、其他服装设计	服装设计是运用各种服装知识、剪裁及缝纫技巧等，考虑艺术及经济等因素，按照穿者需求对服装款式进行设计的行为
	时尚设计	高级成衣设计、时装设计、高级定制服装设计、服饰设计、时尚箱包设计、装饰及流行物品设计、时尚鞋靴设计、珠宝首饰及有关物品设计、其他时尚设计	时尚设计是对包括衣着打扮、饮食、行为、居住、消费、情感表达与思考方式等，为社会大众所崇尚和仿效的生活样式等的设计活动
	工艺美术设计	雕塑工艺品设计、金属工艺品设计、漆器工艺品设计、花画工艺品设计、天然植物纤维编织工艺品设计、抽纱刺绣工艺品设计、地毯挂毯设计、其他工艺美术品设计	工艺美术设计是对于以美术技巧制成的各种与实用相结合并有欣赏价值的工艺品的设计活动
建筑与环境设计	建筑设计	房屋建筑设计、建筑装修装饰设计、景观设计	建筑设计是解决包括建筑物内部各种使用功能和使用空间的合理安排，建筑物与周围环境、与各种外部条件的协调配合，内部和外表的艺术效果等问题

（续表）

分类	子类	包含项目	说明
建筑与环境设计	工程设计	通信工程设计、电子工程设计、电力工程设计、铁道工程设计、公路工程设计、民航工程设计、市政工程设计、专项工程设计、其他工程设计	工程设计是指对工程项目的建设提供有技术依据的设计文件和图纸的整个活动过程。本标准工程设计是指除房屋建筑工程以外的其他工程设计
	规划设计	农业规划设计、林业规划设计、城乡规划设计、城市园林绿化规划设计、风景名胜区规划设计、自然保护区规划设计、其他规划设计	规划设计是对于城市各功能系统、城市形态与景观环境、人居环境可持续发展等方面内容进行具体规划及总体设计，使其功能、风格符合其定位
视觉传达设计	平面设计	美术图案设计、包装装潢设计、印刷制版设计、书籍装帧设计、广告设计、多媒体设计、网页设计、界面设计、交互设计、其他平面设计	平面设计是以"视觉"作为沟通和表现的方式，通过多种方式创作，并结合符号、图片和文字传达想法或讯息的视觉表现
	动漫设计	动画设计、漫画设计、数字游戏设计、软件开发	动漫设计是主要通过漫画、动画结合故事情节的形式，以平面二维、三维动画、动画特效等相关表现手法，形成特有视觉艺术的创作模式
	展示设计	展台设计、模型设计、舞台设计、其他展示设计	展示设计是指将特定的物品按照特定的主题和目的，在一定空间内，运用陈列、空间规划、平面布置和灯光布置等技术手段传达信息的设计形式
其他设计	其他设计	其他未列明的设计	其他设计指随着社会经济发展产生的其他各类前沿设计活动

　　注：表格依据北京市统计局《设计产业统计分类（试行）》制定。新出台的分类覆盖面广，为首都设计产业的发展、测评提供了参考和范围依据，对于提升设计产业、推动设计之都建设奠定了基础。

（三）北京创意产业提升面临的总体环境和趋势

　　创新是产业发展的必然要求，发挥首都高端引领、创新驱动、绿色发展的示范作用，应紧紧围绕着城市创新展开，创新是实现行业高端发展、优化升级的重要手段，也是推动城市经济结构进一步优化、经济运行效率进一步提升的必然路径和选择。北京市创意产业的发展要继续激活并开掘创意创新的生产活力，以创意创新作为城市可持续发展、产业保持高速增长的内在动力，创意创新带来的新技术、新产品、新服务是实现经济效益的重要来源。

1. 全球环境和国内政策

经济全球一体化的挑战。全球化背景下，新经济、知识经济、比特经济、信息经济等概念不断涌现，信息技术的变革与经济的发展息息相关，深刻地影响并改变着全球经济格局，也给身处全球化中的每个国家都带来了机遇和挑战。全球化的一大体现是知识、人才、资本等的全球自由流通和配置，北京作为国家首都和重要的国际城市，在吸引优质资源、引进先进技术等方面有着独特的优势。从全球化角度探讨北京城市创意创新，需要放置于科技、信息技术不断革新的背景中，积极应对产业升级转型的需求，这不仅要激发城市自身的创意意识、培育创新精神，还要形成优势集聚、向心吸引的局面，引进先进技术、管理知识并吸引各类人才、投资机会加速创意创新。

应对工业制造业升级的挑战。加快建立国家制造业创新体系，加速信息化与工业化的深度融合，是应对工业制造业升级、增强制造业核心竞争力并提升我国实体经济整体实力的重要举措。2015 年国务院发布《中国制造 2025》是中国版的工业 4.0 规划，在新一代信息技术与制造业深度融合和产业变革的背景下，中国亟须完成从制造大国向制造强国、由中国产品向中国质量的转变，而创意和创新正是其中必不可少的一环，拥有独立知识产权的工业产品是巩固我国工业地位和形成良好国内外品牌的基础。

把握大众创业、万众创新的机遇。2015 年政府工作报告指出，推动中国经济发展提质增效的重要举措就是打造大众创业、万众创新的局面，激发大众的创意意识和创新活力，充分发挥创业者（创客）的创造潜能，提高市场竞争的高度和层次。从国外经验来看，敢于创新、敢于突破、敢于担当的创业者精神是新经济的主要动力，新经济是依托技术创新的高新技术产业支撑经济，美国、新加坡、中国香港和中国台湾地区、印度班加罗尔等都是发挥创业者精神、以高新技术带动经济发展的重要案例。以美国为例，创新与创业可以说是美国新经济的重要发端和推动力，敢于创新不怕失败的创业者精神和创新创业活动在硅谷和其他州展开，是美国经济在20世纪90年代取得成功的原因。以"创新的摇篮"硅谷为代表的高新技术行业迅速崛起，大量创业公司如雨后春笋般茁壮成长，强有力地带动了区域经济的发展，加利福尼亚州、德克萨斯州、华盛顿州等都因蓬勃的高新技术行业而大放光彩。创业创新的良好势头成为国家和城市寻找新的经济增长点、最大限度激活经济活力和能量的重要举措。

2. 北京创意行业发展情况

创意产业发展离不开文化和科技的支持。北京拥有公共博物馆、图书馆、美术馆、影剧院等众多文化资源，拥有全国近三分之一的国家级重点实验室、工程技术研究中心和企业技术研发中心，网络资源集中，网站数量和互联网网民比例全国第一，在文化和科技基础上面实力雄厚。作为全国文化中心、科技创新中心，北京具有知识密集、人才密集、技术密集、高新及创意产业密集等得天独厚的资源优势，而文化创意产业本身的技术密集、产品附加值高、环境污染少、能耗低的特点对人才、知识和技术的要求很高，因而，北京市文化创意产业具有很好的发展基础和发展优势。

北京在全国各省市文化产业、文化、创意、科技、人才等相关竞争力排行榜中名列前茅。[①] 作为首都经济新的增长点和支柱产业，北京文化创意产业领跑全国，展现出良好的发展势头和较大的发展潜力。依托文化创意产业的现有基础和文化、人才、科技、环境等方面的独特优势，北京市文化创意产业的重点需要从增量转向提质，进一步激发城市创意和创新动力，以科技创新与文化创新"双轮驱动"的发展格局提振行业发展，发挥自主创新对经济

---

① 参见中国人民大学《中国省市文化产业指数》、中国社科院《中国城市竞争力报告》、深圳大学文化产业研究院发布的《中国城市创意指数》、中国城市竞争力研究会《中国城市分类优势排行榜》等。

和产业结构调整的带动作用，着力培育优势行业、知名企业和产业品牌，加快构建创意先行、科技领先、结构合理、门类齐全、竞争力强的现代创意产业体系。

北京市创意产业发展突出体现在文化创意产业和设计产业上，一方面，文化创意产业需要在既有基础上巩固优势提升发展；另一方面，以北京"设计之都"建设为目标，城市设计产业需要大力提升。首先，文化创意产业优势需进一步巩固。"十二五"时期，北京市在文化创意产业增加值 GDP 比重不断攀升、创意产业集聚区规模效应凸显的背景下，进一步研究颁布了《北京市文化创意产业功能区规划（2014—2020 年）》和《北京市文化创意产业提升规划（2014—2020 年）》，从整体格局、发展主线、重点领域、发展趋势等方面在更高层次上规划了北京文化创意产业功能区发展和全面提升规划，基于顶层设计全面统筹、详细规划了文化创意产业的融合趋势和未来发展。"十三五"时期，文创产业进一步增强，2018 年，《关于推进文化创意产业创新发展的意见》出台，为文创产业的发展明确了目标方向，制定了任务措施，助力首都文创向"高精尖"迈进。其次，北京"设计之都"建设的需要。推动北京"设计之都"建设，设计产业的发展至关重要，在《北京"设计之都"建设发展纲要（2012—2020 年）》和《北京市关于推进文化创意和设计服务与相关产业融合发展行动计划（2015—2020 年）》的政策引导下，设计产业发展成效显著。目前北京拥有 DRC 工业设计创意产业基地、751 时尚设计广场、中国设计交易市场、798 艺术区、国家新媒体产业基地等相关特色产业园区，设计产业发展规模初显；以 3D 技术、渲染、快速成型等共性技术平台为设计创新奠定了技术基础，可以预见，在未来北京城市发展中，设计产业将成为经济发展的新动力和引擎。

在首都经济发展中，文化创意产业的优势进一步巩固，特色更加凸显，以科技创新、文化创新"双轮驱动"建设有世界影响力的科技文化创新之城、推动首都文化大繁荣大发展，在城市国民经济所有行业内都掀起了一股创意创新的热潮，创意产业、设计产业等一马当先，其他领域也借助技术创新成果进行产业转型升级。创意创新对于进一步解放和发展文化生产力、科技生产力，促进首都城市协调可持续发展，引领文化强国建设起到了关键作用。

基于丰富的文化资源，国家级文化科技融合示范基地和市科研资源、高新技术产业优势，北京市文化产业发展始终要立足于文化和科技这两大基本要素和推动因素，以"创意""创造""创新""知识创价"等为核心概念，突出强调创意的"智慧资本"在文化产业当前和未来发展中的中心地位和驱动引领作用，从文化滋养创意、科技培育创新的角度积极推动现代产业升级。一是突出文化在产业中的主导作用，以城市文化营造创意氛围、培育和吸引创意人群、激活创意产业，以创造性和创意提高文化创意产品和服务的附加值，凭借优势的现代文化产业、知名文化品牌使北京成为全国文化中心和重要的国际文化城市。创意之所以与文化结合紧密，在于创意更多的是一种思维方式和解决问题的能力，既有扩散性、分析性思考，也有聚敛性、批判性思考，创意依据所面临情况的差异而采取不同的策略。创新则通常借助创意思考来实现，创意是创新的前提条件，创新是将创意理念具体化、现实化的成果，创新作为一种手段往往与技术联系紧密，尤其科学技术成为创新的主要对象，并通过技术升级广泛影响到各个行业。二是加强科技创新能力，通过发展高新技术尤其新一代信息技术积极迎接时代的挑战，促成包括高新技术产业在内的所有产业转型升级，既要加强科学技术关键环节、共性技术和平台的研发，也要充分运用"互联网+"等科技创新成果打造现代产业体系，增强竞争力。

总体而言，首都文化创意产业的发展在复杂的国内外形势下，成为北京经济增长的重要推动力和经济结构转型优化的产业支撑，也是北京创意城市建设的重要方面和实施内容；在文化创意产业的不同门类发展中，围绕北京"设计之都"建设的设计产业，在政府倡导和良好的政策环境、市场氛围中得到凸显，成为城市经济新的增长点。今后，要继续在科技创新、文化创新"双轮驱动"的政策导引下，努力发挥城市文化的创意支持、科技的创新支撑作用，以文化创意产业提升和设计产业优势巩固为着力点，提高首都北京创意城市建设的高度和水平，以创意点亮城市，积极提高城市文化软实力。

三 以北京创意城市建设提升首都文化软实力

（一）创意城市建设的理论和实践

创意创新与文化和经济发展的关联促进了创意城市的出现，城市作为创意承担主体和创意发生的场所成为全球创意的聚源地，积极推动了创意经济的发展。创意城市并不是一个晚近的概念，将城市与创意联系起来，较早的提法出现在彼特·霍尔 1998 年出版的《文明中的城市》（ *Cities in Civilization* ）一书中。霍尔将城市视作创意的源发地和人类文明的结晶，人类的创造性成就与城市有很大的相关性。他分析总结了西方 2500 年文明史中的 16 个城市和地区（包括公元前 5 世纪的雅典、14 世纪的佛罗伦萨、莎士比亚时期的伦敦等）的源起、文化和发展状况，指出城市的活力、创新能力和文化创造力是推动城市进步的根本条件；而创意的产生往往不是出现在高度保守稳定的社会环境或是所有秩序消失殆尽的地方，旧秩序正遭受挑战的转型期，社会恰恰容易激发和拥有高度创意。

当下语境中，创意城市是一种推动城市复兴和再生的城市发展途径和道路选择，创意城市积极利用知识经济的成果恢复城市活力、保持城市动能。在全球城市的激烈竞争格局中，文化创意、科技创新成为城市经济快速增长和可持续发展的关键驱动力，城市实力不再取决于煤炭、木材等自然资源，而取决于人的脑力和创意点子，数据化的信息、知识和创造性构想等成为城市财富积累的主要来源，也成为城市重获发展动力和生机、改变城市形象、实现可持续转型的重要城市策略。

创意城市不仅是一种思考和解决城市问题的基本方案，也是借助创意手段和创新方式促进城市经济社会发展的关键举措，创意城市对城市经济社会做出贡献的主要途径是创意产业。创意产业构成了创意城市的经济基础，创意产业的发达与否决定了创意城市所处的阶段和水平。同时，创意、创意产业、创意城市又构成了一种内在循环，创意、创新推动城市创意产业发展和创意城市构建，创意产业发展推动创意城市建设，创意城市又反过来提供了孕育创意创新的城市环境和氛围，加速创意产业的发展。可以看到，一旦创意、创新的生产和运作机制得到启动和激活，它所牵涉到的相关产业、各级主体、各个环节都被紧紧纳入其中，共同推动着局部和整体的创意创新。北京市在创意产业快速发展的前提下，创意活力需要进一步激发，创新动力亟待进一步发挥，创意城市建设则需要进一步加强，准确把握创意城市建设这一未来城市的发展趋势，不断推动城市创意水平、创新能力的提高，最终提高城市的内外竞争力和城市文化软实力。

创意产业既是创意城市的重要基础和前提条件，也是创意城市的显要标志和突出特征。第一，创意城市无不具有发达创意产业和先进的科技创新水平，进而带动广泛的城市革新和经济社会领域的多元创新。城市创意产业的发展会渗透进城市生活的各个领域，强调文化融入的创意产业会积极带动文化创意产品的生产和消费，如寻常的台灯、手机壳、抱枕、雨伞、笔记本、书架等因为造型的特色或是独特文化元素的加入，刺激了人们的消费欲望，从而带动销量的大幅上涨，这既增加了日常消费品的文化附加值，也用创意潜移默化地改变着人们的消费习惯和生活方式，进而带动了许多相关行业的产业发展和转型。科技创新也是如此，"互联网+"将几乎所有传统行业都带入移动互联时代，如互联网金融、互联网医疗、互联网教育等无不在各自领域掀起轩然大波，深刻地影响和改变着行业的发展格局和未来趋势，也积极塑造着城市的创新形象和面貌。第二，创意产业成为创意城市的发展特色和独特亮点。世界上著名的创意城市如伦敦、东京、班加罗尔、赫尔辛基、格拉斯哥等无不有着坚实的创意产业基础，如伦敦发达的电影产业、设计产业、时尚产业，东京的动漫游戏产业，班加罗尔的高科技产业，赫尔辛基的游戏产业、移动产业，格拉斯哥的音乐产业等都成为城市的重要标识和突出特色。当人们想起这些著名国际城市时，自然也会唤起关于这些城市的文化想象，而这种文化想象主要取决于在这些城市中普遍的社会生活和文化经验，这与城市创意产业的生产和消费息息相关。

（二）文化创新、科技创新双轮驱动北京创意城市建设

创新战略和创意城市实践在全球范围内的广泛展开体现了创意创新的时代潮流，后工业时代，国家和区域越来越重视培育创新文化，将文化创新、科技创新作为国家和区域创新战略的重要组成部分提上日程。联合国贸易和发展会议（UNCTAD）和其他机构等联合发布的《创意经济报告》指出，创意城市成为衡量国家实力和发展潜力的指标，"城市有一种关键资源——它的人民，人的智慧、欲望、动力、想象力和创造力取代了地理位置、自然资源和市场通路成为城市的资源。那些生活并活动在整个城市的人们将决定城市是否拥有成功的未来"[①]。创意城市的建设成为关系城市成败的关键举措，创意城市充分激发城市机体的创意活力，在其中城市文化、经济、资本、技术、信息、教育、艺术乃至人们的情感、体验等都得到充分开发和利用，创意城市以为人们提供更好的工作和生活环境为前提促进城市的进步，能帮助形成人与城市之间互相激励、和谐的动态关系。创意北京不仅仅是城市发展道路的选择，而且还是渗入城市血脉里的精神内涵和文化素养，是每个人生活于其间的创意空间，城市变为创意创新的培养基，推动着北京城市发展不断转型升级。

北京创意城市建设要继续发挥文化和科技的创新驱动力。创新驱动取代了要素驱动和投资驱动成为当今城市发展的主要模式，国际文化城市纽约、东京、伦敦等无不是在转向创新驱动的道路上高速前进，高新技术产业和文化创意产业等产业的迅猛发展，推动了城市成功转型为创意之都、创新城市。创新是一个民族的灵魂，是一个国家兴旺发达的不竭动力，北京顺应了国家政策聚焦的利好形势，以"创新驱动"为总体策略，坚持自主创新和文化发展，从2011年开始提出科技创新、文化创新"双轮驱动"，以文化创新为动力推动文化科技融合，加快双轮驱动经济发展。北京在创意城市建设中，需要继续发挥城市创新驱动力，从文化和科技两方面着力推进。一是积极发挥文化的创新引导，提高文化自觉、增强文化自信，推动首都文化大发展大繁荣。在全社会提升文

---

① 《创意经济报告2008》，转引自花建：《文化软实力——全球化背景下的强国之道》，上海人民出版社2013年版，第192页。

化软实力、促进文化大繁荣大发展的背景下，文化创新还有很大的空间，在推动社会实践和城市文化繁荣方面能起到积极的作用。二是加强科技的创新驱动，利用新技术和数字化手段促成各行业升级转型，积极调整首都经济结构。进入21世纪以来，高新科技成果不断涌现，移动媒体、软件开发、新型材料、互联网、物联网、云计算、人工智能等一系列科技创新，给经济发展和社会进步带来了巨大的动力和广阔的开拓空间，也给城市带来了新的思维方式、生产方式和生活方式，成为城市进步的重要保证。

第一，文化创新。文化创新是在城市文化交流传播过程中的继承性发展，文化创新是文化发展的实质，可以说，创新是文化自身发展内在动力的表现，北京的城市文化创新就是从古都北京到现代北京的城市文化发展历程，是北京在现代化过程中不断继承传统、更新观念、谋求发展进步的重要体现。首都北京在制定城市发展的相关政策和战略措施时，提倡"科技创新、文化创新双轮驱动"，体现了文化和科技一样具备激发创新、鼓励创新的作用。北京作为全国文化中心城市和社会主义先进文化之都，理应在文化创新方面起到突出示范的典型作用，将文化理念创新、形式创新、内容创新有机结合。一方面，以城市文化发展进程为动力推动城市适应新形势、新情况、新问题，从当下实践中寻找文化创新的丰富资源和条件，以社会实践为动力和基础推动文化创新；另一方面，从传统文化资源中汲取文化创新的丰富养料，以古为新，给现代文化生产提供灵感和源泉。就文化创新与科技创新的关系而言，文化创新的一个重要作用是为科技创新提供精神引领和智慧支撑，以文化创新树立首都城市的文化自觉、文化自信。具体实践中，要改变长期以来中国"世界工厂"的地位和角色，北京作为国家首都和文化中心城市需发挥首善作用，以城市文化和创意因素渗入向价值链高端攀升，这也是实现产业价值提升的重要途径，包括加强原创环节和研发力度，着力打造文化品牌等。

第二，科技创新。北京坚持科技创新是适应首都城市功能定位、缓解人口资源环境压力、疏解非首都功能的必然选择。北京是国家政治中心、文化中心、科技创新中心和国际交往中心，科技创新既是对首都城市地位的保证，也是转变经济发展模式、实现经济提质增速的有效途径。北京作为国家的科技创新中心，拥有全国七成以上的中央研究机构、三分之一的国家重点实验室和工程研究中心、一半以上的院士；仅在中关村区域内，普通高校有40多所，其中"211"高校19所、"985"高校9所，在强大的科技、人才优势支持下，中关村自主创新示范区的世界性影响力正在逐步形成之中。北京以科技创新驱动经济转型升级，需继续发挥中关村国家自主创新示范区的引领示范作用，构建高精尖经济结构，形成高端化、服务化、集聚化、融合化、低碳化方向发展模式。继续实施创新驱动的发展路径，以内涵集约式发展促经济增长，尤其要特别重视建设技术创新市场导向，营造激励创新的公平竞争环境，构建更加高效的科研体系，完善成果转化激励政策，以创新创意人才培养和引进推动开放创新局面进一步形成。

此外，文化创新和科技创新要形成合力，两个轮子协调运转为首都经济发展提供动力：一方面以科技创新支撑文化创新，将高新技术、数字化融入文化领域，促进传统文化产业转型升级并催生文化产业新业态，具体表现为文化产业产品形式创新、内容创新、传播方式创新等，增强文化产业的吸引力、表现力和感染力；另一方面以文化创新引领科技创新，文化理念是科技创新能取得多大进步的重要影响因素，文化从观念、方法、价值、行为等方面对科技带来巨大影响，以人的需求满足为目的，不断为科技创新提出新的研究课题和解决思路，文化创新直接影响着科技创新的进程和成果。加强文化创新与科技创新的互动和融合，以协同创新主导各产业发展，是后奥运时代继续推进人文北京、绿色北京、科技北京发展部署，也是首都创新驱动战略的内在要求和提升首都文化软实力与综合竞争力的必然途径。

当前以文化创意、科技创新驱动北京创意城市建设，需要不断激发城市创意活力。城市创意集中体现为一种城市的文化资源（科技也是一种广义上的文化资源）和文化资本，城市创意文化是城市文化不断传承、衍化的表现形式和城市文化精神的重要特征和物质符号。创意城市的基础正是"视文化为价值观、洞见、生活方式，以及某种创造性表达形态，并认为文化是创意得以产生、成长的沃土，因此提供了发展动能。对于推动流程来说，文化资源是原料与资产；而文化规划则是以文化资源为基础，确认方案、拟定计划，并巧妙运用执行策略的流程"①。创意城市是以城市文化为思想基础并对城市文化加以开发和利用，由此，创意北京也需从开发城市文化入手，加大对创意文化的培育和建设力度，从创意氛围、创客空间、创意阶层等方面部署创意城市的发展格局。

1. 创意氛围

创意氛围的培养是激发城市创意创新活力的基础。城市创意的培育和滋长需以良好的人文环境为依托，这种人文环境就是创意氛围，"所谓创意氛围，就是一种鼓励人们去参与、沟通并分享的城市环境；而身处这些创意环境中心的，往往是变身为新企业孵化器的研发中心"②。由此可见，创意氛围既包括城市整体环境，也包括创意生产实践，城市创意氛围（creative milieu）"是一种空间概念，可能指的是建筑群、城市的某处，甚至整座城市或区域。它涵盖了必要的先决条件，足以激发源源不绝的创意点子与发明的一切'软''硬'件设施"③。创意城市以城市中的创意文化（无形）和创意产业（有形）为支撑，前者是创意城市的思想基础和文化库，后者是实现城市文化和经济双重繁荣的物质载体。借助创意氛围的培育，城市创意的滋长又能进一步促进城市文化品格的提升和总体文化事业的发展，推动多元活跃的文化生活，形成创意氛围和城市创意整合互动的有益局面。

城市创意氛围得益于城市文化的滋养，文化是城市历久弥新的精神资源，也为创意的诞生提供了平台，城市文化决定了人们看待历史资源的方式，同时启发人们的创意思路。创意广泛渗透进城市规划、城市营销、城市治理等各个方面，创意理论可视作文化因素在各领域起到积极融合提升作用，规划者通过全盘考虑、综合运用文化资源推动现代城市的创新发展。

以文创产业园区为例，创意氛围的形成需要以本地独特的文化积淀和历史

① ［英］查尔斯·兰德利：《创意城市》，杨幼兰译，清华大学出版社2009年版，第246页。
② ［英］查尔斯·兰德利：《创意城市》，杨幼兰译，清华大学出版社2009年版，中文版《序》第10页。
③ ［英］查尔斯·兰德利：《创意城市》，杨幼兰译，清华大学出版社2009年版，第200页。

背景（思想库）为基础，结合市场情况和区位特色，运用创意思维加以创造性开发和利用，为创意人才提供一个轻松舒适的工作和发展环境。如北京 798 艺术区就是对原有旧厂房的改造利用，形成独具特色的文创产业基地；上海莫干山 50 号也是如此，它的前身是建于 1932 年的老纺织厂，改造后入驻了 60 多家画廊和艺术工作室，成为最具特色的都市文化园区；另外还有上海昌平路 990 号和 1000 号，原是上海窗钩厂和航空设备厂，现在已经成为颇负盛名的上海广告动漫影视基地。可以看到，较好的人文环境已超越了交通运输、地理位置等基本硬件条件成为形成创意集群的重要因素，由于创意产业对人文氛围的要求较高，只有高质量的创意氛围才有助于形成高水平的创意产业集群，推动园区的迅速发展和创意社群的形成；创意园区一旦形成后，又会吸引更多的资本和创意人才，使城市的创意氛围更加浓厚。创意城市建设需将文化产业与国际文化城市发展相结合，同时将城市创意生态与城市文化生活有机融合，以文化艺术的市场繁荣推动城市美学品位的提升，进一步增加城市创意氛围的吸引力。

2. 创客空间

创客空间是一个分享兴趣、鼓励跨学科背景（多为技术、数字、金融、艺术等方面）的人们合作动手，实现创意交流、技术创新、知识分享的服务机构和平台空间，创客空间是大众创造和社会创新的现代场所。创客空间的主体是创客（Maker），也就是不以盈利为目的、将创意转化成现实的人群。创客的兴起源于信息技术和知识社会的发展需要，基于硬件设备＋互联网＋大数据的创新应用成为创业创新的风潮，也带动了创客经济的勃发。创意产业和知识经济需要具备能展现参与空间活动、开放与自由交流的社会环境，同时还要以独特的人文、生活环境和硬件设施、数字网络技术、优质平台服务等条件保障吸引创客。2015 年以来，政府通过一系列的政策着力推动创业空间的发展，同年 3 月，国务院出台《关于发展众创空间推进大众创新创业的指导意见》；6 月，《国务院关于大力推进大众创业万众创新若干政策措施的意见》也公布实施。新形势下，创新创业成为我国经济稳增长、调结构的重要措施，是应对制造业强国和新兴经济体竞争的压力、培育经济增长新引擎的关键举措，创客和创客空间正是在这种条件下应运而生。创客空间与创意氛围的不同之处在于创意氛围强调外在人文环境和文化氛围，而创客空间则专注于创意产品的构想、融资、实验、生产等具体环节，创意产业集聚区、产业园区、创意街区、创业大街等都是直接生产和提供创意产品及服务的空间载体。

创客空间是创新创业的优良载体，由于其平台和服务性质，创客空间中人才、资本、技术、信息等各种资源都能便捷获得。根据创客、创意团队对办公、商务环境的不同要求，需要针对不同阶段的创业者量身打造各种创业服务和政策咨询，如对初期创业者提供廉价或免费的办公空间，对成长期创业者配套提供集工作、生活、娱乐等于一体的创业社区（创意工作室），对发展成熟的创业团队提供企业园区、写字楼等完善的办公场所。北京市集中的技术和人才等优势为创客空间的形成提供了条件，目前，中关村科技园、生命科学园等产业园区聚集了众多创新创业企业，构成了北京创业的生态圈，今后需进一步构建低成本、便利化、全要素的创客空间，充分释放民智民力刺激经济增长。在创客空间的服务能力方面，可以进行团队选拔与针对性辅导帮助创客成长，通过开展创业路演、创业比赛选拔优秀创业个人和团队，由企业家、投资人进行针对性的深入辅导。同时，加大金融资本支持创客力度，尝试多渠道融资，鼓励天使投资、风险投资、私募股权投资的进入，支持"零信贷"科技金融产品扶持创意创新项目，对于成长期的企业实施"瞪羚计划"并完善其上市融资渠道。

3. 创意阶层

著有《创意阶层的崛起》一书的美国经济学教授理查德·佛罗里达，将21世纪视为创意阶层（creative class）的世纪，而创意正是创意阶层最明显的标识和身份特征，创意而非传统的劳动力、土地、资本等生产要素成为财富来源和经济增长的关键。在城市发展中，一个城市的经济繁荣主要系于创意阶层——创意的主体，创意阶层的创造性思维、创新性能力、创生性知识能够赋予产品高附加值并改善城市的面貌，因此，只有能够吸引创意工作者工作和生活的城市才是竞争中的胜利者。

　　理查德·佛罗里达认为创意城市形成的 3T 要素分别为技术（technology）、人才（talent）和包容（tolerance），可见人才是创意城市的基本特征，创意阶层是一个城市的文化储备，也是城市创意的生命细胞。人才既包括各行各业的技术人才、创意人才、科研人员等，也包括以创新为主要内容的经营人才、管理人才（创业者）。人力资源和知识资源是创意城市建设的重要资本，北京市作为全国文化中心、科技创新中心汇集了各领域的大量人才，不仅技术人员、科研人员是创意的重要力量，他们扎实的理论基础、知识背景与市场需求相结合，能有效推动科研创新，创造可观的经济财富；而且包括创业者等在内的经营人才、管理人才也为城市创意做出了巨大贡献。熊彼特把生产要素和生产条件的"新组合"的实现称为企业，而实现这种新组合的人就是企业家，对应于现在所说的创业者，首创、创造是企业家精神的重要特征。企业家是一种特殊的类型，他们绝不是普通商人和投机者，他们身上有着梦想的私人王国、征服的意志、创造的欢乐。① 正是这种对成功的渴求、证明自己比别人优越的冲动、展示个人能力和智谋的欢乐，使得创业者往往能脱颖而出，他们是经济发展中创造性动能的智力基础，是城市经济发展程度的重要指标，也成为推动社会进步的强大力量。

　　需要注意到，创意阶层和他们所处的环境是一种相互选择的关系，不仅决策层面、市场机制在吸引创意人才，创意人才也在选择适于他们生存和发展的宽容环境。创意阶层是流动的、开放的、具有多元视角和活跃思维的，只有创造创意工作者青睐的工作和生活环境的城市，才能充分激发人才的想象力并带来创意、创新和发明，这就需要城市自由活跃的文化艺术氛围，其中的重要指标就是文化艺术工作者的数量和活跃程度。北京市政府层面人才政策通过鼓励和优惠措施着力引进创意人才（"海聚工程""千人计划"等），主要着眼于社会经济效益及影响，对提高城市艺术水平和市民人文素养关注不足，下一步需要从优化文化艺术工作者的生存环境和社会地位着手，提高相关的人才资助

---

① ［美］熊彼特：《经济发展理论》，何畏等译，商务印书馆1990年版，第103—104页。

和补贴标准，进一步扩大创意人才的比例和来源。

（三）以"设计之都"目标提升创意北京发展

北京于 2012 年获得联合国教科文组织全球创意城市联盟授予的全球"设计之都"称号，为城市创意设计发展创造了良好的条件，也为北京创意城市建设明确了发展目标。"设计之都"建设目标的提出进一步强化了首都创意角色和形象，突出创意创新的先导作用。以"设计之都"为创意城市建设的重要内容，2013 年北京市政府编制《北京"设计之都"建设发展纲要（2012—2020 年）》，对城市设计发展进行了总体规划。以此为基础，2015 年 7 月，北京市政府印发《北京市关于推进文化创意和设计服务与相关产业融合发展行动计划（2015—2020 年）》，积极促进创意设计相关产业融合，制定了高水平、宽领域、深层次的城市设计发展格局路线图，进一步深化城市创意行业发展。根据《北京市"十三五"时期加强全国科技创新中心建设规划》，北京"设计之都"建设按照全国文化中心和科技创新中心的定位，加强与教科文组织创意城市网络成员的交流合作，依托网络平台优势，建设国际创意与可持续发展中心，围绕"设计之都"品牌，设计＋制造、设计＋城市发展等以及设计＋出版、技术＋影视等两条主线，创意创作、设计制作、展示传播和消费体验四大环节展开，提升设计产业并以设计提升产业，提高"设计之都"品牌的国内外影响力。到 2016年，设计产业收入已超过 2000 亿元，专业设计机构（法人单位）达 23000 余家，从业人员 25 万人，展示了北京设计产业发展的广阔场景。

设计基于人的智慧和创意，是积极提升生产、生活品质和实现价值的创新活动，文化内涵和科技要素是设计提升必不可少的组成部分。北京设计产业在北京市科委和工业设计促进中心的支持下得到大力发展。政策导向方面，北京市科委在《北京技术创新行动计划（2014—2017 年）》中明确提出"推进北京'设计之都'建设，实施首都设计产业提升计划，加快中国设计交易市场、北京市设计创新中心建设"；具体措施方面，要求以"科技创新促进设计产业发展，以设计促进首都经济发展"，实现科技与设计的融合对接，以科技助推设计研发、加快行业的科技成果转化、实现设计与制造业结合，以产业的核心竞争力打造城市品牌和形象，共同推进北京设计的国际影响力以及实现中国制造向中国创造、中国设计的转变，树立中国品牌。北京工业设计促进中心作为设计行业发展的主要推进机构，积极在全市部署设计发展路线，在各区的支持下，目前形成了以北京 DRC 工业设计创意产业基地和 DRC 快速设计制造技术服务平台为中心，向通州、亦庄、顺义辐散的总体布局。西城区 DRC 工业设计创意基地是我国成立最早、规模最大的工业设计共性技术平台，基地联合国内外实验室、工程中心、企业、技术服务商等进行资源整合和联盟建设，促进设计与多行业融合发展、推动产学研协同创新。在通州，搭建企业与中国设计红星奖、首都设计提升计划项目的融合对接，以设计理念融入产业发展；在亦庄，联合中国设计节（设计发展年会）活动打造"中国设计瑰谷"，布局"一谷五园"发展格局，邀请设计专家、研发机构深入制造行业，以设计推动产业升级；在顺义，以工业设计布局产业规划，通过企业培训、项目征集、产业园区需求对接等方式提高工业整体实力。北京市设计产业在经历了几年的发展后，科技支撑的产业园区初具规模，设计向城市文化的渗透逐渐明显，国内外设计合作日益加强，科技文化助力设计产业形成了较好的总体局面。

产业园区建设搭载设计节。亦庄"中国设计瑰谷"是北京市设计产业园区建设的一大亮点。以新的城南行动计划和北京新机场建设为契机，大兴牢牢抓住发展设计产业的机遇，积极引进中国设计节落户大兴亦庄，打造大兴"中国设计瑰谷"，培育地区和北京市发展的新引擎。亦庄在工业设计方面拥有独特优势，包括奔驰、京东方等80多家世界500强企业已在大兴投资建厂，产业基础雄厚。拥有设计类企业万余家，家居、材料设计、电子信息产品设计等龙头企业引导着行业发展，企业研发机构142家；另外还有国家级、市级研究机构40余家。今后，大兴将借助"中国设计瑰谷"平台重点发展汽车、服装、电子信息产品设计，家居家装设计，建筑工程咨询设计，产品展示交易设计等，打造设计企业服务平台和设计高地。设计行业离不开设计创意人才，亦庄还通过开设自由设计师工作平台、青年设计师工作室、完善设计师动态数据库等措施为设计师成长和创业提供良好的环境，为行业发展积蓄动能。

国内外合作广泛开展。2013 年 10 月，北京与联合国教科文组织展开首次合作，联合举办联合国教科文组织创意城市北京峰会，强调了全球化时代背景下创造力、创新力量和创意等在城市发展进程中的突出角色。2014 年 3 月，联合国教科文组织在总部巴黎举办"感知中国"设计北京展，通过展览交流提升了北京设计品牌的影响力。与其他国家和区域合作方面，北京市科委与非洲内罗毕大学共同创立"北京—内罗毕创意设计研究中心"，支持非洲青年设计师大赛，成立青年设计师工作室，还通过"中非创意工坊"推动中非青年展开设计交流，提高设计合作水平。2014 年 9 月，北京设计之都发展有限公司与业内顶尖的美国阿森特艺术中心设计学院深入合作，共同举办美国阿森特艺术设计中心交流论坛，围绕汽车设计、品牌与设计战略、电影娱乐等领域展开研讨，并在之后建立阿森特（北京）国际化信息集合的设计师俱乐部，帮助中国设计产业发展，在品牌战略上提高北京设计的国际竞争力和辨识度。广泛的国内外合作成为以文化、科技的双向交流和创新激发设计行业发展提升的重要手段。

以政府政策扶持、园区发展、对外合作交流为基础，首都设计产业发展已具备较好的基础，为了进一步增强文化创意设计水平、提升创意城市发展，北京"设计之都"建设还需从以下几个方面加强。

1. 以文化创意和设计服务的融合发展，提升城市创意设计水平和首都文化竞争力

文化创意和设计服务融合发展，是首都经济进入新常态下调整经济结构、转变发展方式的重要创新措施，融合发展不仅是文化创意产业提质发展的重要表现，也是创意设计推动城市进步的文化体现，标志着首都文化产业朝着更具特色、更具活力和市场竞争力的道路加快迈进。文化创意产业已经成为北京城市国民经济的支柱产业，今后，要发挥设计产业在促进和引领全产业创新、产业结构调整、发展方式转型和建设创新型城市方面的重要作用，以设计和创意产业的全面融合深化文化产业的创意内涵和文化价值，使文化创意和设计服务成为首都经济增长的内生动力和新引擎。

2. 逐步扩大城市设计节等活动的国际影响力，增强城市创意设计知名度

坚持政府引导、尊重市场机制，利用北京文博会、北京国际设计周、北京国际电影节、京交会等国际性活动和展会平台，积极释放创意创造活力，充分调动社会各方面的积极性，疏通创意、技术、产品、人才等要素渠道，整合各类要素资源；通过文化植入、创意融入和设计提升，强化城市创意活动和展会平台的文化优势，同时借鉴伦敦设计节、米兰设计周、德国设计大奖等活动经验，不断扩大城市创意设计的国际影响力和知名度。此外，北京也需要注重加强本土文化和民族元素的融入，在工艺美术、服装设计、视觉传达设计、工业设计上推动设计产品走出国门。

3. 营造城市创意设计氛围，以设计融入城市生活

决定一座城市"设计之都"的称号是否实至名归，主要在于城市整体的设计氛围和生活在城市的人们对设计的体验和感知。目前北京城市设计主要与产业发展有较大关联，在设计融入城市生活方面还不明显，城市设计的公众参与也还有待加强。为了以设计突出文化内涵，强调创意改变生活，北京必须不断推动创意设计的成果转化，通过丰富多彩的城市设计活动、多样化的城市文化产品，激发城市创意因素和创新需求，以城市设计发展成果不断提升居民的文化生活品质，优化城市创意设计氛围。

4. 鼓励创新创业，不断扩大城市创意阶层

北京经历了几十年的高速发展后，现代城市建设已初具规模，当前以文化创意、科技创新提升并优化城市产业和经济结构，需以智力为生产要素提高城市创新水平和文化实力，形成城市文化软实力的国内外综合影响力。在国家大力提倡"大众创业，万众创新"的政策指导下，创新创业成为北京创意城市建设的重要维度，以民众创业带动城市创意创新，开发民智民力的无限潜能，也是创意城市以人为本的观点的具体落实。利用北京人才聚集的优势和鼓励创新、宽容失败的城市创新环境，以创意阶层的想象力和智慧促进城市的生产和进步，积极开展创造、创意、创新、创业的"创智"活动，通过创新产品和创意实践一点一滴地改变着城市的产业生态和经济样态。

四　创意北京案例："设计之都"实施方案

北京文化底蕴丰富历史悠久，丰富的艺术和设计人才为"设计之都"创意城市建设提供了可能，信息技术、科研、艺术和市场的结合共同为创意北京建设打下良好的基础。目前，创意北京建设还是一种宏大视野的关注，更多从经济角度出发，集中表现为创意产业的增长，而城市创意更多体现在城市细节、人居环境和人们生活的质量上。因此，创意北京不能仅局限在科技、文化领域和产业的范围内，它还密切关系着生活在北京的每一个人、每一种生活甚至每一段感受；规模化的创意产业虽然是其中一个部分，但远远不是全部。

北京创意应该融入城市公众的生活方式和工作方式，使创意设计切实提高城市的生活品质和价值，为城市人们提供良好的生活工作环境和空间，使城市民众对设计的认知达到较高水平，让人们感受到创意无处不在。日本创意城市研究者佐佐木雅幸曾指出，创意城市是基于市民创意活动的自由发挥，除了施行城市创意文化政策、拥有大量创意人才和相关文化设施等之外，还应包括一般市民能够享受艺术文化的充裕收入和自由时间，以及创造创意产品的消费市场等。[①] 其实，城市里发生的各种创意类相关活动正是城市创意的充分体现，不论创意集市、创意周、艺术展览还是市场上琳琅满目的创意产品，都以更直接可感的方式向我们传达着城市的创意活力。北京市以设计改变城市面貌，加强设计与城市大众日常生活的联系，主要体现在创意设计接续城市文脉、创意重现旧城格局之上。

胡同重生的城南计划。由天街集团、北京市建筑设计研究院和天安时代当代艺术中心联合举办的设计展览"城南计划——前门东区 2014"，是以创意与设计提升城市文化品质的突出体现。与前门大街、鲜鱼口修缮一新形成鲜明对比，前门东区残旧的街巷院落却在不断衰落，传统街区的复兴成为维护城市核

---

① 刘平：《国外创意城市的实践和经验启示》，《社会科学》2010年第11期。

心区形象、保护旧城历史文脉、实现社会经济协调可持续发展的重要课题。城南计划展览和学术研讨会坚持旧城有机更新的思想理念，以前门东区为切入点，邀请了包括有方空间、隈研吾流、荷兰 MVRDV 建筑事务所、Terence Riley、家琨建筑设计事务所、如恩设计研究室等在内的国内外 9 家知名建筑事务所和学术机构，在大量调研基础上对片区进行规划设计，以模型、资料、视频、互动等形式，展示了城市空间与功能演进、旧城文脉保护传承以及旧城改造与未来发展的实践探索。在设计展示中，无论是有方空间对区域场景的复原与还城予民方案，还是荷兰 MVRDV 以四合院微模块为基础、通过不同的空间升降组合叠加创造的 1700 个形态各异改造方案的"下一个胡同"设计，或是马岩松在胡同中进行改造、新建希望混合人群入住的生活计划，甚或隈研吾采用中医观点的不破坏现有肌理对深层伤害提供治疗的城市再生方案和刘家琨循序渐进的改造方案等，都体现了传统思想与现代设计和发展理念的结合。对前门东区的改造方案，与以往南锣鼓巷、大栅栏等传统街巷外迁开发模式相比，已有了很大区别，现在的旧城保护更注重整体观念，从文脉延续、保持原住民、改善民生的角度以创意设计带动城市的再生与开发。

与此相类似的，还有大栅栏新街景的诞生。大栅栏作为威尼斯双年展和北京国际设计周的重点项目，展现了大栅栏这一老北京商业建筑群的重建改造及文化变迁，也是借助设计赋予老街区以新的活力，为历史文化街区保护和活化提供了好的案例。大栅栏改造项目充分尊重城市文脉和胡同肌理，以现代设计元素融入古旧街区，借助老城区微循环改善的方式赋予该地区新的生机和人居生态活力。开展了包括设计之旅、领航员试点项目空间、Plug-in 小站等活动，集合了设计集群、艺术家工作坊、文化论坛、相关展览、临时店面等多元文化形式，充分展现了老街区的都市艺术新景观。Plug-in 小站将创意、设计编织进街区临时店、院落空间、露天市集中，规模小但灵活多元，由设计师、艺术家、手艺人、表演者、商家和当地居民共同参与其间，展现了城市公共生活的崭新形态。而领航员试点项目通过创造"大栅栏样板间"建筑试点、垃圾分类处理等公共设施试点和手工艺试点等项目，积极推进该地区的有机渐进式更新和改造，推动了历史文化街区的繁荣和复兴。

不论城南计划还是大栅栏改造计划，都体现了城市在结合历史文化背景的基础上，以创意融入城市生活、设计改变城市面貌方面的初步尝试，这也成为北京"设计之都"建设今后的努力方向，创意北京只有建立在保证人人共享城市创意和设计成果基础上才是卓有成效且可持续的。

打造创意城市是现代城市竞争的关键，创意北京建设是城市文化创造力的体现，也是城市文化经济发展的重要指标。以文化创意产业和设计产业为基础的创意经济，展现了北京的创意创新能力和现代产业优势，是首都文化竞争力和经济实力的体现，目前这种新的经济力量的作用还有待进一步提升。一方面要继续发挥文化创意和科技创新对城市发展的积极作用，另一方面需将设计全面贯穿到城市生产和生活之中，以创意设计提升城市文化品格，才能进一步挖掘城市的文化发展潜力，全面推动北京创意城市建设。

第六章　文化传播拓展与首都文化软实力

城市文化传播能力关系着公众视野中的城市文化形象塑造，城市文化传播拓展是增强首都文化软实力和建设世界文化名城的重要一环。文化软实力通过吸引力和感染力获得公众的认同，而非依靠强迫、收买等强制性手段达到目的，是一种施展柔性魅力并充分发挥软性质素的文化能力，文化传播是实现并扩大这种软实力的重要媒介和实施手段。文化传播将基于核心价值理念并贯穿于大众文化、社会生活的特定精神和价值观通过制度、规范、政策、社会组织、大众传媒等进行渗透和传播，达到使大众接受、认可并信服的文化能力。可以说，高效、亲和、开放、包容的文化传播更容易吸引、打动和感染大众，文化传播力借助传播过程彰显和实现城市文化影响力，是提升首都文化软实力的重要渠道和途径。

一　首都文化软实力与首都文化传播

（一）首都文化传播能力与首都文化软实力

北京作为国家首都，全国政治中心、文化中心、科技创新中心和国际交往中心，是国家文化形象的重要展示窗口，为了较好地彰显城市和国家的公众形象，首都文化传播能力成为展示首都城市文化软实力的重要方面，也是国家文化软实力的集中体现。从文化传播的角度而言，作为软实力的城市内在精神、文化形象的展示离不开文化传播，对外文化交流、文化贸易、对外话语体系等城市文化软实力的有机组成部分同样依赖文化传播能力，文化传播能力的强弱直接决定了首都城市文化的对外展现能力和首都城市文化软实力。

1. 以文化传播能力强化城市文化亲和力和认同力

文化传播是一种城市内在精神和价值观的宣示，文化传播能有效传播城市的价值理念和文化内涵，当内外部公众被这种精神和文化所吸引时，便会对这个城市产生亲近感和认同感，也由此形成城市文化的亲和力和认同力。城市文化亲和力会使不同国家、不同种族、不同宗教信仰或其他文化和社会背景的人们产生差异化的感知和心理反应，但均体现为一种正向的积极反馈（认同并接受），并唤起人们对城市文化思想和文化产品的兴趣和关注。文化亲和力是城市文化传播能力的关键，只有具有文化亲和力的城市文化才能在激烈的城市竞争中占据优势，因为富有文化亲和性和感召力的文化传播能力，能有效改善和增进城市与内外部公众、城市与城市之间的关系，从而赢得广泛的支持和信任。文化认同力是对文化价值观念的认同和服膺，城市价值观的普适性和吸引力是关乎城市有效进行文化传播、展示城市内在精神的重要因素，因此文化认同力决定着文化传播可能达到的效果和产生的影响。在全球化语境下，文化多元、尊重差异已成为人们的普遍共识，文化认同不仅是本地区、特定族群的社会心理倾向，也能在更大的范围内产生广泛影响，如好莱坞电影在全世界范围内的流行，增加了各地人们对美国流行文化的认同感，韩剧在亚洲的风行也是如此。就城市而言，文化认同体现为城市公众的文化自我意识、自我定位和文化归属意识，同样也体现为其他地区的人们对城市文化的接受和信服。

北京作为中华人民共和国的首都，展现了中华民族悠久的历史文化和社会主义国家现代化建设的伟大成就。由于中国的历史传统、发展模式与传统西方国家有着本质上的差异，因此借助文化传播向世界展示具有亲和力的城市形象和大国风貌具有十分重要的意义。文化传播在传播过程中能使城市外部公众了解中国特色的发展道路、历史进程和文化背景，加深理解，从而对中国产生亲近感和信任感。通过文化传播强化具有亲和力和认同感的北京形象，将有力地提升北京的城市文化软实力。由于北京的城市文化软实力与国家文化软实力有很大的相关性，积极的首都城市文化传播与亲和可信的城市文化会增进人们对中国的信任和理解。以文化传播能力强化城市文化亲和力和认同力，是北京积极应对全球化时代城市竞争，以文化增强城市感召力和凝聚力的重要手段。

2. 以文化传播能力塑造良好的城市文化形象

城市文化传播的过程表现为不断塑造和优化城市文化形象的过程。大众媒体如报纸、广播、电视、网络等持续不断地向人们传递当地与外部发生的事件、活动等各类新闻和知识，源源不断地提供给我们相关的形象、信息和观念。媒介即信息，现代社会已经越来越离不开各种传播媒介，文化传播能力在现代城市建设发展中至关重要，通过文化途径传播城市形象已成为城市对外宣传的重要策略和手段。凯文·林奇认为，城市形象是人们对城市的印象与感知，这既涉及城市设施和外观，也关系着城市如何进行对外宣传和营销，在信息发达的时代，后一方面显然更为重要。城市借助媒体进行文化传播，可以不断增强人们对城市的了解和认识，从历史背景、文化面貌、发展特色等方面加强城市形象构建，通过城市形象宣传片、主题纪录片、大型文化体育活动等手段在公众心目中树立良好的城市形象。文化传播总是在一定意识支配下进行的有目的的活动，而城市形象主要通过传播交流得到展示，城市文化传播与城市形象塑造是一种双向促进的关系，积极的文化传播能打造良好的城市形象，而城市形象的特色和魅力也会反过来促进文化传播和文化交流。以城市文化传播塑造良好的城市形象，是彰显城市传播能力、丰富文化传播实践的突出表现。

文化传播塑造城市形象是城市传播能力的重要体现，北京正是积极利用文化传播来营造富有吸引力和文化特色的首都城市形象。故宫、长城、胡同、京剧、鸟巢、央视大楼等既是北京的文化符号和文化形象的集中体现，也是国家的文化形象体现。北京市不仅在一系列大型文体活动中展现北京符号和国家形象，也通过城市形象宣传片向外国观众传输城市文化的方方面面。纽约时代广场的北京城市宣传片就是很好的例子，时代广场这个被称为"世界的十字路口"的地方，是吸引全球目光的最佳窗口，也是北京走向世界的展示舞台。继中国国家宣传片亮相以来，北京朝阳区宣传片、中央公园广场（北京朝阳公园南门）

宣传片、恭王府宣传片、中国人民大学宣传片、北京国际电影节宣传片、中版集团"阅读中国"艺术片等先后登陆"刷屏",积极向世界观众展示了北京城市或古老或现代的形象,文化性、商业性、艺术性融为一体,北京成为有效利用传播渠道塑造城市形象、推动城市文化走出去的代表。

3. 以文化传播能力展示城市对外文化交流的层次和水平

对外文化交流是一座城市外交开展的重要方面,文化交流既包括具体现实层面的多样化文化活动和文化实践,也包括思想精神层面的文化对话和文化沟通,这两个方面彼此区别又相互联系。文化产品、交流活动、文化传媒是外部公众了解城市文化的窗口和媒介,这些一方面展示了城市文化的物质成果和文化发展水平,另一方面也承载了城市的精神内涵和价值观念;反过来说,精神文化也必须依靠一定的物质形式和有形手段得到展现,而且物质文化的形式越丰富、内涵越深刻、发展水平越高,也就越能更好地展现精神文化。从文化交流形式而言,不管是民间交流、官方协作、非政府组织会议或是对外文化贸易、文化产品和服务输出,媒体传播中的城市文化符号等都构成了对外交流的不同侧面,且不管什么形式的文化交流,都丰富着城市文化传播实践。可以说,以文化走出去为目的的对外文化交流是文化传播的重要内容和组成部分,只有不断扩大文化传播的渠道、多样化文化传播形式、深化文化传播的内涵、丰富文化传播的内容,才能全方位、多层次、宽领域地进行城市对外文化交流,提高对外文化交流的水平和质量。

北京城市文化对外交流不仅是展示首都文化,也是展示国家民族文化的重要文化实践,人们通过了解和认识北京文化,也逐步地加深对中国的认识和理解,北京是向世界介绍中国的平台和窗口,城市文化交流扮演着国家文化软实力展示的引导者。以"北京文化周"为例,在世界各地举办的"北京周"系列文化活动,通过传统和现代文化艺术魅力向各国人民推介北京和中国博大精深的文化内涵。如2012年伦敦奥运会前夕,北京在伦敦举办了包括文艺演出、文化展览和论坛在内的系列大型文化活动,以丰富的文化交流活动传承奥林匹克精神,加强北京和伦敦两市的友谊,积极迎接和祝福伦敦奥运会,并利用城市文化宣传的契机进行文创产业项目推介，起到了城市文化推介和营销的良好效果。北京赴台湾举办"北京文化周"也是如此，由于两岸具有共同的文化基础，"北京文化周"重在突出北京城的历史风貌、百年变迁，以京台博物馆交流研讨促合作，并积极展示北京高校青年设计师创意设计的成果，通过历史感和现代感在两岸间搭建文化交流合作、增进相互了解的平台，促进两岸人民的交往和情谊。借助城市间文化交流合作，北京市的文化传播活动丰富并拓展了城市文化交流的内容和层次，有效提高了文化交流的水平，展现了立体而多维的城市面貌。

4. 以文化传播能力彰显对外文化贸易为基础的城市综合竞争力

大众传播的发展为大规模生产和广泛流通创造了条件，不仅新闻服务、广播电影电视服务、出版发行版权服务等基于文化传播的新闻出版类、广播影视类的核心文化产品进入全球市场，包括演艺及相关服务、艺术品创作及相关服务、商业艺术展览等的文化艺术类和游戏、动漫、网络文化服务、创意设计服务、会展服务等在内的综合服务类文化产品，也成为对外文化贸易的主要项目和内容。对外文化贸易不只是普通的商品贸易，更是传播思想与价值观念的文化行为，文化贸易借助对外交流和传播打开世界市场，这一过程也可视为在文化和思想交流中发挥产业优势、提升经济竞争力的行为。城市对外文化贸易具有文化和商业的双重属性，是城市综合竞争力的重要体现，城市通过文化产业开发利用各种文化资源，提供大规模文化产品和文化服务，开展广泛的文化贸易，体现了城市的总体创新能力、综合运用资源能力和全球市场拓展能力。以文化产业为核心的对外文化贸易伴随着城市文化传播积极向外输出城市文化理想和价值观念，通过文化内容的制造和传承在世界舞台上维护了多样化的文化产业形态，对于促进文化多样性发展、彰显民族和区域文化特性、增强城市文化竞争力发挥了重要作用，是城市文化软实力和城市综合竞争力的集中体现。

北京作为国际交往中心，是国家对外文化贸易的重镇，北京市在国家和市政府政策支持下，文化产品出口持续增长，对外文化贸易基地初具规模，文化贸易结构不断优化，水晶石、完美世界、俏佳人传媒等文化品牌正在走出国门形成世界影响力。致力于三维可视化开发的水晶石数字科技有限公司在北京奥运会、上海世博会和伦敦奥运会上的突出表现，体现了数字科技公司在增强城市文化传播能力和城市综合竞争力方面的实力，奥运会上精彩绝伦的数字图像、视频内容制作和传统文化资源及文化遗产的数字化复原"清明上河图"动态版（曾多地巡展，获得英国国际视觉传播协会颁发的年度最佳现场和体验活动大奖）等都展示了城市文化传播的实力。此外，水晶石公司还参与到文化遗产保护宣传片与文化遗产纪录片的三维动画及特效制作之中，传统资源与现代高新技术的结合，有效地向公众传递了城市和国家传统文化与现代文化产业发展的良好态势。以文化传播为载体积极推进对外文化贸易，成为北京市深化国际交往、扩大城市文化知名度、增强经济实力和综合竞争力的主要途径。

5. 以文化传播能力积极扩散城市文化影响力，加强对外话语体系建设

文化影响力是城市对环境产生的实际影响和城市发展水平的外部显现，城市文化影响力体现为城市在内外环境中展现出来的思想文化和价值观念的影响程度，文化影响力所能达到的深度和广度将成为调控和改变人们心理和行为的巨大力量，决定着城市文化软实力的客观效应。作为城市文化软实力最直接的体现，城市文化影响力取决于城市的历史文化（文化遗产）、文化发展现状（当代文化）和未来趋势（前景和文化定位）这几大方面，不论是具有悠久历史的罗马、伦敦、巴黎还是新兴文化城市纽约、东京、新加坡等都在国际上具有相当的文化影响力。城市文化传播是实现城市文化影响力的重要途径，人们对城市文化的认知可以通过不同渠道、以不同方式来加以认识和了解，但文化总是在交流与传播中被大众接受并认知。不论是面对面的人际交流、电视广播报刊等传统大众媒体宣传，还是网络和信息技术支撑的移动客户端等新媒体的互动式文化体验，都凸显了文化传播在形成和扩大文化影响力方面的突出贡献，文化传播能力是实现文化影响力的重要因素。文化影响力的获得是加强对外话语体系建设、争取国际话语权的必要前提，而国际话语权是国家文化软实力的重要组成部分。当今国际舆论格局往往由西方社会主导，我国的媒体声音还比较微弱，着力推进国际传播能力建设，构建好对外话语体系，增强对外话语的公

信力、感召力，以传播增进了解，突破地域、文化、制度、族群的限制，唤起国外民众的理解和认同是文化传播的当务之急。传播力决定影响力，话语权决定主动权，必须高度重视构建技术先进、高效快捷、覆盖广泛的现代文化传播体系，加快形成具有中国特色、融通中外的对外话语体系，以国外民众能够理解、乐于接受的文化内容、传播方式和表达方式积极扩大我国文化影响，才能在国际社会上掌握话语的主动权，增强文化道路的说服力和认可度。

北京是了解中国的重要门户，也是传播中国声音、树立中国形象的重要窗口城市，如何通过文化传播扩大城市和国家的文化影响力，增强对外话语表达能力和发言权是首都城市文化传播的关键问题。目前，许多传统西方大国、新兴国家和不少发展中国家，对中国发展道路认识得并不十分清楚，对中国这个迅速成长变化的国家有着怀疑、忧虑、恐惧等种种复杂的态度。这种情况下，2004 年美国著名投资银行高盛公司资深顾问乔舒亚·库珀·雷默指出，中国通过主动创新、大胆实践探索出了一个适合本国国情的发展模式，他称之为"北京共识"。"北京共识"虽由西方人提出，但也从客观上在世界上确认了中国发展模式的合理性，雷默对中国成功崛起的概括比起中国国内的言说在国外更有市场，也在一定程度上扩大了首都北京这座政治文化城市的城市影响力。不论其概括是否准确，雷默的"北京共识"可以说是在中西方理解上搭建了桥梁，也为我们在知己知彼的基础上更好地与世界沟通交流提供了线索，接下来，北京需要独立自主地在世界舞台上发挥首都文化乃至国家文化的作用和影响，通过有效的价值观传输、文化标识、品牌建设进行中外融通，才能让西方社会由接受而理解，进而由理解产生文化影响力，牢牢掌握我们的对外话语权，让北京表达、中国表达成为世界了解中国、解码中国的最佳途径，这也是北京城市文化软实力的最好体现。

（二）首都文化传播能力的现实维度

随着国际政治、军事和经济实力竞争日趋白热化，文化因素也成为不同区域主体抢占先机、获得发展优势的重要途径，文化软实力作为一种重要的资源实力日益突出。中国共产党的十八大报告指出，构建和发展现代文化传播体系，提高传播能力，是提高文化软实力的重要途径，创新现代文化传播对于提升城市文化软实力具有重要意义。依托文化精品内容，借助融合创新媒体的传播路径，积极推动文化走出去是第一步，接下来还要通过已经形成的国际文化影响力培育中国文化的世界观众和广大消费市场，形成中国文化有机会被"请"出去的良好局面，将打造文化传媒与对外文化交流、文化贸易结合起来，共同推动良好的文化传播格局建立。首都文化传播能力建设也需从这三个方面着手，在综合分析国内外形势的基础上探讨城市文化传播的提升路径。

1. 首都文化传播的国内外背景和现实挑战

（1）国际背景。国际社会对正在崛起的中国投来了无数的或期待或好奇或怀疑的目光，世界上各个角落都在关注着中国这个有着悠久而辉煌历史文化的民族和世界上最大的新兴经济体，国家的一举一动都吸引着世界的关注。北京作为国家首都应牢牢抓住这个国际上希望认识和了解中国、中华文明的有利时机，在后奥运时代加强文化传播体系建设，促进国际文化交流与合作，不断深化对外文化贸易，扩大文化传播的范围，增强城市文化魅力和文化影响。另一方面，改革开放以来，中国与世界的交流日益频繁，中国在融入世界、参与国际竞争中扮演着越来越突出的角色，文化传播成为让世界了解中国的重要途径。当前，我国大力建设社会主义文化强国，树立文化自觉和文化自信，必须要在国际竞争中突出文化特色和发展优势，讲好中国故事，传播好中国声音，宣传好中国特色，展现民族和国家的文化吸引力和影响力。北京有着深厚的历史基础和丰富的文化资源，集中体现了中华民族灿烂悠久的历史文化，是世界多元化文化舞台上的重要构成力量；同时现代城市发展迅速，现代化文明成果展示了城市在当代语境下面对新形势新问题开拓创新的能力，以及运用新思维和技术手段融入世界、参与全球竞争的实力和水平。

北京的城市文化传播与国家文化软实力息息相关，目前国家在对外文化形象构建和文化输出方面遇到的问题也正是城市文化传播中必须面对和解决的制约因素。《魅力攻势：看中国的软实力如何改变世界》的作者柯兰奇克在书中曾指出，中国的文化软实力近年来突飞猛进，越来越受到全球的关注，但仍存在三大制约因素：一是中国经济的发展没有同时将中国文化较好而充分地呈现在世人面前，文化发展并未受到充分重视，文化资源开发利用不足；二是中国文化资源对世界的吸引力不强，具有鲜明标识和真正世界影响力的文化品牌尚未出现；三是中国对于媒体、国际非政府组织的运用还比较缺乏经验，传播和运作能力不强。根据柯兰奇克的分析，我国文化软实力的崛起在对外文化形象树立、文化标识和品牌、媒体传播等方面还面临着严峻挑战，而这些问题都与文化传播和文化交流有着密切的关系。首都文化传播应积极把握全球化的机遇，加大对外文化交流和宣传的力度，树立良好的城市和国家文化形象，以文化贸易增强城市文化竞争力。

（2）国内形势。首都城市文化传播能力建设是深化文化体制改革的要求。深化文化体制改革，建设社会主义文化强国，其中一个重要的方面就是加快构建对外文化传播和对外话语体系，通过先进的传播手段和强大的传播能力，展示国家文化发展水平和国家文化软实力。北京作为国家首都和全国文化中心城市，在对外文化传播和对外话语体系建设中要积极发挥示范作用。深化文化体制改革以壮大城市文化传播、扩大城市文化交流的国内外影响力，加强国际传播能力建设和对外话语体系建设，是北京市把握全球化趋势、顺应时代和文化发展的需求和规律，推动社会主义先进文化之都和全国文化中心建设的重要途径和必经之路。

从大的方向上来看，以文化传播推动并深化文化体制改革，首先需要牢牢把握社会主义先进文化前进方向、坚持以人民为中心的工作导向，处理好意识形态与文化生产及传播的关系。文化传播始终要在坚持社会主义核心价值观的基础上，巩固马克思主义在意识形态领域的指导地位，巩固全党全国各族人民团结奋斗的共同思想基础，激发文化传播工作者和全社会的文化创造潜力，促进多层次文化交流，推进文化的全面繁荣和发展，更好地适应全面深化改革伟大事业的时代要求，也才能更好地形成有利于创新创造的文化发展环境。其次，文化传播要坚持社会效益与经济效益的统一，配合推动文化事业全面繁荣、文化产业快速发展、优秀文化传承弘扬的改革工作内容，加快中央和北京国有传媒集团、出版社的转企改制方案落实，鼓励多种所有制文化企业快速健康发展，不断扩大产业规模和经济效益，推动文化交流的丰富化和深层次化。文化传播既要把社会效益摆在首位，营造多出精品、多出人才的良好环境，以优质的文化内容、丰富的文化内涵加强交流传播，满足人民群众日益增长的精神文化需求，也要适应社会主义市场经济竞争条件下文化生产不断扩大的要求，促进文化生产和文化消费的增长，努力实现社会效益和经济效益的有机统一。再次，文化传播要处理好城市文化传承和文化创新的关系。北京有着悠久的历史和丰富的文化资源，要利用并传播好优秀传统文化，延续城市历史文脉，同时要结合时代需求，勇于吸收借鉴国外优秀文明成果，在中外文化对话交流中有效融合、深入创新，让城市文化在已有基础上与时俱进，不断扩大内外影响力和感召力。

从具体内容来看，以文化传播深化文化体制改革，中央和市级国有文化传媒以及相关文化事业单位是改革的重点，实现文化事业单位转企改制和事业单位内部企业化管理，是推动政府从办文化向管文化转变的关键。当前，事业单位中文化管理体制弊端明显，职能交叉、多头管理、互相掣肘、权责不明的现象普遍存在，极大地影响了工作效率和工作质量，制约了文化事业单位的进一步发展。另外，经营性文化事业单位转企改制的成果需要巩固，不少单位内部管理机制未完全脱离事业单位痕迹又难以完全市场化，面对市场竞争环境举步维艰。这些都需要继续坚定不移地深化文化体制改革，克难攻坚，通过资金保障、政策扶持和待遇优惠实现传播体制的根本性突破。

首都城市文化传播能力建设要适应文化"走出去"战略和对外文化交流。我国正在大力实施"走出去"战略，而文化走出去又是整体战略中非常关键的一环，只有文化走出去了，其他各方面才能在国外市场中找到自己的定位和市场。对外文化交流是文化走出去的重要一环。文化交流对于促进相互理解、构建和谐友好相互信任的交流环境至关重要。政府层面要深化文化互访交流、丰富交流渠道、搭建并整合文化交流平台，将政府交流与民间交流相结合；鼓励社会组织、中介机构承担人文交流项目,继续扩大孔子学院、海外文化中心建设,并通过教育培训、语言推广、研究资助、文体活动、商务旅游等形式创新交流方式,提高文化交流效果;鼓励体现城市传统文化和现代文明成果的文化项目和文化活动开展境外交流,同时提倡各类学术团体、文化艺术机构参与到国际组织建设中,优化传播格局和国际组织参与及运作能力,以多样化的文化交流活动和文化交流网络提升交流效果。

首都文化传播能力建设是对外文化贸易的需求。推动我国从文化资源大国走向文化强国,提高首都城市文化资源的利用和转化效益,需要进一步解放和发展文化生产力,不断激发文化创造活力,提高文化产业的发展效益,扩大对外文化贸易。对外文化贸易也是我国"文化走出去"的重要内容,"文化走出去"需要统筹用好国际国内两个市场、两种资源,坚持政府主导、企业主体、市场运作、社会参与的模式,加快培养外向型骨干文化企业和对外文化中介机构及文化服务机构,鼓励有条件的企业在海外设立分支机构,落实并完善鼓励文化产品和服务出口的政策措施,努力扩大文化产品和文化服务在国际市场上的份额,推动我国文化产品进入海外主流社会。利用国际性文化博览会、出版展销活动、音乐戏剧影视节庆等大型文化交流和文化传播契机,准确把握和领会国际市场规则,抓紧构建流通营销网络,做好文化产品的推介和营销,着力构建全方位、多层次、宽领域的文化对外开放格局,推动城市文化走向世界。

2. 首都文化传播的主要方式

文化传播的主要方式大体上包括文化传媒、文化交流和文化贸易三大部分,其中传播媒介是文化传播的核心和重点内容,对外文化交流和文化贸易是文化传播的组成部分和重要体现。建立适应首都城市现实基础、发展定位、未来目标的文化传播渠道和内容,是扩大首都文化传播影响力,提升首都城市文化形象的重要方面。

(1)打造有竞争力和影响力的城市文化传媒。考察城市文化传媒需要结合文化自身的特性来看。已完成的文化产品和开放式的传播过程,体现了文化形式的静态与动态的统一,文化既呈现为特定的产品形式(报刊书籍、电影、音乐、舞蹈、多媒体内容等物质形式），也在不断传输和交流中展现自身并融入特定语境中催生新的变化（大众传媒和电子媒介的传播扩散功能）。这里需要考虑到传播这一基本要素，从传播的目的在于结束传播即将传播转化为植根于本地的以及全球范围的协调行动，也就是个体、群体、机构、整个社会和文化经由传播得以启蒙并进而采取行动①而言，文化的动态形式决定着静态文化，人们周而复始地从事着交流与传播活动并推动着文化和社会的发展与进步。既然传播是文化的内在需要，加强城市文化传播能力建设很大程度上就是城市文化发展的必由之路，而城市文化传播的重要方面是城市文化传媒，营建具有竞争力和影响力的现代城市传播体系成为首都文化传播至关重要的内容。

首都文化传播要放在国家的整体背景下来考虑。目前国外对中国的认知渠道主要通过大众传媒，其中一个重要的方面是透过传媒对中国国家形象的认识问题。良好对外形象塑造必须建立在国外对中国的信任感上，这种信任感的塑造除了在国际交往中做到言行一致外，还要主动通过传媒这一主要了解渠道传递真实可信的声音和信息。这种信任感也是"北京共识"首倡者雷默所说的"声誉资本"，是一种通过长时间积累而建立的信赖和信任②。在信息泛滥、文化多元、传播便捷的全球化时代，塑造良好的城市形象、抓住受众的眼光和注意力是城市营销的根本，这在很大程度上取决于城市的文化传媒及其营运能力。文化传媒是影响北京城市文化对外传播和城市文化形象的关键因素，积极打造具有世界影响力的国际文化城市，提高首都城市文化传播能力，从根本上来说要尊重新闻行业发展规律，立足新闻传播和新媒体发展的角度构建多维、立体、高效的现代文化传播体系，打造形态多样、手段先进、传播便捷、具有竞争力的新型主流媒体。

就传播是一种跨越时空的行动并时常处身不同的语境而言，人们在文化传播中需结合时间、空间和语境的差异来有效地开展传播活动，这就需要考虑到

---

① [丹]克劳斯·布鲁恩·延森：《媒介融合：网络传播、大众传播和人际传播的三重维度》，刘君译，复旦大学出版社2012年版，导论第5页。
② 《"北京共识"首倡者乔舒亚·库珀·雷默：国家形象塑造不可能一蹴而就》，参见网页：http://www.sinoss.net/2011/0619/34015.html。

面对不同群体的传播内容、传播方式、所引起效果的不同。就经验主义传播研究而言，内容、受众和效果是考察的重点，同时也构成了传播研究的主要内容，因此，文化传播必须将传播内容、传播渠道、传播效果和受众接受几个方面综合起来加以考虑。从传媒传播的角度而言，高效的传播媒体、畅通的传播网络和传播渠道、面向受众有针对性的传播内容等都是首都文化传播能力建设的重要方面。一方面，城市的传播力与它是否是区域或全国性报纸、杂志、电视台、电台或其他媒体产业制作基地或总部所在地有密切关系，因此需继续巩固首都集中了国家和市级各大主流媒体和新闻资源的优势，通过完善媒体内部组织结构、媒体管理体制、构建媒体立体传播体系等，进一步发挥舆论的影响力；另一方面，则要积极适应新媒体的发展趋势，以主流媒体为龙头，各新闻媒体加快改革和创新的步伐，通过内容、渠道、平台、经营、管理的发展更新等一系列手段，为媒体融合发展提供体制机制保障和有力支撑，并以传统媒体和新兴媒体的融合巩固思想文化宣传阵地、壮大主流思想舆论和媒体内容竞争力。

（2）进一步丰富和扩大对外文化交流活动。丰富和扩大对外文化交流活动，对于有效传输城市思想观念、价值标准、生活方式等尤为重要，因为这将有助于在更大范围内提升城市文化魅力、凝聚共识并为城市发展营造良好的外部环境。在中国热、中华文化热不断升温的大背景下，北京以传统文化、城市文化为重点加强对外文化交流，是北京树立和展示良好的国家和首都城市形象，与其他城市和地区一道倡导和维护世界文化多样性、保持多元文化格局、支持和促进人类文化繁荣的必然选择。

对外文化交流需将引进来和走出去相结合，在目前文化全球化、西方文化在全球文化市场占主导地位的背景下，文化走出去是现阶段我国城市对外文化交流的重点。扩大文化交流，支持文化走出去，需要做到以下两点：第一，有针对性地开展交流活动。越是民族的就越是世界的，基于地方特色的文化是参与全球竞争的有力支持，但在具体传播交流过程中，需要深入研究国际社会的文化需求，尊重不同受众的文化差异、价值取向、生活习俗、兴趣爱好等，有针对性地推出适应受众心理的文化内容和对外交流项目，通过城市文化周、传统文化体验活动等对外文化活动，扩大文化交流的范围和深度。第二，丰富对外交流的内涵和方式。北京以对外文化交流推动文化走出去，需要积极呈现反映首都城市精神风貌、历史沿革、文化传统内涵和当代文化成就的一切物质和精神文明成果。首都对外文化交流以传统及现代文化艺术的对外展示和宣传为主，需要不断创新交流的形式和载体，搭建人文交流和互访平台，加强公办教育机构孔子学院和海外文化中心建设，鼓励各类学术和艺术机构开展广泛的国内外合作，鼓励非公有制文化企业、非营利性文化机构、海外华人等参与到中外人文交流中，形成以政府主导、社会化市场化运作方式为补充，结合政府交流与民间交流、把政府项目与商业运作相统一，充分调动国内外一切力量，构建多层次多渠道的文化走出去格局。

（3）以文化产品和服务输出增强对外文化贸易实力。文化贸易是指与知识产权相关的文化产品和文化服务的贸易活动。文化贸易与一般商品贸易的差别在于其具有精神和意识形态属性，能广泛传播思想、符号和生活方式，主要包括文化制造业产品、内容产品和欣赏体验服务三种类型。近年来，北京对外文化贸易实力不断增强，文化产品出口大幅增长，印刷品、声像制品、视觉艺术品、视听媒介等核心文化产品的贸易规模不断扩大，文化产品与服务的输出国家和地区日益多元，具有一定知名度的城市文化品牌逐渐得到确立。同时也要注意到，与发达国家和地区高水平、多层次、大规模的文化贸易相比，北京市文化贸易仍处于初级阶段，表现在产业发展的基础还不雄厚，文化产品与服务的数量和质量还有较大提升空间，贸易结构也还有待进一步优化。利用我国经济走向世界的机遇，北京对外文化贸易要乘势而上，结合文化产业自身的特点和国内外政治、经济形势，提高文化产品的质量和内涵，有选择性地投放目标市场，逐步扩大海外文化市场的规模和效益，争取在更大范围、更高层面上参与国际合作与发展。

目前，我国文化内容及体验产品在国际文化贸易中尚处于弱势，主要原因在于相较于西方，我国文化产业发育时间短，原创内容稀缺，还处于产业链的低端环节，有品牌影响力的企业还在形成之中。为了打破发达国家在国际文化贸易中的垄断地位，克服发达国家和发展中国家间的严重不平衡状态，需创新文化走出去模式，形成北京文化产品和服务出口竞争优势，包括培育具有国际竞争力的外向型文化企业，形成具有核心竞争力的文化产品，打造具有国际知名度的文化品牌并搭建国际文化交易服务平台等。

二 现代文化传媒语境中的首都文化软实力提升

现代文化的传媒化是值得注意的现象，无论是在社会的意识形态领域，还是在涉及大众生活的方方面面，文化的经验在深层次上由各种大众传播媒体的象征形式的传布所形成。现代文化的传媒化而非所谓的社会生活的世俗化和理性化提供了主要的参考框架，这构成了社会生活的主要内容和感知方式，在以大众传播的发展为特点的社会里，关注点应当集中到大众传播的技术媒体。[①]因为技术媒体不但决定着象征形式的流通与传播渠道，而且作为产生时空延伸的新型行动与互动及新型社会关系的机制发挥作用。依赖技术媒体的文化传播成为理解现代文化的生产和运作的重要维度，因此城市文化传播从根本上影响并决定着城市文化，城市文化的生产、扩散和效用发挥离不开大众传播的过程。

从历史进程来看，现代文化传媒是文化传播手段和文化传播媒介不断进步的成果，自从谷登堡发明现代印刷术拉开大众传媒的序幕开始，人们共享信息的能力大大提高，以通信卫星和无线电技术为基础的广播、电视的出现进一步拓展了人们的视野和范围。新一代网络和数字技术的兴起带动了新一轮的传媒革命，更使得现代媒介与现代生活形成了互相交织、密不可分的联系，移动互联和数字媒介全面渗入人们生活的方方面面，媒介成为推动社会变革的主要力量。正如施拉姆所言："由于传播是基本的社会过程，由于人首先是处理信息的动物，因此，信息状态的重大变革，以及传播在社会变革里的介入，总是和

---

① [美]约翰·B.汤普森：《意识形态与现代文化》，高铦等译，译林出版社2012年版，第286—287页。

重大的社会变革相生相伴的。"[①] 同样,文化的发展也深受媒介的影响,因为文化的生产、消费和发展都离不开传播,而文化传播则依靠媒介来进行。每一次新的传播方式和技术的兴起,往往引起了更大范围的文化变革,媒介成为影响并决定社会和文化的重要因素。传播媒介成为"一个社会辐射力很强的文化装置,具有极强的'聚合力'和'扩张性',影响到文化传播的范围、内容及速度,成为文化传播的强大推动力"[②]。国外传播学研究者也指出,大众传媒的影响具有潜移默化的作用,人们置身于媒介的环境中,对媒介施加的影响虽不能一望即知,却无法逃脱媒介的长期效果[③],媒介在一点点地改变人们对外界的认知、对自身的理解甚至思维和行为方式。信息爆炸时代,媒介实际充当着隐性把关人的作用,现代传媒以新闻和话题呈现的方式决定了人们所接触的事实和观点,避免人们淹没在巨量信息中,同时也帮助人们在复杂的世界和有限的经验范围内获得需要关心、值得关注的有用信息。认识到媒介的这一特性,世界各国都积极利用传播媒介扩大本土文化的传播范围和影响力,发达国家更是通过高度垄断和集中的跨国传媒确立了媒介的主导权。积极适应媒介发展变化的新趋势,打造具有竞争力的现代文化传媒,成为强化首都对外话语营建、提升国际文化影响力的重要措施,一是要利用技术成果创新文化传播媒介,挖掘新媒介的潜力,开发新的传播渠道扩大城市对外传播;二是要在新旧媒体融合发展的视野下提升首都文化的传播力。

首都对外话语营建与首都的国际传播能力密切相连,只有更好地对外传播城市文化、塑造良好的城市文化形象,才能提升国际舆论话语权、增强城市文化软实力进而提升国家文化软实力。首都在城市对内对外宣传上需支持主流媒体国内国际双重发展,针对特定受众及时准确有效地传递城市文化和城市信息,增进国外人群对城市的认识和了解,不断提高城市认可度和文化信服力。构建

---

① [美]威尔伯·施拉姆、威廉·波特:《传播学概论》,何道宽译,中国人民大学出版社2010年版,第16—17页。

② 庄晓东:《文化传播:历史、理论与现实》,人民出版社2003年版,《导论》第14页。

③ [美]威尔伯·施拉姆、威廉·波特:《传播学概论》,何道宽译,中国人民大学出版社2010年版,第250页。

技术先进、覆盖广泛、高效便捷的现代文化传媒，引导建立突出城市特色、能有效参与国际交往的对外话语体系。

（一）创新文化传播媒介增强首都文化对外传播力

在现代城市文化传媒建设中，现代化的传播媒介始终占有重要的地位，它深刻地影响着传播内容、传播过程和传播效果等各个方面。从传播的历史来看，传播有三种实现渠道和形式：一是依赖人的身体面对面交流活动；二是以模拟信号传输为特征的大众传播技术性生产手段；三是依赖数字技术的一对一、一对多以及多对多网络化交流与传播活动。① 伴随着人类文明的发展和技术的进步，这三种主要的传播形式依次出现，但它们并非简单呈现为以新代旧的趋势，传统的人际传播、大众传播和以数字技术支撑的新媒介传播都扮演着各自的重要角色，因此就传播功能而言，需要结合不同传播形式最大限度发挥传播的效能和功用。从目前的发展趋势来看，依赖数字技术的新媒体已经日渐崛起为传播中最具影响力的传播渠道。依赖数字技术的新媒介在很大程度上改变了传统的一对一、一对多的单向度传播模式，多对多、传播者和受众随时随地交流互动的新型传播形式随着智能移动终端、移动应用、户外媒体的广泛使用而成为可能。

传播过程中，传播主体的形象、可信度、内容的真实性影响人们的接受度和信任感。在传统的观点下，传播的主体始终占据着传播的主导地位，传播的内容、方式、目的等代表的"传播什么、怎样传播、为什么传播"这些最基本、最根本的问题，主要由传播者根据自己的利益和需求决定，这也是传播者本位论的基本观点。随着社会媒体和大众舆论的发展和影响日益扩大，网络和新媒体技术的迅猛发展，新闻传播媒介日渐成为人人都享有一定发言权的社会参与和交往工具，过去传播者本位的思想受到了深刻的挑战，这虽未彻底改变传播主体的重要影响，但传播需结合实际情况将传播受众的心理需求、期待、接收

---

① ［丹］克劳斯·布鲁恩·延森：《媒介融合：网络传播、大众传播和人际传播的三重维度》，刘君译，复旦大学出版社2012年版，导论第4页。

方式等因素考虑在内，还必须充分重视新的传播媒介融入传播过程带来的巨大效用。新媒介形势下，在传播者和受众的互动交流中，重塑传播者的身份和角色，在互联网时代确立高效、连通、平等、共享的新型传播主体和受众关系模式，完善传播的过程和渠道是推动传播发展的关键。数字媒介的出现不仅是对传播理念的颠覆，也从传播内容建设和传播技术上提出了新的要求。

第一，以网络和数字技术为基础的新媒介的出现，彻底地更新了传播理念。传播媒介的变革不仅是技术上的革新，也带来了思想观念的更新。在大众媒体垄断内容资源的过去，人们对于选择媒体并没有很大的自由，"内容为王"既是各大传媒营销的王牌，也是大众获得真实可信信息的主要来源，只要抓住了人们感兴趣的可靠内容，传媒就获得了生存和发展空间，因此传媒不必放太多精力考虑用户体验、改善传播形式。而到了互联网时代，由于信息的易得性，内容的绝对优势一去不返，如何加强媒体与大众的互动，以人们更感兴趣、更容易接受的形式传递内容成为关键，以人为本的用户思维也就成为传媒业发展的生命线。在新的用户思维主导下，以人为本开发适应社交化、移动化生存的人群的媒体产品决定着媒体业的发展前途。如新华网与荷兰国家数学与计算机技术中心共同启动了国内首个基于传感器和遥感技术的开放性用户体验实验室建设，对用户体验进行全面研究分析，以便进一步增强传媒的市场竞争力。

数字化阅读时代用户体验始终是新媒体经营的关键，针对不同用户需求进行设计开发，将数字化报道提高到新的水平是媒体转型发展的重要课题。传统的大众传媒不可避免地在信息生产者和接收者之间设置了一个基本间隔，技术媒体所传递的一般是从生产者向接收者的单向信息流，虽然传播总是针对着特定的受众，但不同于面对面交流，传输过程进行时一般没有受众反应的参与，信息接收者干预传播过程的能力受到限制，反馈过程也往往具有滞后性，而新媒体的出现则改变了传播受众的传统参与模式。信息技术和网络的发展，使得信息的生产者和接收者都成为传播过程中的能动主体，双方都在努力影响对方，比如新闻媒体或移动应用、在线视频与读者或观众的互动成为内容生产和传播的重要方面。

第二，新媒介的发展也要不断优化传播内容。首先，不同于过去"内容为王"的观点，新媒体迅猛发展的形势下，传播内容的优化必须结合互联网语境下的用户需求展开，形成适应用户阅读偏好、碎片化浅阅读与深度阅读结合的模式，并利用大数据思维将新闻资讯以数据图等数据可视化方式呈现，优化传统图文报道进一步增加浏览量。可操作方式包括借助巨型大数据分析和挖掘平台进行用户信息智能匹配，提供基于场景的商业服务模式，通过免费的新闻内容吸引用户并分析其偏好和需求，实现由过去统一的标准化信息走向个性化、精准化、场景化、定制化信息，才能满足用户的需求重建媒体的用户连接。其次，确立数字优先的观点。传媒业需要成立以数字内容为核心的新闻采编部，摆脱过去只是为传统报刊设置网站的被动应对方式，以及时优质的数字内容占领先机，从包装和优化新闻传播内容、以数字呈现方式有效唤起读者阅读和订阅兴趣、重视读者反馈、加强与读者互动、提高读者的用户黏性和忠诚度等方面做好新媒体内容。

加强数字内容建设必须重视移动化趋势，互联网时代手机超越台式电脑成为网络时代的主力军，2015 年发布的中国城市阅读指数研究报告指出，随着手机等阅读介质的兴起，手机成为网民阅读的第一途径。从 2012 年下半年起，电脑阅读人数下降，移动端阅读人数则直线上升，目前手机阅读占比 38.7%，其次是纸媒（27.3%）和电脑（17.2%）。[1] 据最新的中国互联网信息中心（CNNIC）统计显示，截至 2019 年 6 月，我国手机网民规模达 8.47 亿，网民使用手机上网的比例达 99.1%，手机成为上网的第一大终端，用户月均使用移动流量达 7.2GB，是全球平均水平的 1.2 倍[2]，移动化传播正彻底改变着我们的生活。移动传播领域的各项应用将极大地增强媒体和用户的关系，提升媒体的传播力和竞争力，如对大数据的采集、分析和挖掘可以准确了解并适当预测内容热点和发展趋势，通过数据分析获取用户的使用习惯和偏好，并针对用户进

---

[1] 《中国城市阅读指数研究报告 网民阅读途径首选手机》，参见网页 http://media.people.com.cn/n/2015/0824/c40606-27504873.html。

[2] 参见中国互联网络信息中心：http://www.cnnic.net.cn/hlwfzyj/hlwxzbg/hlwtjbg/201908/t20190830_70800.htm。

行个性化、精准化的内容提供，能有效实现按需配置、优化内容及精准推送，实现营销的个性化和专业化，获得强大的竞争优势。

第三，新媒介时代传播技术的创新，是推动传媒业不断发展的前进动力。对于文化传播来说，传播渠道与产品内容一样重要，甚至有时渠道超过内容成为影响产业业绩的主要因素。因为产品的流通、发行和销售是决定能否进入市场、获得大众认可的重要环节，而传播渠道很大程度上与传播技术相连。互联网时代，技术是传媒发展的关键要素，新的技术会催生新的网络服务形态，进而影响表达形式和发展形式形成新的发展路径和发展模式。如光明日报融媒体中心依靠自主研发，推出了媒体网站第一个新闻客户端"光明云媒"和"云端读报"平台。新闻单位可以利用云媒和平台来生产移动客户端，将新闻内容及时地发布到移动互联网，方便分享"云端读报"已拥有的 2000 多万用户。除云端客户端开发外，光明日报还与微软公司合作推出"媒体云"，将新闻传播与微软 Windows Azure 云计算技术结合，向广大媒体机构提供云计算服务，节省了技术投入成本并提高了新媒体业务的效率。

面对媒介技术的更新，也要注意技术带来的隐患，尤其应该加强媒体管理和网络文化监控，维护网络信息传播秩序。在网络和数字化背景下，亟待重视互联网管理体制和工作机制。互联网的迅速发展是信息技术时代的突出特征，互联网的广泛普及和大众化、传媒化的趋势对加强和改进网络管理提出了新的要求。北京作为国家先进文化之都和全国文化中心城市，以互联网和数字技术作为文化传播的重要载体和信息来源，在加强网络文化建设、维护网络文化生态上具有重要的意义。一方面，需要健全基础管理、内容管理、行业管理和网络违法犯罪防范打击工作，从政府监管、行业自律、法律规范、技术维护和公众监督等方面健全网络管理体系；另一方面，以网络文化建设和管理加强网上舆论引导和社会正能量传播，以优质的网络文化内容和文化产品，形成健康的首都网络传播秩序和网络文化格局。

正确积极地运用传播新媒介将有助于提高城市的文化传播力。当下我国媒体的传播力和实力与我国的大国形象还很不相符，我国媒体还不能较好地在国际上发声，同时也不能适应国内外公众旺盛的信息消费能力。首都发挥好国家窗口的作用，增强首都对外文化传播，需坚定不移地推动文化传播媒介创新，以文化传播媒介创新为契机，在文化传播上通过新的传播理念优化传播内容、更新传播技术、营造良好的网络传播环境等塑造良好的城市形象和国家声誉，积极传播中国声音和城市发展诉求。

（二）以媒体融合发展提升首都文化传播力

融合发展成为当今时代和社会发展的大趋势。已有学者的研究指出，由于互联网和信息技术的助推，"融合"成为思考问题的基本框架，融合既包括文化形态的融合（convergence of cultural forms）、公司产权的融合（convergence of corporate ownership），也包括传播系统的融合（convergence of communication systems）。[①] 文化形态的融合是诸多文化表达形式如音乐、声音、文字、图像和图标等的融合，体现为多媒体（multimedia）的出现；公司产权融合发生在公司战略和结构层面，体现为一种经济现象，主要表现为基于数字技术和传播技术的跨行业整合，如美国在线与时代华纳的跨产业整合；传播系统的融合也称为媒介技术的融合，在传统的信息渠道报刊杂志、广播、电视、音视频播放器等之外，互联网和数字电视等基础平台的崛起改变了传统传播生态，交互式、全开放、共享性的传播成为流行样态，在此背景下传统媒体与新兴媒体需要依据各自特色、发挥各自的优势共同优化传播生态，推动传播系统的融合。

加强媒体融合、打造现代文化传媒，是适应媒体转型的必然需求。传统媒体的萎缩、新兴媒体的迅速崛起，使转型发展成为中外媒体共同面对的问题。2014年亚马逊首席执行官杰夫·贝佐斯收购美国三大报之一的《华盛顿邮报》；同年，美国第一大报《纽约时报》透过一份网上流传的内部研究报告，也暴露出其在新媒体转型中面对的难题。这两份报纸的发展困境具有代表性的意义，都显示出数字媒体正以其强大的影响力逐步取代纸媒昔日的地位，传统媒体作

[①] ［美］大卫·赫斯蒙德夫：《文化产业》，张菲娜译，中国人民大学出版社2007年版，第263—265页。

为内容提供者面对电子移动终端作为内容、渠道、终端的统一呈现已经丧失了很大优势，以新闻业务为核心的媒体需要继续转型以谋求发展生机。另据一家美国咨询公司的统计显示，全球所有的媒体消费时间都在萎缩，只有一个媒体的使用时间呈增加趋势，那就是移动媒体手机。谷歌全球调查报告也指出，包括中国在内的世界上 40 多个国家的老百姓在媒体消费方面，90% 发生在四个屏幕：依次是手机、电脑、平板电脑、电视；剩下的 10% 时间用在广播电台、报纸和杂志。同样，媒体行业的发展现状也能从广告上得到体现。据 eMaker 公司的一份研究显示，2014 年美国数字媒体的广告投放额占比 28%，仅次于电视高居第二。[1] 这些事件和数据无不说明了加强媒体转型、以新旧媒体融合促发展的必然性。

新形势下传播的整合成为发展的必需，只有专门知识、资源和设备的结合才能推动传播的发展，也才能更好地实现社会信息传递、维持社会信息系统高速有效运行并增进不同主体之间的相互了解。北京作为传媒业重镇和网络、信息技术高度发达的城市，需充分发挥传媒业基础优势，调动城市网络和信息资源，有效利用新技术和新应用积极提升传媒内容品质、拓展传播渠道、打造新型媒体集团。加大媒体融合的研究和实践开发力度，不断利用新的技术成果、适应新的发展格局，把握时代前沿和未来趋势，利用中央媒体集中、地方传媒发达的优势，以创新研究和实践实现网上与网下联合、传媒和受众有效互动、市场化与集团化运作结合的媒体融合发展道路。同时，媒体融合也是适应传播体制机制改革的需求，是国家进一步创新文化体制机制，全面深化文化体制改革的重要内容。文化传播创新需要建立一套科学合理、灵活高效、富有活力的运行机制。打破原有传播格局，对传统媒体进行整合，实现在报纸、网络、移动客户端、微博微信、广播、电视间形成多元共享信息传播渠道，成为推动媒体融合、打造具有较强实力的新型媒体集团的重要举措。

通过推动媒体融合发展，实行传统媒体与新兴媒体优势互补、一体化发展，

---

① 参见网页http://www.cb.com.cn/opinion/2014_0906/1082346.html。

以内容为根本、技术为支撑，实现二者在内容、渠道、平台、经营、管理等方面的互渗和深度融合。在具体措施中，既要加强传统媒体和新兴媒体的融合，同时也要巩固新兴媒体的主流传媒地位，加强内容生产、传播模式拓新，塑造主流传播话语，营造良好的新型传播生态。一方面改变过去传统媒体被动适应新型技术和网络话语的状态，积极调整自身发展战略；另一方面以新兴媒体的巨大发展潜力和主流地位抓住机遇顺应发展趋势，巩固维护我国国家话语和社会主义核心价值观的主流舆论，加强不同媒体的深度融合实现一体化发展，以更便捷、立体、高效的传播网络，打造人民群众喜闻乐见且具有强大实力和传播力、公信力、影响力的新型媒体集团。

第一，打造具有内容优势的多样化传播渠道，加强内容资源整合，通过"中央厨房"式的采编系统进行多终端推送。在京的中央主流媒体发挥示范作用，人民日报社、中国日报社、新华通讯社、中央电视台、中央人民广播电台等单位已进行了媒体融合的初步实践，率先探索建立一体化采编组织体系，构建全媒体传播模式，实现了内容创新、传播方式创新和信息服务能力的提升。在媒体融合实践中，中央媒体推动建立的"中央厨房"式全媒体发布平台尤为引人注目，即通过传播流程的再造推动融合发展。"中央厨房"式流程再造模式，也被称为"全媒体中心"或"中央编辑部"。在内部运行机制上，中央主流媒体作为国家文化事业单位，主要是转换内部机制，最大限度地调动员工的积极性，改变过去各自为政、自开小灶的状况。媒体围绕生产的采、编、发环节进行流程再造，建立"中央厨房"式的全媒体发布平台，实现"一次采集、多种生成、多元传播"的新型新闻采编发系统，在全新开放的办公平台突破行政限制，跨部门联动，进行深度沟通和融合，总体上实现了内容融合、传播渠道融合和媒介终端融合三者统一。"中央厨房"式全媒体采编发空间利用一种素材，同步加工生成通稿、微博、微信、客户端、集成报道等多种媒体形态产品，并按照实际需求进行多渠道分发推送适配到不同终端和产品平台，实现了内容生产链条的一次采集、多种加工和多终端、多平台适配分发功能，极大地再造和优化了传统新闻制作流程。如光明日报社成立融媒体中心，积极推进媒体创新技术平台建设，将以前分散在传统媒体和新媒体部门的内容资源、采编队伍、采编发流程、传播渠道、产品形态、技术解决方案、市场对接等统一起来，有效整合了媒体传播的各个环节。

第二，技术创新支撑融合发展。融合以数字技术、网络技术和现代通信技术为基础，传统媒体和新兴媒体的相关内容可以进行整合，通过完善产品结构、丰富并优化产品内容等在二者之间搭建起桥梁。创新文化传播媒介，需要进一步整合新闻媒体资源，顺应多媒体融合发展的趋势做大做强主流媒体，壮大主流声音，其中一个重要方面就是积极运用移动网络和新媒体力量。技术推动的传播手段的创新，是文化创新的重要媒介和支撑。随着信息技术、数字化的快速发展，传统媒体与新兴媒体相互融合渗透的趋势越来越明显，新兴媒体的迅猛发展成为传播创新发展的重要表现。在应对突发事件的新闻报道中，电视、报纸、杂志的及时性和新闻效率远不及微博、微信、移动应用和客户端等新兴媒体，传统媒体采用新的媒介将大大提高报道效力。在中央出台政策推进媒体融合发展以来，人民日报、新华社、央视等中央媒体纷纷开设微博、微信平台，加快建设权威主流的新闻客户端。目前，"央视新闻"手机客户端24小时滚动更新向用户提供"看得见的新闻"，并提供"V观"系列时政报道微视频；"新华社发布"客户端，聚合了新华社强大的多媒体即时联动新闻资源呈现最新资讯，并首次推出运用3D动漫技术的"动新闻"栏目；人民日报客户端则不断优化产品设计，努力向用户提供权威、丰富、多样的新闻信息。主流媒体在网易、搜狐等大型商业网站占据新闻客户端主要市场份额的背景下，展现了主流媒体的公众号召力和影响力。

第三，提升用户体验，提高行业竞争力。网络和新媒体带来的理念变化其核心是用户思维的确立和对用户体验的重视，需充分利用新媒体的社交化、移动化、视频化特点拓展媒体力量。首先，需要树立信息服务的理念。不同于信息稀缺时代内容就意味着商业价值，在信息过载的当今社会，传统的内容生产难以形成商业闭环，"内容为王"的观点也必须与时俱进、更新发展。在保证优质内容基础上，需要综合考虑信息提供、传播技术和传播媒介、分发渠道及经营等主要环节，将传播内容与产品设计、传播媒介选择、终端渠道供应、科学的经营和管理放在同等重要的地位，以对用户良好的信息服务提高行业竞争力。其次，需强化互联网思维。针对互联网和新兴媒体传播以自由、开放、共享、协作为基础背景，强化互联网思维主要是克服垄断思维，真正把握和尊重用户的心理需求，克服传统媒体的单向传播模式与传播者本位思维定式，强调个体参与和开放心态，以平等、互联、尊重个性为其基本精神，与此同时，网络世界也就更加扁平、更加畅达、更加人性化，公众的及时反馈、广泛参与、个性化表达也就成为网络世界的普遍生态。在媒体转型尤其在传统媒体的改造升级过程中，一定要把握互联网精神，适应互联时代的传播新秩序，克服满足于开设网站、微博微信或新设部门的"增量"思维，不能仅将传统媒体内容转移到新媒体平台，而要彻底摆脱传统业务和新媒体业务两张皮状态，在媒体融合中把握主动权、选择权和话语权，适应信息传播的移动化、互动化、社交化、定制化趋势，积极成为新媒体时代的发声者。

背景链接：我国媒体融合发展大事记

2010 年 1 月 1 日《关于进一步推动新闻出版产业发展的指导意见》认识到新闻出版产业发展正处于重要的战略机遇期，需发展数字出版等非纸介质战略性新兴出版产业。加快推广应用信息技术、数字技术等高新技术，通过科技创新提高新闻出版内容创新能力和水平，丰富新闻出版产业的生产方式和新闻出版产品的表现形式，拓展新闻出版传播渠道。

2010 年 8 月 16 日《关于加快我国数字出版产业发展的若干意见》明确要以数字化带动新闻出版业现代化，推动出版转型升级，以数字化转型、数字化升级、数字化改造、数字化建设为着力点全面推进出版产业的数字化。

2011 年 4 月 22 日《数字出版"十二五"时期发展规划》以新兴产业和传统出版转型并重，明确积极推动传统出版企业向数字出版转型、发展壮大优势产业、提升数字出版版权保护水平等重点任务。

2012 年 2 月 15 日《国家"十二五"时期文化改革发展规划纲要》提出，出版业要推动产业结构调整和升级，加快从主要依赖传统纸介质出版物向多种介质形态出版物的数字出版产业转型。

2014 年 4 月 24 日《关于推动新闻出版业数字化转型升级的指导意见》，从开展数字化转型升级标准化工作、提升数字化转型升级技术装备水平、加强数字出版人才队伍建设、探索数字化转型升级新模式四个方面，推动新闻出版业数字化转型升级，以转型促新旧业态融合发展。

2014 年 8 月 18 日，中央全面深化改革领导小组第四次会议审议通过了《关于推动传统媒体和新兴媒体融合发展的指导意见》（以下简称《意见》）。《意见》的正式出台是党中央巩固宣传思想文化阵地、壮大主流思想舆论的重要战略部署，体现了创新媒体传播方式，用新技术新应用占领信息传播制高点。

2015年8月18日，我国首家媒体融合研究院CTR媒体融合研究院在北京成立。CTR媒体融合研究院由央视市场研究股份有限公司（CTR）及其子公司索福瑞（CSM）共同发起创办，集结了众多国内外致力于探寻"互联网+媒体"路径的一线专家学者、媒体和互联网新媒体领域的操盘手，全力打造媒体融合研究的众筹平台，进行媒体融合的对策与实务研究。CTR媒体融合研究院于成立当日发布了首批12个研究项目，包括《互联网+媒体的内容形态研究》《媒体受众用户化研究》《区域媒体的本地化互联网服务发展路径研究》《媒体资本运作策略研究》《T2O模式研究》《电视观众收视数据与消费者数据融合研究》《媒体用户互动行为分析研究》《媒体内容数据结构化研究》《媒体IP资产估值及分销策略研究》《抽样数据联结互联网大数据研究》《中国媒体融合发展排行榜·数据库》《中国媒体融合发展决策者报告》。所有研究项目均聚焦中国媒体融合的痛点问题，并聘请了各项目相关领域权威的专家学者和操盘手作为项目的首席专家。

（三）积极应对全球化的挑战，扩大首都文化传媒的国际影响力

全球化的一个重要特征是往往将一国主导（如美国）的流行文化话语，通过多种传媒渠道以无限增殖的方式向全世界播散，一个显见的事实是，当今的音乐、美术、体育赛事、流行时尚等潮流话语基本上被西方话语霸占，全世界普罗大众主动或被动接受被此种主流话语塑造的大众审美眼光。这不仅是世界多元文化氛围中流行文化的单极化、平面化、浮浅化，也是独立民主国家丧失文化主导话语权甚至沦为"传声筒"的直接体现。[①] 在西方文化传媒主导的背景下，中国主流媒体对内对外报道存在着几个弱点，包括大量依赖国外特别是西方国家的媒体报道，国外广告铺天盖地、对西方软广告新闻和广告的文化渗透认识不够以及对外宣传还需强化等。那么问题的关键是，在美国等发达国家的文化霸权下，发展中国家该如何构建积极有益的文化传播，正面宣扬本国的文化软实力？我们既要保护民族文化和本土文化，避免在西方强势的文化传媒面前被"销声"，提高传播的文化安全意识，也要积极参与国际传播秩序营造和规则制定，发挥本土传播的影响力和感召力。

就城市文化传播建设而言，一方面，需要结合首都的文化优势和文化特点思考传播的有效途径；另一方面，针对不同的受众进行有意识的"牵引"和同化，从传播内容、传播渠道、受众心理和感知出发进行传播的海外扩展。体验经济时代，任何产品和服务都要最大限度地满足消费者所需，文化传播作为给不同公众提供文化内容的最主要方式和渠道，自然也要最大限度地了解、制作并传播公众所喜闻乐见的文化资讯、文化知识和文化风情。认知维度（cognitive dimension）和情感维度（affective dimension）是分析和考察传播交流效果的重要参考，尤其情感维度往往是容易被忽视的参考因素。在首都城市文化传媒的对外文化传播过程中，需要十分重视城市的文化内涵发掘和城市文化品性彰显，让公众不仅在认知上、更要在情感上自觉接受，才能起到良好的文化传播效果，也才能以弘扬民族特性、地方文化为动力，推动城市文化更好地走出去开拓国际市场。

---

① 参见吴玫：《构建软实力的一个重要问题——避免成为他国的传声筒》，《全球传媒学刊》2011年第1期，总第8期，2011年6月。

三　以首都文化"走出去"提升首都文化软实力

首都城市文化"走出去"是适应国家文化"走出去"战略，提炼文化元素和增强文化对于外部民众的吸引力的重要内容。首都文化既是城市文化又代表了国家文化，是集中向世界各地①展示我国悠久历史文明和现代文化发展成果的主要窗口。首都文化"走出去"是推动国家文化"走出去"的着力点，北京的故宫、长城、京剧、京味小吃等文化符号还有各地举办的北京文化周、北京文化之夜以及 2008 年北京奥运会等活动都在推动文化"走出去"方面发挥了重要的作用。同样，文化"走出去"也是首都城市文化传播的重要组成部分，文化传播不仅仅依靠现代文化传媒，也得益于丰富的文化活动开展和广阔的文化交易市场。人们能从富有特色的文化活动/事件以及文化产品/服务的消费中感受到不同文化的风采和魅力，进而产生兴趣和好感，主动了解接受其他文化，而人作为文化传播的种子会将文化带到世界的不同角落，这在客观上也促进了不同地区的文化传播和交融，带动多元文化格局形成。在具体实施措施上，首都文化"走出去"一方面要构建多层次、宽领域的对外文化交流体系，以文化交流活动为契机，形成双向、互动、均衡的文化传播交流格局；另一方面，以文化产品和服务的有效输出，扩大在文化贸易和国际文化市场中的份额，文化交流和文化贸易是实现文化"走出去"战略的重要实现途径和现实载体。

首都文化"走出去"是一项系统工程，离不开完善的规划设计、主要内容、实施方案，但首先要在国家整体对外文化方略中加以审视。第一，文化"走出去"要形成中国特色话语。中国的发展已经无可置疑地成为世界热点，面对外部世界的好奇目光，我们需要形成对中国发展道路、发展模式、发展特色的中国话语表述，让国外更好地认识中国、了解中国进而理解中国。构建起与中国当前定位、发展现状、未来趋势相一致的话语表述和解释，总结形成准确阐释

---

① 这里需要注意，以国家文化"走出去"战略为背景，本书中所考察的首都文化"走出去"其主要对象是国外，北京对国内其他城市和地区的影响不在考察范围之内。

中国道路、中国立场、中国现状的对外表达方式，以提炼出的新概念、新范畴、新表述，彰显中国特色社会主义伟大实践和中华文化的精神标识，用中国价值观念不断增强中国话语的影响力和感召力。

第二，文化"走出去"需实现中外文化融通。文化"走出去"是在海外传播中国文化声音，必须考虑能否以及如何与世界更好地进行沟通和交流。世界多元文化舞台上，每一种文化都有其存在的价值，源远流长的中华文化更应该努力承担起自身的责任，为打破西方文化垄断、塑造多姿多彩的文化局面贡献力量，积极改变西方主流文化长期霸占着国际文化市场的贸易格局，这也是中国作为最大的发展中国家和世界第二大经济体应该承担的国际责任和义务。在我国文化"走出去"的实践中，应以负责任的大国心态积极输出反映中国特色、中国气派和中华风貌的文化精品，以开放包容的心态在中外融通的背景下传播中国信念和中国声音。这需要考虑差异化的文化语境和受众感受，找准中国与海外交流的契合点，以贴近国外民众思维习惯、兴趣爱好和语言偏好的内容和表达方式，使文化在"走出去"的过程中更好地与外部文化相融相通，推动中国文化在海外落地生根。

第三，以文化传承和创新积极推动文化"走出去"。文化"走出去"必须处理好传统与现代的关系，即坚定地依靠我国本土文化资源，积极向外呈现具有吸引力的传统价值、文化符号和审美元素，多方位、立体、直观地介绍灿烂悠久的历史文化；同时要在与外部世界的沟通交流中，积极学习借鉴国外优秀文明成果。一方面努力开掘传统文化优势资源，推动中华文化的接续和现代传承；另一方面不断与时俱进，通过理念创新、内容创新、形式创新等使传统文化在现代转换中焕发出源源不断的生机和活力，只有将两者结合起来，才能更好地对外国民众讲好中国故事、传播好中国声音。

（一）进一步加强首都对外文化交流

对外文化交流始终是文化传播的重点工作，广泛的文化交流使世界不同文化有了相互接触和了解的机会，也增加了彼此的信任和互助。在当前京津冀协同发展、推动"一带一路"建设和筹办 2022 年冬奥会的重要契机下，加强首都对外文化交流，是为城市营造良好的外部发展环境、丰富城市文化传播实践、不断激发城市的文化活力和创造力，以及树立城市文化品牌和形象的重要渠道和表现形式。

1. 扩大对外文化交流主体，以政府为主导构建多层次文化交流渠道

政府发挥着对外文化交流的主导角色。在国家层面，国家形象宣传片、孔子学院、文化中心建设等成为加强文化交流、建立国家形象的突出案例；在城市层面，包括国有文艺院团演出、大学等学术机构互访、重大展会、艺术节庆等在内的各种主题和形式的交流活动也纷纷开展，取得了积极的效果。但也要认识到政府主导文化交流活动的局限性，这种交流只能展示文化的某些方面或在部分人群身上起到一定的作用，尚需不断扩大交流主体、增强对外交流的社会基础。第一，鼓励非公文化企业、非营利组织和各种民间团体参与对外文化交流。充分利用北京作为全国文化中心、国际交往中心的优势，通过国际图书博览会、国际文化创意产业博览会、国际艺术节等活动平台和国际组织、团体间展览、会议等的举办，让更多主体参与到传播城市文化中来，以活动促交流，能以更灵活、更专业、更有效的方式编织起广泛覆盖的人际和社会关系网络，为继续深入交流奠定基础并不断扩大文化传播的受众面。第二，让海内外民众成为对外文化交流的重要支撑力量。人是文化的最好载体，也是外部世界观察中国的最好窗口，一方面充分发挥广大市民、海内外华人的文化交流作用，通过言传身行向国外民众传递北京的深厚历史底蕴和文化内涵；另一方面巧妙借助国外民众的中介作用，让他们成为北京文化的传播使者，这样两方面结合，将民间文化交流的作用利用好、发挥好，潜移默化地达到文化交流和走出去的目的。

2. 扩大交流的受众参与面，使文化交流广泛覆盖多样化人群

以文化传播的对象而言，有效的文化传播需要覆盖到当地的主流文化、精英文化、大众文化等不同文化人群。目前，我国政府层面推广的对外文化交流以丰富多彩的文化艺术活动为主，主要受众面是当地群众和热爱中华文化的特

定人群，影响范围和程度都受到一定限制，尤其在英、美等发达国家，文化"走出去"还很难覆盖当地的主流社会和精英阶层。这就需要针对不同文化人群制定差异化的文化交流计划，既注重民间文化交流，又发挥高雅艺术、现代艺术和高端论坛、会议的桥梁作用，分析调研并积极对接不同文化需求，通过层次性的文化项目和文化活动，使文化交流覆盖多样化的人群。

另外，考虑到有大量工作和生活居住在北京的外籍人员以及来京旅游的外国游客，对外文化交流既包括"走出去"到其他国家和地区进行城市文化交流拓展，也包括面向外籍人群的北京本地文化交流和宣传活动。"走出去"是积极主动地融入其他文化，向不熟悉不了解北京城市文化的外国民众传播北京城市文化的行为，是具有开拓意义的文化"播种"，而在北京进行城市文化交流则是面向已经对北京城市文化感兴趣、有深入了解意愿的外国人群，进一步引导他们去了解城市文化的深层和不同侧面。就影响范围和交流效果而言，前者的影响力和所起到的效果更大，但就深入性和专业性而言，后者肯定更高。北京对外文化交流需要结合这两个方面，将对内、对外文化传播不断推向深入。

3. 充分利用各种文化交流平台，塑造城市文化积极对外传播的良好形象

在推动首都北京城市文化"走出去"、开展城市文化交流的过程中，北京充分利用国家对外文化交流的平台进行城市文化推介，同时依靠自身传统和现代文化资源形成具有广泛影响力的对外文化交流活动，向世界传递文化北京魅力之都的城市文化形象。

北京积极搭建国家"中国文化年""文化周""欢乐春节"海外新春巡游和中美文化论坛、中欧文化对话、亚洲艺术节、中非文化部长论坛等活动平台，宣传北京特色城市文化内容，并利用各国的中国文化中心开展城市主题文化活动来宣传、扩大城市影响力。以春节为例。春节已成为享有广泛世界知名度并拥有全球观众的中国传统佳节，形成了中国在海外最有声势的文化品牌，同时春节也是凝聚海外华人的重要心理和情感纽带。伴随着中国经济和国力的大幅提升，文化"走出去"步伐的加快，海外春节活动的内容和形式都更加丰富、更加生动，"文化中国·四海同春""欢乐春节·艺术中国汇"等活动用中国

式欢乐感染世界，春节热已经成为全球中国热的缩影，是中国走向世界、拥抱多元文化的一张名片。"欢乐春节亚欧行"以"北京之夜"综艺晚会为龙头，在土耳其、罗马尼亚、匈牙利、瑞典、意大利、埃及等国上演，歌舞、戏剧、杂技等精彩文艺演出和剪纸、风筝、空竹等非遗项目，让更多的异国观众真切感受到了中国新年的祥和喜庆，也近距离地体验了北京文化，做到了城市文化和国家形象营销的双赢。

北京市政府也积极利用反映城市特色的文化活动加强对外交流，并通过挖掘历史文化资源创新交流内容和形式。第一，以城市特色对外推介城市文化，"北京之夜""魅力北京""相约北京"联欢活动等都是通过室内文艺演出、广场联欢、分主题展览等内容宣传北京城市文化的重要活动。这些活动由于数年的累积，已经成为国家级大型综合国际艺术节，获得了国内外艺术界的认可，也产生了良好的社会和文化影响。第二，在传统文化发扬方面，利用京剧在国内外享有普遍而广泛的声誉，北京京剧院先后推出"传承之旅""双甲之旅"等文化活动品牌在美国、巴西、日本等国演出，有力地推广了国粹京剧，成为北京城市文化的一张名片。第三，利用北京中外交往的历史和突出事件、人物重新开掘意义、进行文化主题延伸，以主题展览、讲座、文化推广的形式向外国观众讲述两国的历史关联和深厚友谊，为推动进一步深入交流打下基础。2014年北京在法国巴黎欧洲时报文化中心举办的"贝家花园——一个法国医生在北京"为观众讲述了抗战时期一名法国医生援华的光辉事迹，同时推出的"圆明重光——圆明园文化展"作为北京市对外文化交流的品牌已先后成功在德国柏林、俄罗斯莫斯科举办，展览将传统图片、模型、音视频和数字互动、3D技术等创新手段结合，展出了昔日皇家园林圆明园的历史沿革、沧桑巨变和现代保护开发，并以主题文化互动体验拉近了法国观众和北京传统文化的距离。

4.丰富对外文化交流的渠道，扩大交流的影响力

在传播交流手段日益丰富的今天，需要积极采用多种媒介促进对外交流活动，将传统和现代方式有效结合，实现线上和线下的整合，既通过传统的面对

面实地交流、广告与营销、广播电视、电影、音频与摄像、出版印刷等媒介，也凸显互联网、数字媒介在扩大传播方面的影响力，以媒介融合为契机，积极借助多种手段进行文化展示和交流。

在城市对外交流实践中，从媒体传播渠道而言，以前往往更注重艺术演出、影视作品到国外演出或是去国外影院放映的传统渠道，传播受众和效果有其局限；而利用新技术成果，现在可以借助网络和新媒体渠道，如开发文化主题类网站或新的应用程序 APP 吸引外国用户和观众，使他们能更容易、更方便地接触到北京文化，在目前已有的网站和 APP 上添加多种应用语言，扩大使用用户群。在实地文化交流上，考虑改变过去剧场式的演出和交流方式，推广从室内走向室外，积极融入当地人的日常生活，以文化的交融和对话来提升交流活动的效果。

5. 打造对外文化交流品牌，努力扭转交流逆差

借助春节在海内外的影响力，"欢乐春节"已经成为北京对外交流的著名品牌。北京既代表着国家形象又作为城市主体参与对外文化交流，自 2010 年冠名以来，"欢乐春节"活动的足迹扩展到越来越多的国家和地区，除了纽约、伦敦、巴黎等世界主要城市外，2015 年，活动规模继续提升，在 119 个国家和地区、334 座城市举办了 900 项文化活动。经过几年的发展，海外的春节庆祝活动在进行中国文化推广时不断融入当地文化元素，举办场所也从唐人街、中国城等华人聚集区走入当地主流场所，庆祝活动也日渐进入主流社会[①]，文化走出去培养了越来越多的中国文化迷，树立了北京良好的城市文化形象。

国家文化走出去背景下的首都对外文化交流尤其要正视中外文化交流的逆差，面对西方文化占据的明显优势，要努力发挥本地区的文化创生性，寻找文化的精神生长点，发挥首都城市文化优势，将本土文化内容和国际普遍能接受的形式相结合，努力拓展海外观众群。"亲历北京"和"魅力北京"就是很好的例子。"北京沙龙·亲历北京"结合传统节庆，通过庙会文化、传统茶文化、

---

① 《2015年海外"欢乐春节"：将在119个国家地区举办900项活动》，参见新华网：http://news.xinhuanet.com/newmedia/2015-02/11/c_1114339754.htm。

宫廷和民间美食文化、京剧、京派手工艺术等不同文化侧面，向在京境外人士生动形象地展示城市文化内涵和底蕴。"魅力北京"图片展则以外籍人士为参与主体，选取外国摄影师拍摄的北京图片，向民众多角度地展现北京的自然风貌、人文景观，凸显城市历史文化内涵和日新月异的现代城市文明，以更贴近国外观众的视角直观、形象、生动地呈现魅力北京的形象。图片展已经先后在三十多个国家举办了七十多场，积极传递了当代北京的友好面貌。此外还有"传承之旅""双甲之约"等品牌演出先后赴巴西、美国、日本等推广国粹京剧。城市品牌交流活动借助其巨大号召力，在海内外民众中持久地产生积极的影响，这成为北京对外文化交流的一个亮点。

首都对外文化交流不仅在丰富多彩的文化活动上积极展示城市文化面貌，还十分重视与国外政府、机构、民间组织的合作，在文化遗产保护、民间文化交流、环境保护等方面与国外展开深入合作，利用各种政府会议、专业论坛、调研考察等交流形式，增进与其他国家和地区间的相互了解，提升了北京作为国际城市的世界影响力。

（二）继续扩大首都对外文化贸易

市场竞争条件下，全球贸易的广泛开展使得贸易活动也成为扩大不同国家和地区相互间交往和了解的重要渠道，以文化产品和服务为主的文化贸易，成为不同主体间文化传播交流的重要手段和方式。由于文化产品和服务自身携带的精神属性和文化品质，也使得文化贸易区别于一般贸易行为而打上了文化烙印，成为跨地区文化传播的重要实践活动。就北京而言，水晶石、完美时空等为数不多的知名文化品牌并未改变城市文化对外贸易的总体趋势，北京文化传播和对外输出的文化产品主要以绘画、声像制品、视听媒介、宣纸等物质文化产品为主，精神属性的文化产品如图书、电影、印刷品、报纸期刊[①]等还处于弱势，文化产品的人文属性和文化含量尚有待提高，对外文化贸易还不能很好地展示

---

① 见北京海关网站统计数据：http://beijing.customs.gov.cn/publish/portal159/。

当代北京、当代中国的精神风貌和文化内涵，尚需从政策导向、企业经营、需求对接、优势提升上加以注意。

1. 政府政策助力对外文化贸易

为了扭转我国文化贸易在国际市场上的劣势，2014年3月，国务院印发《关于加快发展对外文化贸易的意见》，着力改变我国核心文化产品和服务竞争力不强的局面，鼓励一批具有国际视野的文化企业走入国际市场，扩大文化领域境外投资，提高我国文化企业参与国际竞争的能力。在国家政策导向指导下，同年8月，北京市政府和文化部共同出台《关于加快国家对外文化贸易基地（北京）建设发展的意见》，提出规划建设国际文化贸易企业集聚中心、国际文化产品展览展示和仓储物流中心及国际文化商品交易服务中心三个功能区域，以对外文化贸易基地积极开展对外文化贸易创新试点工程和项目；同年12月，国家对外文化贸易基地（北京）企业集聚中心基本建成，一站式文化保税服务平台投入使用，进一步推动了企业对外文化贸易。国家对外文化贸易基地（北京）的建立，对于扩大北京对外贸易规模、提升文化贸易水平，参与国际文化竞争和合作将起到积极作用。

2. 尊重国际市场规则促进文化贸易发展

在全球一体化背景下，西方文化仍主导市场，中国文化"走出去"还面临着比较大的困难。对外文化贸易中，要注意采用适应国际惯例和市场运作规律的营销方式，探索境外市场化、商业化、产业化的运作方式，加强国际文化产品与服务的交易平台和营销网络建设。熟悉国际文化贸易规则，不断增强企业的国际化运营能力，通过合作、交流、贸易等方式学习借鉴西方文化公司的成熟经营管理模式。一方面要发挥大型文化集团和龙头企业的优势，鼓励大企业在境外设立文化企业和中介机构；另一方面也要发挥中小文化企业的市场敏感性，突破技术瓶颈，紧跟市场新形势，开发新的文化产品输出和贸易模式。在文化产品输出中充分考虑所在国的文化传统、宗教信仰、民众喜好和消费需求，有针对性地推出具有城市文化特色和标识的文化精品。开发具有市场需求和文化竞争力的特色文化产品。

在此基础上，文化贸易不能仅停留在文化输出的层面，文化"走出去"还必须融入外部环境并进入广泛的交流、互动和合作的新阶段，通过搭建跨国、共享的交流平台实现文化产业的强强联合和企业联盟，在研发、生产、销售等环节提高国际化水平，积极参与全球资源分配和价值链整合。鼓励有条件的文化企业加快走出去步伐，以企业并购、控股、合作等方式开拓国际市场，如天创国际演艺制作交流有限公司于2010年收购美国密苏里州布兰森市白宫剧院，推出中国品牌剧目《功夫传奇》；万达集团2012年收购美国第二大院线集团AMC，通过购买100%股权和承担债务的方式成为世界上最大的电影院线运营商，此外，华策、爱奇艺、华谊兄弟等文化企业也纷纷在海外布局产业。

3. 发挥新闻出版的产业优势，鼓励各种所有制企业参与文化贸易

新闻出版是向国外传输城市思想价值观念，帮助国外民众了解北京的重要渠道。利用北京出版业发达的优势，制定新闻出版业"走出去"总体规划和实施内容。通过对国内外文化市场和政策环境的研究，帮助新闻出版企业开拓海外市场，加大支持新闻出版产品对外贸易、版权输出、合作出版力度，生产适应境外市场的新闻出版产品，以多种方式进入海外市场；支持各种所有制新闻出版企业到境外投资兴小实体，通过新设、收购、合作等方式到境外落地和实现本土化，鼓励出版企业、出版优势品牌的海外发展；完善出版物出口统计制度，设立出版物海外推广中心、实施翻译人才库工程；实施"经典中国"国际出版工程、中外图书互译计划、中国音像制品"走出去"工程、中国图书对外推广计划；支持新闻出版企业参加国际书展等国际大型展会和文化活动，增强北京国际图书博览会等出版、版权交易平台的国际影响力，充分发挥展会平台在推广文化产品和服务方面的积极作用。

四　文化传播案例：国家形象宣传片的传播效果

北京肩负着作为中国首都的国家形象塑造的重任，在"中国威胁论""中国责任论""中国机遇论""G2论""中美论""中国时代论""发达国家论"

等各种言论在国际甚嚣尘上的当下，如何在东西方文化、价值观、思维方式等的巨大差异下向世界传递积极的国家声音和城市形象，克服西方中心主义形成的认知评价差异、消除偏见和敌意，是首都城市文化传播的重要课题。"北京共识"的倡导者库伯·雷默曾指出，西方世界的人们对中国的理解并不充分，建立国际社会的信任和营造良好的国际形象成为文化传播的首要任务。

北京城市"走出去"是国家"走出去"的重要部分，在对外形象塑造上，无论各种北京城市宣传片还是国家宣传片，都通过对城市的视觉展现突出北京作为国家首都的形象和主题，但论及播送渠道、舆论热度、外国民众关注度等，北京申奥宣传片、城市旅游宣传片的影响都不及在纽约时代广场、BBC、CNN等世界主要媒体上播送的中国国家宣传片影响大，故本节选取国家形象宣传片分析首都文化传播效果。

中国国家形象宣传片由国务院新闻办公室委托灵狮广告公司拍摄完成，主题分为 1 分钟《角度篇》和 15 分钟《人物篇》，宣传片于 2010 年 8 月在北京开机，2011 年年初《人物篇》"登陆"纽约时代广场户外屏。虽然拍摄地点分布各地，但北京作为背景和表现主题多次出现在宣传片中，这是因为北京不仅代表了古代中国和传统文化的形象，也作为国内城市的突出代表体现了国家现代化建设的伟大成就。应该说，国家形象宣传片是我国主动"走出去"宣传国家文化软实力的突出案例，其中《人物篇》展现了中国的杰出人物，而《角度篇》则积极展示了中国历史悠久、开放现代而又具有强大包容性的国家形象。

由于适值时任国家主席胡锦涛访美，宣传片一经播出，就在国内外引起了广泛反响。国内以正面宣传为主，认为以宣传片为主的国家形象宣传战略向世界展示了生动、立体而又真实的国家形象，是积极自信的中国向世界传递的一张名片。[①] 而国外反映则褒贬不一，既有国家成功公关的赞誉，也有抱有怀疑目光的审视者，美国人巴尔曾集中分析过宣传片的国际影响。在迈克尔·巴尔所著的《中国软实力——谁在害怕中国》一书中，他分析了中国通过形象宣传

---

① 中国网系列报道，http://news.china.com.cn/node_7103038.htm。

片所产生和达到的效果。巴尔从宣传片的内容进行了分析，他选取了三个典型的批评反应：一是片子只展示了中国的一小部分和精英人群，容易造成片面印象；二是片子强调中国财富创造、科学进步方面（突出物质）的成就的内容不仅没能引来好感，反而引起主要受众——美国人对中国力量的担心；三是片中的大部分名人中国人耳熟能详，但对美国人而言十分陌生，目标人群定位不清晰。由此，巴尔认为形象片"重要的目的可能是向本国人民展示中国所取得的巨大成就"，"不仅意在博得外国人的好感，也是为了激发国民的民族自豪感"[①]。

突出展现社会进步、发展成就、与国际接轨，形象片将国内的一套宣传推广方式照搬到国外，希望同样激起外国观众的好感和支持，确实在海内外引起了不小的轰动，也成为积极营销自身形象的例子，但从传播的角度而言，片子确实未能做到精准定位、有的放矢，就难免水土不服，引起一些争议和批评。

第一，从选择投放的平台和场合来看，不论是纽约时代广场，BBC、CNN等国际主流媒体还是用于使领馆节庆、外交性质的酒会等外事活动，都体现了国家渴望在世界舞台上展示国家实力和形象的雄心，以主动"走出去"的姿态改变我国在国际上的舆论弱势，以期在传播与交流中增进了解和认识，为国家发展营造良好的外部环境的动机。

第二，从表现内容和效果来看，宣传片在世界上积极宣扬了中国的国家形象，也引起舆论的关注，产生了较大的反响。《人物篇》主要聚焦于名人明星等社会精英人士，因为过多集中于名人且人物面孔太多而受到不少诟病，但该片总策划人朱幼光认为，在政府的对外宣传中头一次使用国民而非官员形象，已经有了非常大的进步，而且宣传片如果能在外国人中引起兴趣就已经迈出了成功的第一步；《角度篇》则通过不同主题力图展现近几十年建设和发展的成果，塑造了传统与现代并存、活跃多元开放的整体形象，却也因希望展示中国发展成就反而引起外国的担心。

总体而言，中国宣传片还在着意凸显国力强盛和发展的现代化（与国际接

---

① [美]迈克尔·巴尔：《中国软实力——谁在害怕中国》，石竹芳译，中信出版社2013年版，第42—46页。

轨），这种对外"逞强"内在心态的形成有历史原因，也跟我国发展阶段有关。与美国等西方发达国家相比，一方面，中国的发展还比较落后，另一方面外部世界对真实中国的了解甚少，不少尚停留在故宫、长城、四大发明等古代物质文化层面上。国家宣传片以现代中国影像向世界传递更加开放、更加丰富全面的中国形象，就其效果而言，积极作用应该大于负面影响。但国家形象的塑造不是一蹴而就，在今后的对外展示国家形象过程中，仍然面临着很多现实问题，"走出去"仍是第一步，如何进而获得外部的理解和信任并赢得外部发展机会是接下来的重点。可以说，在走出国门塑造国家形象的过程中，最大也是最集中而突出的问题，就是要明确该向外部世界展示怎样的形象以及如何展示国家形象，明晰的设定正是国家形象打造的关键，同样也是城市和国家文化传播的关键。

如果比较纽约和北京两座城市的对外文化传播，可以发现纽约的城市文化传播一开始就在国家文化外交的背景下，积极向世界各地输出美国的价值观念和流行文化，使得美国在不需要刻意传输美国文化的前提下就能达到较好的效果，美剧、流行音乐、美国大片等已经在不知不觉中就影响了其他国家的价值观念。近年来由于互联网和新媒体技术的发展，现在人们对美国的主动了解获得了更为便捷的渠道，城市传媒也在传统媒体奠定的坚实基础上又开展新媒体实践，进一步扩大了城市的文化传播能力。当纽约市的时代广场和百老汇成为城市的文化和形象代言时，说明纽约的文化已经渗入对外传播中，造就了强大的城市文化软实力和对外竞争力。

相较之下，北京的国际文化传播仍处于初级阶段，其国际文化城市的影响力还在形成之中，北京在城市文化传媒建设和发展、城市文化交流和贸易活动、城市文化形象塑造上仍有大量工作需要去做。在下一阶段，第一，主动"走出去"仍是城市文化传播的主要任务，积极参与各种形式的交流和贸易活动是扩大北京城市影响力的重要手段；第二，要根据传播对象和受众有针对性地提升人们对北京和中国的关注度和兴趣，有选择性地输出海外市场反响良好、人们乐于接受的城市物质文化和精神文化产品；第三，提升城市文化的转译能力，尤其重视对英文的运用，使城市文化能以国外民众看得懂、理解得了的方式走入国际社会，如加强相关文化网站的英文建设；第四，在文化传播方式上，不断扩大文化传播渠道，积极采用互联网和新媒体增强文化传播能力，运用多媒体手段不断丰富传播内容和方式。

文化在本质上有关于意义的生产和传播。城市在传播过程中尤其要借助文化的途径，发挥文化的对外吸引力，以受众较容易接受的内容和方式加深并优化人们对城市的印象，通过适应受众心理的文化手段逐渐培养外部公众对城市的好感。同时，文化概念下传播具有双向性，传播既是一个向外界展示的过程，也是形成自我认识的过程。城市在文化传播的过程中不断检视着自身的发展得失，也积极向外寻求着发展动力，城市就是一个不断发展和塑造自身整体形象的过程。而无论是传播的内向或外向维度，都涉及对自身的认知，这就关系到城市的理念和精神内核。高度发达的信息社会中，传播能力直接关系着文化理念和价值观念的流传度，首都城市文化传播需坚持以传播城市精神理念为核心，不断拓展传播渠道、丰富传播手段，结合多种有效文化手段对外传递中华文化和城市文明成果，加快构建高效、便捷、立体、多维的文化传播体系，才能更好地传播思想观念和文化内涵，形成与国家首都和国际交往城市地位相适应的城市吸引力和影响力。

结 语　提升首都城市文化软实力的思考

文化有一种很强的聚合能力，能将不同背景的人们联合在一起形成新的文化共同体，这种精神上的文化纽带是一个城市强大的重要标志，也是文化成为一个城市（或地区、国家）实力和竞争力的内在原因。城市文化软实力以文化彰显城市的强大实力，体现了城市文化在向城市内部和外部传输城市精神、思想文化、价值理念、发展成果、发展愿景时对公众形成的凝聚力、感染力、吸引力和影响力，能从内而外地塑造、影响甚至改变人。以加强全国文化中心建设、积极建设世界文化名城和世界文脉标志为目标，首都城市文化软实力的提升不仅要在城市发展的时间脉络中明确北京城市当前发展所处的阶段，也要在广阔的世界视野中找准北京作为中国国家首都城市的独特国际地位。只有在历史和现实的基础上准确定位北京所处的时空坐标，将历时性维度和共时性维度结合，才能确定城市文化软实力提升的具体内容和努力方向。首都城市文化软实力建设需要发挥首都城市文化的精神凝聚力、感染力和影响力，在以上的考察中，从保护历史文化和弘扬现代文化入手，探讨了加强城市文化建设与拓展城市文化传播，下面将从总体视野出发，就影响首都软实力发挥的问题进行分析并提出对策建议。

一　首都城市文化软实力提升的总体视野

首都北京在城市文化软实力的形成和提升中离不开对国内外发展格局和趋

势的把握，只有充分利用城市文化资源以及良好的外部环境和机遇，才能以文化实力带动城市整体发展，建设好全国文化中心城市和世界文化名城。总体而言，首都城市文化发展需要适应好以下发展形势和发展背景。

（一）利用新常态下城市转型机遇期，以文化产业优化发展结构

首都城市文化软实力的提升需要考虑国内经济新常态的背景。新常态下我国经济由高速增长转向中高速增长，城市经济结构不断优化升级，表现为文化产业等第三产业的比例不断上升，创新驱动取代要素驱动、投资驱动成为经济社会的主要增长动力。调整经济结构、转变发展方式是应对新常态的主要路径和方式，这与经济下行压力下城市以转型发展寻求新的增长动力的要求十分契合。工业化阶段后，城市也面临着以第三产业推动传统产业转型升级、促进城市可持续发展的挑战，需要围绕产业结构调整与新产业体系构建来不断优化城市结构和功能，这就要继续加强文化在激发发展活力、促进城市经济增长、调整发展模式方面的推动性力量，尤其重视文化相关产业在刺激城市文化生产和文化消费中的突出贡献。

（二）把握京津冀协同发展战略，以文化推动区域一体化发展

北京城市文化软实力提升面临首都城市非核心功能疏解和京津冀协同的政策形势。经济全球化使得以大都市为核心的城市圈协同发展成为时代主潮，如北美五大湖城市圈、日本太平洋沿岸城市圈、国内的长三角等。在京津冀城市圈中，北京要积极向外疏解非核心功能，在京津冀整体格局中突出自身的文化特色和地方优势，与天津市、河北省实现资源共享和优势互补，努力实现区域内人口、资源、要素的合理配置，实现良性支撑、共同发展的局面，共同形成竞争力更强的特色城市区域。在实践中，北京要以首都文化发挥高端引领和示范作用，形成对天津、河北的文化辐射力，通过《三地文化协同发展战略框架协议》形成沟通协调机制和联席会议制度，在历史古迹和非物质文化遗产保护、公共文化服务设施建设、精品文化艺术交流互访、文化产业交流合作、文化人

才联合培养等多方面加强协商合作，以文化合作带动区域一体化发展。

（三）瞄准世界文化名城建设高端目标，积极融入世界城市竞争

融入世界城市体系、建设世界文化名城，是北京在当前和今后发展中的重要目标和任务。随着经济全球化和区域一体化的发展，国家、地区之间的竞争集中地体现为城市之间尤其是具有影响力的大城市、特大城市之间的竞争，北京作为国家首都，是引导中国进入全球化的重要推动力。以世界文化名城建设为目标，在更高层次上参与国际合作和竞争，是北京增强全球竞争力和可持续发展能力的重要体现，能使北京通过强化全球性联系超越区域局限，从全球化中汲取发展活力，进一步提高城市发展的质量。

二　首都城市文化软实力提升面临的问题

（一）历史文化遗产保护与名城文化传承不协调

第一，文化遗产保护力度不一，区域差异较大。目前老城保护已经形成了良好的保护基础和社会氛围，但其他区域历史文化保护还处于文化遗产调研和整理阶段，各方面投入力度远不及中心城区，在传统文化内涵挖掘上也存在较大差异，造成不同区域历史文化保护的不同步。第二，北京历史文化名城保护还存在物质性保护和名城文化传承、基础保护和创新利用方面的不平衡。当前北京历史文化名城保护的工作重点仍在文物古建的腾退和修缮维护上，名城历史文化资源的传承利用程度不高，虽然以故宫为代表已在古都文化的现代诠释和呈现上取得了一定成效，但对于如何更好地发挥传统文化优势、挖掘文化内涵还在探索中。第三，名城保护和北京城市发展的关系还需进一步理顺。北京历史文化名城的文化传承和发展尚需深入，历史文化资源的经济社会效益有待进一步实现，需积极融合古都风韵与时代风貌，处理好千年古都和现代化国际大都市之间文化继承与发展的关系。

（二）城市公共文化的社会共享不均衡

北京城市公共文化建设在全国处于领先地位，但由于北京公共文化服务体系整体格局和结构有待优化，公共文化供给的区县差异、城乡差异、数字化鸿沟等问题仍然存在，需要以创建首都公共文化服务体系建设示范区为导向，积极统筹文化资源，统一规范标准并在建设中逐步缩小差距，促进公共文化服务体系的均衡发展，提升公共文化服务的均等性、普惠性。在公共文化的服务效率方面，市场化手段仍需加强。公共文化服务的社会化运营机制仍在摸索之中，文化市场还十分不完善，文化服务主体的缺失和相关文化政策的缺乏是主要原因。目前，在政府考虑购买社会服务时，碰到的一大难题就是可选择的名单极度缺乏，民营、非营利性组织寥寥无几；另一方面，民营组织和非营利性组织的成长和发展也受到资金、政策和社会环境的诸多限制。因此，积极培育和扶持公共文化市场主体，为民营及非营利性组织提供成长和壮大的良好政策环境，建立文化艺术基金会组织，适度予以资金扶持、税收优惠并完善评估监管的制度保障是下阶段工作的着力点。

（三）创意设计尚显不足，城市文化生产仍需加强

创意和设计是城市文化产业的动力和支撑，也深刻影响着城市的文化形态和文化品质。目前，首都文化创意和设计驱动对城市文化产业和城市文化生活的贡献还未充分发挥，创意层次不高、表现方法和手段单一、科技含量不足、高端创意人才缺乏等仍是制约北京创意城市和"设计之都"建设的关键因素。如何深入发掘城市文化资源，激发城市创意活力并将城市创意和设计要素转化为城市的文化生产力，有效结合文化、知识和技术，是北京推动创意、设计产业和文化发展需要解决的当务之急。

（四）文化传播的国际影响力不强，北京城市形象不够突出

除了现存历史古迹、几大标志性建筑和京剧、武术等传统文化遗产外，北京的城市文化形象在国际上并不突出。尽管北京奥运会的成功举办，为中国文

化、首都城市文化走向世界注入了强劲动力，北京也借"人文奥运"向世界积极宣传和展示了城市文化，但城市对外文化传播能力相较于国外发达城市而言仍十分薄弱，对外话语能力还不强，城市文化对外传播的渠道以及传播内容的质量和水平还有很大提升空间。一方面，加强传统媒体和新兴媒体融合，是建立现代文化传播体系的重要内容，城市现代文化传媒在整合传播平台、借助不同媒介手段和渠道有效进行城市文化传播方面还有大量工作需要去做；另一方面，城市对外文化交流和文化贸易在保证"量"的基础上更要注重"质"的提高，改变过去文化含量不高、内涵贫乏的浅层次文化输出局面，以能充分体现城市精神内涵和品质的深层次文化交流活动、深度文化产品等展现城市对外文化传播的实力和水平。

三　提升首都城市文化软实力的对策建议

加强首都城市文化软实力建设，需要从历史文化保护传承与现代文化城市建设出发，有效借鉴著名世界文化城市的文化建设发展经验，充分考虑到城市文化的多面性和复杂性，在政府、市场和公众之间建构起和谐的社会和文化发展局面，不断提高城市的文化发展水平和综合实力。

（一）利用政策导向加强文化融入城市发展的总体设计，增强城市文化的凝聚力

在促进城市文化发展方面，政府始终扮演着重要角色，对文化的全面建设和发展起着引导支持的作用。不论是在处理文化传统和现代文化发展的关系，还是促进公共文化事业和文化创意产业发展等问题上，都需要政府在把握大局基础上进行综合统筹，有效发挥文化对社会经济发展的贡献，从总体规划、政策措施、行政及金融激励手段等方面加大对文化的支持力度，目前世界上不同城市都在以文化促进城市发展上做出了卓有成效的理论和实践探索。应该说，将文化规划纳入城市总体设计，把文化要素融入不同行业提升城市发展，是北

京作为国家首都、全国文化中心城市和世界文化名城的必然选择，还是实现城市创新驱动、高端引领和绿色发展的重要路径，也是首都在世界城市竞争中保持优势的重要因素。北京在复杂的国内外环境中，一方面需要确立首都文化的自强自信意识，保持自身的历史传统和文化特色，以文化展现城市风貌；另一方面需不断吸收和借鉴其他城市的优秀文化成果，在多元、开放、自由、活跃的氛围中加强与世界的交流和互动，不断增强城市文化的凝聚力和感召力。

（二）调动不同社会主体的文化参与积极性，活跃城市文化氛围，提升文化感染力和吸引力

不管是首都公共文化事业还是城市文化产业发展，只有经得起市场和观众检验的文化艺术作品，才是城市文化的集中代表，才能真正体现城市文化的大繁荣、大发展，因此需要充分发挥市场在资源配置中的基础性作用，调动不同社会主体参与到城市文化创造的实践中，生产出更多能反映城市历史文化底蕴、独特精神特色和城市文化面貌的文化产品。这方面美国值得我们学习和借鉴，美国在没有主导文化发展的文化部存在的情况下，却仍然形成文化的全球影响力。有研究者指出，美国文化在全世界的急剧扩张由多股合力的影响促成，"在上游，独特地交织着大学艺术实践的卓越水平、特别活跃的'亚文化'和社区、比欧洲更确定的公共关注。此外还有几百个基金会对文化的不懈支持、激励性的税收政策、工会的积极支持、非营利机构的核心作用和更近时期的企业文化赞助。……（这些公共部门和非营利部门）构成不为人们了解的真正的'生态系统'，构成一种非常独特的模式"①。这种独特的文化生态既繁荣了美国国内的文化市场和文化生活，也确保了美国文化的全球扩张。在加强首都城市文化建设、以城市文化活力提升城市文化软实力的过程中，需要尊重市场规律，不断扩大文化生产和文化活动的参与主体，有效调动文化企事业单位、非营利组织、基金会、高校及艺术院所等组织和机构的文化参与积极性，使之提供更

---

① [法]弗雷德里克·马特尔：《论美国的文化——在本土与全球之间双向运行的文化体制》，周莽译，商务印书馆2013年版，第430—431页。

优质更丰富的城市文化产品，在推动城市经济发展的同时满足居民的文化需求。同时还要注意首都公共文化服务的服务效能提升，在基础设施全覆盖的基础上，根据人民文化需求，提升文化设施的利用率，满足人民多样化的文化需求，积极推进公共文化数字平台建设，通过基层化和精细化将公共文化服务落到实处，全面提升文化的感染力和吸引力。

（三）充分发挥城市居民和外来人口的创造力，以创新增强城市文化发展活力和城市文化生产力

作为现代城市发展的最大动力，创意创新在激发城市想象力、增强城市发展活力方面发挥着越来越显著的作用，而创意创新很大程度上取决于人才。城市居民和外来人口既是城市文化的直接受惠者，也是推动城市文化更新发展的动力来源，城市人的文化修养和创造性潜力，不断滋养和丰富着城市文化的内涵和表现样态，并激励着城市的文化传统更新与文化再造。世界文化城市的一大特色就是拥有吸引和聚集各类人才的能力，这些来自不同国家和地区的国际学生、各类人才会给城市提供源源不断的创意和活力，从不同的领域助力城市文化和社会经济发展，伦敦、纽约、东京等城市都有着丰富的国际人才储备并极大地推动了城市创新发展。北京集聚了大量国内外高精尖人才，凭借其人才优势，首都应抓住机遇积极顺应国家创新创业趋势，依托中关村创业大街、文化和科技产业园区、集聚区、各类创投孵化器等加大城市创新研发和创业力度，充分发挥城市多样化人才和新兴创意阶层的智力优势促进城市文化生产。

（四）加强城市国际文化传播能力建设，有效提升城市影响力和城市形象识别力

增强国际传播能力建设是有效对外展示城市发展实力的重要途径，首都城市文化传播需融入国际主流媒体，拓宽中华文化和城市文化"走出去"的途径和渠道，积极对外展示包容亲和的城市文化形象，推动对外文化交流向广度和深度发展。一是重视传播的文化内涵，积极宣传优秀民族文化产品和城市文化

特色，推送内涵丰富、品位高、特色足的文艺作品走出国门走向海外，同时要避免重复输出一些如单纯的歌舞、杂技等浅文化层次的文化作品；二是壮大主流媒体综合实力，加强舆论阵地建设，以新媒体手段加强媒体融合发展，不断扩大媒体的影响力和影响范围，增加舆论引导的公信力，借助首都城市传媒积极输出我国的价值观念和文化理念，讲好中国文明进步发展的故事；三是尊重跨文化传播的规律，增强对外话语能力，与国际话语体系保持对接，结合受众文化背景和心理提高传播的接受度和认可度，用海外受众能接受的方式传播中国声音，以有效的跨文化传播塑造良好的国家形象和城市形象；四是利用好国内国外两个市场、两种资源，也要在对外文化输出中兼顾市场利益和文化社会效益，打造著名文化品牌和公司企业，扩大城市知名度，树立良好的城市文化形象。

参 考 文 献

国家与城市软实力研究类

门洪华主编:《中国:软实力方略》,浙江人民出版社,2007年。

张国祚:《中国文化软实力研究报告2010》,社会科学文献出版社,2011年。

张国祚:《中国文化软实力研究要论选》,社会科学文献出版社,2011年。

张国祚:《中国文化软实力研究报告2012》,北京大学出版社,2013年。

王树林主编:《软实力与软产业——北京发展经济的资源优势与产业优势研究》,知识产权出版社,2010年。

童世骏:《文化软实力》,重庆出版社,2008年。

骆郁廷:《文化软实力——战略、结构与路径》,中国社会科学出版社,2012年。

唐代兴:《文化软实力战略研究》,人民出版社,2008年。

彭立勋:《文化软实力与城市竞争力》,中国社会科学出版社,2008年。

花建:《文化软实力——全球化背景下的强国之道》,上海人民出版社,2013年。

陶建杰:《传媒与城市软实力:基于结构方程模型的研究》,上海交通大学出版社,2011年。

第五届北京中青年社科理论人才"百人工程"学者论坛文集编委会:《北京精神:构建精神家园提升文化软实力——第五届北京中青年社科理论人才"百

人工程"学者论文集》，光明日报出版社，2013 年。

　　[美]约瑟夫·奈：《软实力》，马娟娟译，中信出版社，2013 年。

　　[美]迈克尔·巴尔：《中国软实力——谁在害怕中国》，石竹芳译，中信出版社，2013 年。

　　[美]阿尔温·托夫勒：《权力的转移》，刘红等译，中共中央党校出版社，1991 年。

城市文化及首都文化研究类

　　汪民安、陈永国、马海良编：《城市文化读本》，北京大学出版社，2008 年。

　　胡惠林、陈昕：《中国都市文化研究》，上海人民出版社，2009 年。

　　张钦楠：《阅读城市》，生活·读书·新知三联书店，2008 年。

　　张松：《历史城市保护学导论》，上海科学技术出版社，2008 年。

　　刘合林：《城市文化空间解读与利用——构建文化城市的新路径》，东南大学出版社，2010 年。

　　黄鹤：《文化规划：基于文化资源的城市整体发展策略》，中国建筑工业出版社，2010 年。

　　屠启宇、金芳：《金字塔尖的城市：国际大都市发展报告》，上海人民出版社，2007 年。

　　汪晖等：《文化与公共性》，生活·读书·新知三联书店，2005 年。

　　包亚明主编：《现代性与空间的生产》，上海教育出版社，2003 年。

　　侯仁之：《北京城的生命印记》，生活·读书·新知三联书店，2009 年。

　　吴良镛、吴唯佳等：《"北京 2049"空间发展战略研究》，清华大学出版社，2012 年。

　　董光器：《古都北京五十年演变录》，东南大学出版社，2006 年。

　　李建盛：《北京文化 60 年（1949—2009）》，北京大学出版社，2010 年。

　　赵园：《北京：城与人》，北京大学出版社，2014 年。

［美］迈克尔·麦尔：《再会，老北京》，上海译文出版社，2013年。

李建盛、陈华、马春玲主编：《首都网络文化发展报告》，北京市互联网宣传管理办公室、北京市社会科学院编，人民出版社，2010—2014年。

李建盛、陈玲玲主编：《北京公共文化服务体系与惠民工程建设》，知识产权出版社，2013年。

时向东：《北京公共艺术研究》，学苑出版社，2006年。

王东、王放：《北京魅力——北京文化与北京精神新论》，北京大学出版社，2008年。

申建军、李丽娜主编：《21世纪首都文化发展研究》，社会科学文献出版社，2006年。

国外城市规划及城市研究类

［法］柯布西耶：《明日之城市》，李浩译，中国建筑工业出版社，2009年。

［美］帕克、伯吉斯、麦肯齐：《城市社会学——芝加哥学派城市研究文集》，宋俊岭、吴建华译，华夏出版社，1987年。

［美］刘易斯·芒福德：《城市发展史：起源、演变和前景》，宋俊岭译，中国建筑工业出版社，1989年。

［美］刘易斯·芒福德：《城市文化》，宋俊岭等译，中国建筑工业出版社，2009年。

［加］简·雅各布斯：《美国大城市的死与生》，金衡山译，译林出版社，2005年。

［美］德波拉·史蒂文森：《城市与城市文化》，北京大学出版社，2007年。

［英］查尔斯·兰德里：《创意城市》，杨幼兰译，清华大学出版社，2009年。

［加］贝淡宁、艾维纳·德夏里特：《城市的精神》，吴万伟译，重庆出版社，2012年。

［美］凯文·林奇：《城市意象》，方益萍、何晓军译，华夏出版社，2001年。

［美］沙里宁：《城市：它的发展、衰败和未来》，顾启源译，中国建筑工业出版社，1986年。

［美］斯蒂芬·迈尔斯：《消费空间》，孙民乐译，江苏教育出版社，2013年。

［美］戴维·哈维：《叛逆的城市》，叶齐茂等译，商务印书馆，2014年。

［美］戴维·哈维：《希望的空间》，胡大平译，南京大学出版社，2006年。

［德］瓦尔特·本雅明：《巴黎，19世纪的首都》，刘北成译，上海人民出版社，2006年。

［德］瓦尔特·本雅明：《发达资本主义国家的抒情诗人》，王才勇译，江苏人民出版社，2005年。

［美］卡尔·休斯克：《世纪末的维也纳》，李锋译，江苏人民出版社，2007年。

［美］李欧梵：《上海摩登——一种新都市文化在中国1930—1945》，毛尖译，北京大学出版社，2001年。

［芬］尤嘎·尤基莱托：《建筑保护史》，郭旃译，中华书局，2011年。

［法］弗朗索瓦丝·萧伊：《建筑遗产的寓意》，寇庆民译，清华大学出版社，2013年。

［美］布莱恩·劳森：《空间的语言》，杨青娟、韩效等译，中国建筑工业出版社，2003年。

［挪］诺伯格-舒尔茨：《实存·空间·建筑》，尹培桐译，中国建筑工业出版社，1990年。

［丹］杨·盖尔：《交往与空间》，何人可译，中国建筑工业出版社，2002年。

世界城市研究类

金元浦主编：《北京：走向世界城市——北京建设世界城市发展战略研究》，北京科学技术出版社，2010年。

付宝华主编：《城市主题文化与世界名城崛起：一部中国城市进入世界名牌城市的启示录》，中国经济出版社，2007年。

倪鹏飞、[美]彼得·卡尔·克拉索主编：《全球城市竞争力报告》，社会科学文献出版社，2006年。

牛继舜等编著：《世界城市文化力量》，经济日报出版社，2012年。

奚洁人等：《世界城市精神文化论》，学林出版社，2010年。

张工、卢映川、张远：《北京2030世界城市战略研究》，社会科学文献出版社，2011年。

陆军等著：《世界城市研究兼与北京比较》，中国社会科学出版社，2011年。

倪鹏飞、张天、赵峥等：《北京城市产业体系选择研究：培育世界城市的战略引擎》，社会科学文献出版社，2010年。

顾朝林主编：《北京首都圈发展规划研究：建设世界城市的新视角》，科学出版社，2012年。

周振华、陈向明：《世界城市》，上海社会科学出版社，2004年。

"确立'世界城市'目标，开拓'创新城市'路径"课题组：《建设世界城市：对上海新一轮发展的思考》，上海社会科学院出版社，2003年。

文化研究类

[英]阿雷恩·鲍尔德温等：《文化研究导论》，陶东风等译，高等教育出版社，2004年。

[德]海因茨·佩茨沃德：《符号、文化、城市：文化批评哲学五题》，邓文华译，四川人民出版社，2008年。

[美]大卫·卡里尔：《博物馆怀疑论》，丁宁译，江苏美术出版社，2009年。

[美]吉姆·麦圭根：《重新思考文化政策》，何道宽译，中国人民大学出版社，2010年。

[美]理查德·佛罗里达：《创意经济》，中国人民大学出版社，2006年。

[美]熊彼特：《经济发展理论》，何畏等译，商务印书馆，1990年。

[美]理查德·佛罗里达：《创意阶层的崛起》，司徒爱勤译，中信出版社，

2010 年。

[美]戴维·思罗斯比:《经济学与文化》,王志标等译,中国人民大学出版社,2011 年。

[美]大卫·赫斯蒙德夫:《文化产业》,张菲娜译,中国人民大学出版社,2007 年。

[德]恩斯特·卡西尔:《人论》,甘阳译,上海译文出版社,2013 年。

[美]迈克·费瑟斯通:《消费主义与后现代文化》,刘精明译,译林出版社,2000 年。

[英]罗纳德·英格尔哈特:《发达工业社会的文化转型》,张秀琴译,社会科学文献出版社,2013 年。

[美]汉娜·阿伦特:《人的境况》,王寅丽译,上海世纪出版集团,2009 年。

[丹]克劳斯·布鲁恩·延森:《媒介融合:网络传播、大众传播和人际传播的三重维度》,刘君译,复旦大学出版社,2012 年。

[美]约翰·B.汤普森:《意识形态与现代文化》,高铦等译,译林出版社,2012 年。

[美]威尔伯·施拉姆、威廉·波特:《传播学概论》,何道宽译,中国人民大学出版社,2010 年。

[法]弗雷德里克·马特尔:《论美国的文化——在本土与全球之间双向运行的文化体制》,周莽译,商务印书馆,2013 年。

王一川:《大众文化导论》,高等教育出版社,2009 年。

李建盛:《公共艺术与城市文化》,北京大学出版社,2012 年。

金元浦:《文化创意产业概论》,高等教育出版社,2010 年。

熊澄宇:《世界文化产业研究》,清华大学出版社,2012 年。

英文著作类

Bachelard, Gaston, Trans. by Maria Jolas, *The Poetics of Space*, Boston: Beacon Press, 1994.

Brenner, Neil & Keil Roger (Eds.), *The Global Cities Reader (Routledge Urban Reader Series)*, Abingdon and New York: Routledge, 2006.

Goonewardena, Kanishka, Stefan Kipfer, Richard Milgram & Christian Schmid, *Space, Difference, Everyday Life: Reading Henri Lefebvre*, London: Routledge, 2008.

Hall, Peter, *Cities of Tomorrow*, Oxford: Blackwell, 1988.

Henry Lefebve, Trans. and ed. by Eleonore Kofman & Elizabeth Lebas, *Writings on Cities*, Cambridge, MA: Blackwell, 1996.

Sassen, Saskia, *The Global City: New York, London, Tokyo*, Princeton New Jersey: Princeton University Press, 2001.

Sassen, Saskia, *Global Networks, Linked Cities*, New York: Routledge, 2002.

Castells, Manuel, *The Rise of the Network Society*, Oxford: Wiley-Blackwell, 2000.

Taylor, Peter J., *World City Network: A Global Urban Analysis*, London: Routledge, 2004.

论 文

王一川：《理解中国"国家文化软实力"》，《艺术评论》2009 年第 10 期。

王一川：《京味文学的含义、要素和特征》，《当代文坛》2006 年第 2 期。

李建盛：《现代性进程中的北京视觉文化形象》，《北京社会科学》2006 年第 2 期。

李建盛：《北京：国际国内比较视野中的世界文化中心城市建设》，《北京联合大学学报》2013 年第 3 期。

王琪延、王博：《将北京建设成为世界文化中心城市的建议》，《北京社会科学》2015年第4期。

蒯大申：《世界文化中心城市如何可能》，《社会观察》2004年第1期。

贾烈英：《巴黎如何成为世界文化中心城市》，《公共外交季刊》2013年第1期。

约翰·弗里德曼、刘合林：《对中国城市中场所及场所营造的思考》，《城市与区域规划研究》2008年第1期。

唐鑫、李茂：《北京公共文化设施与服务的问题、原因及对策》，《中国市场》第3期，总第766期。

刘朝华：《文化的建设与推广——国外公共文化政策及其启示》，《广州文化软实力研究》（第一辑），孙云主编，中山大学出版社，2010年。

徐汝华：《第三部门在中国：现状与制度化路径选择》，《武汉学刊》2008年第2期。

程永明：《日本企业对公共文化事业的支持措施》，《东北亚学刊》2014年第4期。

陶艺军、杜鹃：《北京市民公共文化参与和需求调查分析》，《调研世界》2012年第10期。

汤培源、顾朝林：《创意城市综述》，《城市规划学刊》2007年第3期。

刘平：《国外创意城市的实践和经验启示》，《社会科学》2010年第11期。

吴玫：《构建软实力的一个重要问题——避免成为他国的传声筒》，《全球传媒学刊》2011年第1期，总第8期，2011年6月。

范春燕：《解读当代西方发达国家的文化政策——西方学者对文化政策的研究及其启示》，《国外社会科学》2013年第3期。

周晖：《国际大都市发展的新趋势》，《城市问题》2011年第3期。

附　录

图表目录

插　图

表

后　记

　　本书是笔者在博士后出站报告基础上修改完成。博士后报告的撰写历时两年，于2015年完成，从最初面对选题到反复修改提纲、从章节安排到行文展开，进入到城市文化和软实力研究的新领域，每一步都在试探摸索中进行，这份报告于我来说也是个人研究转型的起点。研究城市文化，尤其是北京的城市文化，是一项不算轻松或者说很有挑战的工作，北京既承载着深邃厚重的历史，又处在日新月异的变动中，既是古朴大气的文化古都，又是光华闪耀的现代国际都市。北京似乎有很多面，每一面都折射着不同的光彩，要从整体上把握城市文化软实力的难度不言而喻，但课题研究的开展也为我近距离感受这座城市的文化脉搏提供了契机，报告虽然已经完成，但我相信这项工作只是一个开始。此次出版，根据北京城市发展的新形势进行了修改，并更新了2015年至今的部分数据资料。值此出版之际，要感谢博士后合作导师北京市社会科学院李建盛研究员的指导和帮助，感谢文化所高音、傅秋爽、陈玲玲、刘瑾、季剑青、许苗苗、陈红玉、杨震、陈镭、王林生、黄仲山、张凯等各位老师和同事的帮助。报告的研究和撰写也得到了北京市社会科学院领导的大力支持和关心，另外两位指导老师北京大学艺术学院王一川教授、丁宁教授给予了许多帮助，在此一并致以诚挚谢意！